# Dedicatoria

Dedico este libro a varias familias sobresalientes, que hicieron posible esta obra. Si ellos no hubieran creído en mí ni hubieran invertido tanto de su recursos en mi trabajo, este proyecto nunca se hubiera realizado.

*Steve y Shannon Scott*

*Jim y Patty Shaughnessy*

*Bob y Marjorie Marsh*

*John y Nima Marsh*

*Dave y Leslie Marsh*

*Ed y Laurie Shipley*

*Jeff y Karen Heft*

*Ben y Marion Weaver*

*Frank y Katie Kovacs*

*Los empleados de American Telecast*

# Para que el Amor no se Apague

GARY SMALLEY

Un Sello de Editorial Caribe

*Una división de Thomas Nelson*
P.O. Box 141000
Nashville, TN 37217, U.S.A.

Título en inglés: *Making Love Last Forever*

Publicado por Word Publishing

Traductor: *Eugenio Orellana*

ISBN: 0-88113-416-3



Impreso en EE.UU.
Printed in the U.S.A.

E-mail: caribe@editorialcaribe.com
6ª Impresión
www.caribebetania.com

# Contenido

# Reconocimientos

Quiero darle las gracias a un número de personas queridas que hicieron posible este libro. Primero, mi esposa y tres hijos que han soportado todas mis pruebas y métodos erróneos tratando de fabricar un matrimonio y familia saludable. Ellos aceptaron acompañarme por muchos y diferentes senderos hasta que encontramos el que mejor nos convino a todos. Aún somos muy buenos amigos y ahora disfrutamos nuestras vidas de adulto mucho más gracias a este viaje.

También quiero agradecer a Larry Weeden por su sobresaliente habilidad de capturar mis pensamientos y deseos en todos los capítulos. Aprecio profundamente su destreza del idioma y su gentileza.

Gracias, gracias, gracias ni siquiera empieza a expresar mi profundo aprecio por Joey Paul y F. Evelyn Bence por el trabajo editorial admirable que me ayudaron en la etapa final.

Mike Hyatt, mi agente literario, de Wolgemuth and Hyatt, no sólo han sido mis atentos amigos a través de los años, pero él ha trabajado diligentemente conmigo preparando este último manuscrito. Nos conocemos desde los días de universidad cuando mi esposa Norma se lo presentó a Gail, quien sería luego su esposa. También ha sido soberbio su empeño en ayudarme con el desarrollo de la promoción.

Ninguno de estos proyectos se hubieran empezado sin la inspiración y motivación de los hombres y mujeres de American Telecast. Ellos son los que producen los tres programas de televisión: *Hidden Keys to Loving Relationships* [Las llaves secretas para unas relaciones amorosas] con Dick Clark, entonces, Connie Selecca y John Tesh, y nuestra última adquisición Kathy Lee y Frank Gifford. Sin ellos más de los cuatro millones de videos no estarían flotando alrededor del mundo. Particularmente, me gustaría agradecer a Steve y Shannon Scott, Jim y Patty Shaughnessy, la familia Marsh y todos los otros empleados de su gran compañía.

Otro grupo muy importante de personas en este proyecto fueron cuatro sicólogos que no sólo enseñaron a un nivel de graduados, pero que son tiernos, tienen personalidad, y son hombres cariñosos: Dr. Rod Cooper, Dr. Dan trathen, Dr. Gary Oliver y Dr. Ken Canfiel. Les agradezco las muchas observaciones que me hicieron durante estos años pasados. Se reunieron conmigo por días seguidos impartiéndome su sabiduría e investigaciones. Enriquecieron mi vida a través de los años pasados, y también han demostrado ser verdaderos amigos al obligarme a aprender tantas tremendas cosas nuevas sobre el matrimonio y la vida. En la actualidad el Dr. Canfiel posee la mayor base de datos sobre la paternidad de cualquier matrimonio y centro familiar en el mundo. Los otros tres hombres tienen responsabilidades de consejería, enseñan en una escuela de sicología y ayudan en una organización que espera inspirar y desafiar a casi medio millón de hombres para que se conviertan en más amorosos con sus familias y aprendan cómo relacionarse mejor en sus vidas espirituales.

Entonces, está el Dr. John Trent que es un buen amigo y el primero que me presentó el mejor inventario de la personalidad que jamás he estudiado. Él tiene un dominio poco usual de este concepto y siempre estaré endeudado con él por su inspiración, amor e instrucción.

También quiero agradecer a Bill Butterworth por su ayuda en esos pasos iniciales de nuestro proyecto. Él tiene la gran habilidad de ayudarme a repetir mis propias historias y chistes.

Luego quiero agradecer a tantas parejas que me permitieron revisar cada capítulo con ellos, semanas tras semanas, según los desarrollábamos. Terry y Janna Brown, Rick y Trish Tallon, Todd Ellett, Chris and Sonja Meyer, John y Karen Hart, Chris Zervas, Hack y Sherry Herschend, John y Lisa Clifford, Amy Davis, Smith y Gail Brookhart. Después de este selecto grupo de ayudantes, tengo otro grupo que enfocar de hombres y mujeres que criticaron cada capítulo luego de terminado el libro. Terri Felton y Terri Norris encabezaron este grupo maravilloso. Se reunieron durante un día completo y evaluaron cada capítulo, haciendo sugerencias para mejorar cada uno.

Gracias a mi casa de publicaciones: Word, (a todos ellos, que también leyeron y ayudaron en esta etapa final).

Después de todo, este ha sido el proyecto más elaborado que he hecho. Casi ha tomado dos años escribiendo y más de veinte años reuniendo información. Pero, sé muy bien que este proyecto no se hubiera realizado sin cientos de preciosos individuos que ayudaron en el proceso. ¡Gracias por tan valiosa ayuda!

# Extraiga lo máximo de este libro

Si mientras lee este libro usted se fija en tres cosas específicas, creo que podrá obtener muchísimo de estas páginas.

Primero, a lo menos acepte en su mente la idea de que usted es totalmente responsable por su propia calidad de vida, no importa las circunstancias del pasado, del presente, y del porvenir.

Segundo, acepte la idea que enamorarse de la vida es la mejor forma para mantenerse enamorado de su cónyuge... para siempre.

He dividido este libro en dos partes y ofrezco dos grupos de principios. La primera mitad del libro está basada en esta verdad crucial: Usted nunca podrá conocer la profunda satisfacción de un amor de por vida con su cónyuge si primero no está enamorado o enamorada de la vida. Le daré cinco formas para enriquecer su propia vida. Luego, en la parte dos, le presentaré ocho ayudas prácticas para entender y, sí, *amar* a su pareja. Estos principios son válidos y pueden lograr cambios positivos en una relación, sea que su cónyuge esté dispuesto o no a hacer cambios personales en su estilo de vida o actitudes. Dejando en claro, por supuesto, que el ideal es que los dos trabajen juntos para mejorar las relaciones.

Tercero, mientras lee, vaya marcando algunas secciones que le apelen. *Sí, esto me describe a mí o algo que ocurre en mi matrimonio. Necesito volver a leer esto*. Dedique atención a estos asuntos. Busque una mayor comprensión mientras procura un amor que dure para siempre.

Le daré pautas para que tenga a mano recursos (familia, amigos, compañeros de trabajo) que le ayuden a ir comprendiendo muchas de las ideas contenidas en estas páginas. Los libros de referencia que incluyo en las notas son un recurso adicional muy valioso. Usted no tiene por qué vivir con el sentimiento corrosivo de que «esto no durará». ¡El amor y la satisfacción sí pueden durar!

Verá que todo lo que enseño o escribo tiene un tema básico. Siempre trato de exponer el conflicto milenario entre el vivificante principio de *respeto* y la emoción destructiva de *rabia* que a menudo se presenta cuando no logramos lo que esperamos. Veo al *respeto* y a la *rabia* como factores contrapuestos, como los dos extremos de un polo. Y cada uno de nosotros puede hacer elecciones diariamente. Si escogemos la rabia sobre el respeto, consciente o inconscientemente estaremos permitiendo la llegada de tensiones, agotamiento, y pensamientos sobre divorcio que nos arrastran a una destrucción personal y relacional. Pero escoja el respeto y estará escogiendo vida.

Durante los cinco últimos años, he experimentado una explosiva curva de aprendizaje. Es como si hubiera vuelto a la universidad. No sé qué fue lo que lo provocó; quizás fueron las vitaminas, o el maravilloso aire de las Montañas Ozark, pero mi hambre de saber se disparó. Este nuevo conocimiento que he hallado ha ampliado notablemente mi comprensión de muchos principios acerca de los cuales he escrito en el pasado. Va a ver que he ampliado el contenido de algunos de los conceptos, tales como la rabia y la forma de encontrar algo bueno en toda prueba dolorosa.

Miles de parejas le podrán decir que han logrado maravillas. Y con cada año que pasa, mientras más aprendo de mí, de mi familia y de la raza humana, entiendo las verdades a un nivel más profundo. Este libro refleja ese crecimiento, que viene cuando decidimos enfrentar los nuevos desafíos que se nos presentan.

Le insto a que se una a nosotros en esta aventura de amor para siempre.

# Parte I

## El factor amor por la vida: Cómo enamorarse de la vida

El primer paso hacia el logro de una profunda satisfacción en una vida de amor con su cónyuge, es aprender a amar la vida misma, cada parte de ella, sea mala o buena, exigente o placentera. Pero, ¿cómo nutres esta actitud, el exhuberante *joie de vivre* (disfrute la vida)?

En esta primera parte de *Para que el amor no se apague* le presento cinco llaves posibles. Su decisión en estas áreas pueden ser la diferencia entre (1) Su completa celebración por el viaje de la vida y el amor, o (2) Un desastrozo accidente que puede hundir su amor en el desespero más profundo.

En el capítulo uno le hablaré del mejor secreto del amor para ayudarlo a salir en un rápido principio. Luego explicaré cinco «témpanos de hielos» que tienen el potencial de hundir su matrimonio, y la selección que puede hacer navegando alrededor de esos hielos asegurándole un seguro y exitoso viaje por el matrimonio para usted y su pareja.

En el capítulo dos le mostraré cómo detectar su nivel de ira, uno de los témpanos más peligrosos. La persona promedio tiene muy poca o ninguna idea de lo peligrosa que puede ser la rabia olvidada o ignorada, marginar seres queridos, sabotear las relaciones. Peor aún, la mayoría de las personas no saben lo muy destructiva que puede ser esa ira que llevan dentro. Lo acongojan como una bola de hierro con una cadena. Pero si queremos podemos liberarnos de esa rabia destructiva, y yo le enseñaré cómo. Luego en el capítulo tres describo siete formas de liberarse de la ira que lo controla a usted y sus familiares.

En el capítulo cuatro le mostraré una segunda elección. Usted puede elegir una ruta desastrosa, obviando el valor de cada prueba que se le presenta, o decidir ver, que cada encuentro doloroso contiene una «perla de amor» que puede agregar a su vida para fabricar una colección incalculable. Cuando enfrentamos las dificultades no tenemos que amargamos. Elegimos usar las dificultades para desarrollar y mejorar el amor.

En el capítulo cinco discutiremos los peligros de «poner todos los huevos en una canasta». Le enseñaré cómo diversificar los intereses de su vida y aumentar los cambios para disfrutar de una satisfacción en la vida y permanecer en el amor.

El capítulo seis muestra dos grandes verdades que han transformado las actitudes mías y de mi esposo aumentando la seguridad que sentimos el uno con el otro porque hemos aprendido a evitar el patrón del pasado que saboteaba nuestro amor. Diremos cómo hemos aprendido a impedir que personas o circunstancias «se lleven» nuestro amor por el resto de la vida porque hemos visto cómo esto puede llevarnos a una relación desastrosa.

Por último, en el capítulo siete hablaremos sobre la elección de establecer su propio viaje espiritual. Desconectarse de la vida y de un Dios amoroso es como safarse y luego botar un salvavidas, creyendo que así estamos mejor. El amor de Dios es el combustible que necesitamos para dirigirnos a las aguas tibias, lejos de los peligrosos témpanos de hielo.

Después de discutir estas cinco selecciones para ayudarle a evitar los témpanos de hielo y elegir caer en el amor por la vida, en la perte dos le daré las mejores maneras que he encontrado de celebrar su amor y enriquecer sus relaciones con su cónyuge. La mayoría de estos principios también mejorarán sus relaciones con sus hijos y amigos.

Cuando usted asume toda la responsabilidad del presente y del futuro alcanza el lugar, al igual que otros miles de personas, donde puede comprometerse profundamente con su cónyugue e hijos y decir: «No quiero volver estar atada al pasado. "Quiero una nueva generación", un nuevo comienzo».

Cuando lo haga, estará tomando el primer paso hacia el amor que no se apaga.

# 1

# El secreto mejor guardado del amor

*Si yo tuviera que preguntar: «¿Cuál es la mayor preocupación en la vida?» una de las respuestas que recibiría sería: «La felicidad». Cómo conseguirla, cómo mantenerla, cómo recuperarla es en efecto para la mayoría... en todos los tiempos, el motivo secreto de todo lo que hacen, y de todo lo que están dispuestos a mantener.*

William James

*¿Durará nuestro amor para siempre?* Es la esperanza de cada novia y cada novio que baten palmas y dicen «Sí».

Si su matrimonio es en algún sentido como el mío, unos pocos años después de la boda, usted o su esposa o ambos, se habrán preguntado por qué habrán escogido a esta persona para vivir para siempre con ella. «¿Hasta que la muerte nos separe?» ¡Imposible! «¿Amar y cuidar?» ¡Es una tomada de pelo!

Soy culpable de muchas de las cosas que hicieron desastrosos los primeros años de mi matrimonio. Yo era un muchacho herido que había aprendido de mi irritable y herido padre a usar tácticas para causar heridas. Sabía cómo desordenarme, cómo enmudecer, cómo sermonear, y cómo hacer lo que me venía en gana. Mi esposa, Norma, tuvo que aprender a habérselas conmigo.

Pero a Norma y a mí... algo nos ocurrió en el camino de «para siempre». Descubrimos los principios que le presento en este libro. Fijamos un nuevo rumbo que ha renovado nuestro amor y profundizado nuestras relaciones. Estamos enamorados de la vida y el uno del otro.

¿Es realmente posible casarse y descubrir luego que el amor es mejor que el que nos habíamos imaginado idealmente? Sí.

## Restaurar una relación destrozada

Cada vez que veo cómo el amor triunfa en un matrimonio donde todo parecía perdido, mi confianza se fortalece, y he encontrado formas de ayudar a casi cualquiera a seguir amando a pesar de las imposibilidades. Fíjese en esta relación que parecía naufragar:

¿Quién podría haber pensado que John y Sharon se reconciliarían y finalmente disfrutarían de un buen matrimonio? Eran las once de la noche cuando sonó el teléfono. Mi esposa Norma y yo ya nos habíamos ido a la cama. En el otro extremo de la línea estaba John, un ejecutivo muy popular. Había estado discutiendo con su esposa, y la disputa se había puesto tan violenta que él estaba furioso y diciendo cosas tales como: «Estoy cansado de intentarlo. Me gustaría tomar un avión e irme a otro estado. Ya no tengo fuerzas para seguir con esta mujer». Sin embargo, antes de llevar a la realidad pensamiento tan drástico, hizo este último intento de pedir ayuda.

—¿Hay algo que pueda hacer por nosotros? —preguntó—. ¿Podemos ir esta noche a hablar con usted?

Norma y yo lo discutimos brevemente, y luego los invitamos a venir.

John y Sharon vinieron a casa, y la disputa siguió ante nosotros. Lo que ellos estaban enfrentando era bastante serio: John era adicto al sexo y no podía controlarse, y para colmo de la ofensa y el daño, le había transmitido a su esposa una enfermedad sexual. Ella estaba asqueada por su conducta y disgustada.

A pesar de la gravedad de la situación, aquella noche ocurrieron un par de cosas que cuando las vemos en retrospectiva las encontramos cómicas. Por ejemplo, en un momento de su argumentación, Sharon golpeó la mesa con tal fuerza que hizo saltar el café sobre mí, lastimándome una pierna. En otro momento, estuvo a punto de quebrarme los dedos en un esfuerzo por soltarse de mi mano mientras yo evitaba que corriera al patio a atacar a John. (Norma lo había sacado al patio en la esperanza que los ánimos se aquietaran un poco.)

Entre las doce y media y la una de la madrugada, yo había recibido golpes, gritos, había sido privado de dormir y sentía que me había ganado el derecho de decir algo. (Hasta ahora no nos habían permitido decir una palabra.) Así es que empecé:

—Bueno, ya que los he escuchado a ambos, creo que hay algo que ustedes tienen que empezar a hacer esta misma noche.

John miró su reloj, y dijo:

—Estoy tan cansado y desanimado. No me quedan más energías. Me voy.

Y con eso, ambos se fueron.

Esa noche no dormí pensando: *Esto nunca va a funcionar*.

Cuento este caso extremo porque desafortunadamente más del cincuenta por ciento de los matrimonios en este país terminan en divorcio. Y no tiene por qué ser así. A tiempo, John y Sharon actuaron sobre la mayoría de los principios que encontramos en estas páginas, y su relación cambió en ciento ochenta grados.

Cuando las cosas tendían a empeorar, nos reuníamos más veces con ellos, y les ayudamos a entrar en contacto con un consejero, especializado en el tipo de conflictos que ellos tenían. Finalmente, John aceptó la necesidad de hacer frente a las cosas con su consejero y la ayuda de un pequeño grupo de apoyo. Llegó a entender que había recurrido al sexo ilícito como remedio para el dolor que le había provocado el odioso rechazo de su papá y por el evidente deterioro de su matrimonio. Por parte de Sharon, ella llegó a entender que su enojo había bloqueado su capacidad de establecer cualquier tipo de relación significativa con John. Ella no entendía cómo un conflicto puede ser la puerta de entrada a una más profunda intimidad.

Ahora, varios años más tarde, esta pareja cuyas relaciones estuvieron seriamente dañadas sigue unida, y, créalo o no, se aman. Y lo que es mejor, están ayudando a otras parejas a descubrir el gozo que ellos encontraron al haber hecho sobre la marcha ajustes que renovaron su amor.

Yo confío que su matrimonio esté lejos de una situación así. Quizás usted esté leyendo simplemente porque quiere hacer todo lo que puede para que su matrimonio dure para siempre. O porque quiere revivir un amor que parece estar un poco «fuera de curso».

Usted puede prevenir la pérdida de su amor prestando atención a ciertas advertencias, y *decidiéndose* a hacer pequeños cambios para ponerse en el curso correcto. Le mostraré cinco decisiones importantes que puede hacer para establecer la diferencia que hay entre un periplo desastroso y uno satisfactorio.

No hace mucho tiempo, me encontraba abatido cuando se me recordó cómo cada aspecto de mi vida es influenciado por las decisiones que hago. Este particular «llamado a la conciencia» tuvo que ver con mi condición física, pero la lección que aprendí me abrió los ojos a estas cinco decisiones.

## La lección del Titanic

En lo que toca a mi corazón, sé que soy un paciente de alto riesgo. Cuando tenía unos cincuenta años, mi padre murió de un ataque cardíaco. A los cincuenta y uno, un hermano se murió de falla cardíaca. A los cincuenta y uno, mi hermano mayor tuvo un ataque masivo de corazón y posteriormente tuvo otro. Ahora que yo tengo cincuenta y cinco, mi examen médico hace que el doctor mueva la cabeza con preocupación.

Por años, aunque conocía la historia de mi familia, decidí creer que no tenía que prestar mucha atención a las advertencias preventivas del médico (me parecían demasiado drásticas), aunque a insistencia de Norma me interné ocasionalmente en la Clínica Cooper de Dallas, Texas, para ser examinado por especialistas en enfermedades relacionadas con el corazón. Recientemente estuve en Texas para un examen. Después que me hube hecho todas las pruebas, me senté en la oficina del médico, oyendo y riendo, tratando de minimizar algunos de los resultados. Entonces, noté que el doctor tenía colgado en la pared un cuadro de un barco. En una manera jocosa, se lo indiqué y le dije:

—Es el Titanic, ¿verdad?

El médico no dejó de captar el tono de la pregunta. Haciéndose eco de mi humorada, asintió y me dijo:

—Es interesante que lo haya notado. ¿Sabe por qué lo tengo ahí?

—No —le respondí.

—¿Cuánto sabe del Titanic, señor Smalley?

—No mucho —admití, cayendo en la trampa—. Lo único que sé es que está en el fondo del mar.

—Bien —me explicó—, en seis diferentes ocasiones el experimentado capitán del Titanic fue advertido de bajar la velocidad, cambiar el curso y tomar la ruta del sur debido a los témpanos de hielo que se habían divisado. Pero pasó por alto todas esas advertencias específicas debido a que él era el *capitán*, y a que pensaba, *este barco es insumergible.*

—No tenía idea que el barco había recibido tal cantidad de advertencias —le dije—, sin aún saber a dónde quería llegar.

—Entonces la nave chocó contra el témpano, se produjo la grieta en el casco y se fue a pique rápida y desastrosamente —añadió—.

Luego se afirmó en el escritorio y me miró directamente a los ojos.

—¿Cuántas veces ha recibido usted advertencias sobre su corazón?

—Un montón de veces —repliqué débilmente, demostrando haber recibido el mensaje.

—¿Y cuándo lo va a tomar en serio y va a cambiar el curso de su vida? —me preguntó.

Como resultado de esa conversación, he hecho algunos cambios básicos en mi estilo de vida con los cuales tengo muchas posibilidades de mejorar mi salud y prolongar mis días. Casi todos podemos hacer pequeños ajustes si creemos que lograremos así diferencias positivas permanentes.

*Si usted cambia el curso cuando se le hace una advertencia, podrá evitar el desastre, y luego disfrutar la travesía.* Es el secreto mejor guardado sobre el *Titanic*. Y es también el secreto de hacer de nuestro amor algo que dure para siempre. Si sintonizamos nuestros oídos y nuestros ojos a las advertencias, podemos cambiar mucho más que nuestras expectativas de vida. En esta primera parte, le doy mi perspectiva de cinco témpanos que pueden echar su amor a pique para siempre. Y luego en la segunda parte le doy ocho gruesos revestimientos de «acero» que harán prácticamente imposible que su nave del amor se hunda.

He diseñado este libro para ayudarle a mantenerse enamorado, pero también para enamorarse de la vida. ¿Qué tiene que ver ese amor por la vida con el amor por su esposa? Mucho de lo que usted lea en esta primera mitad está basado en esta verdad: Para que su amor dure para siempre, usted debe estar enamorado de la vida. Piense en las instrucciones que le dan en un avión para el uso de la máscara de oxígeno: Si usted no toma la decisión de alcanzar el oxígeno, no tendrá ninguna posibilidad de ayudar a otros. Lo mismo ocurre con el amor: Aprenda a amar la vida, y luego tendrá los recursos para dar y recibir amor.

De nuevo, su vida o su matrimonio no necesitan chocar contra las rocas, los témpanos u objetos inmóviles. Y su descontento puede ser una advertencia a la que necesita prestar atención. *Cambie el curso. Evite el desastre. Y disfrute su vida y el amor juntos... una larga y gratificante travesía.*

Note lo que no digo. El secreto mejor guardado del amor no es el *cambio (o intercambio) de esposa* o *el cambio de trabajo* o *el cambio de dirección domiciliaria*. Es el cambio de su propio curso. Aun pequeños cambios en su conducta pueden llevarle a cambios mayores en su vida, a pesar de su pasado y sin importar a través de cuánto dolor haya pasado. De acuerdo con una investigación sobre los factores determinantes que mantienen a una pareja felizmente casada, pequeños cambios personales pueden tener enormes efectos positivos en su matrimonio.[1] (Esto me da una gran esperanza, porque, aunque yo estoy llamando a un «cambio», nadie habla de santidad.)

## Usted puede decidir mantenerse en el curso

¿Quiere conocer la profunda satisfacción que produce estar enamorado? Bueno, puede. Es muy simple. Tiene que decidirse.

*¿Decidirme? Pero usted no sabe lo que he pasado. Usted no sabe con lo que he tenido que vivir. ¡Usted no conoce a mi pareja!*

Estoy de acuerdo en que esto puede ser difícil de digerir, porque también significa que ya no tiene más pretexto para ser un desdichado. Al principio, yo odiaba esa idea. Durante más de la mitad de mi vida, busqué toda clase de razones por las que no estaba satisfecho y enamorado. La razón favorita era la culpa. Pero luego, poco a poco después de los treinticinco, empecé a ver que mucho de lo que ya había dicho acerca de nuestro disfrute de la vida y de nuestro amor dependía exclusivamente de nosotros.[2]

La gente que continuamente culpa a otros de sus circunstancias viene a ser lo que el autor Stephen Covey llama «la persona reactiva». Estas personas permiten que otros les roben su calidad de vida.

Covey ve otro grupo de personas que son proactivas... «como seres humanos, nosotros somos responsables por nuestras propias vidas. Nuestra conducta es una función de nuestras decisiones, no de nuestras condiciones. Podemos subordinar los sentimientos a los valores. Tenemos la prerrogativa y la responsabilidad de hacer que las cosas sucedan».[3]

Uno de mis escritores favoritos en esta área es la Dra. Harriet Goldhor Lerner. Un capítulo de su libro *The Dance of Anger* [La danza de la ira] podría convencer a cualquiera que la felicidad marital de uno está mayormente en nuestras manos.[4] También dice que al dedicar nuestra energía para cambiar a la otra persona de manera que realce nuestro propio disfrute con su compañía, es una solución que «jamás da resultados».[5] Si centramos nuestra atención en ajustar la vida de alguien para poder encontrar la felicidad, estamos fallando en ejercer el *único* poder que tenemos para enriquecer nuestra propia vida: el poder de decidir por nosotros mismos. En resumen, he aquí la fórmula: (1) No podemos cambiar a otras personas. (2) Podemos optar por hacer cambios en nosotros mismos. (3) Cuando los cambios ocurren en nosotros, por lo general la gente que nos rodea ajusta sus reacciones y decisiones según nuestra nueva conducta.

Si esto parece demasiado difícil para que usted lo haga ahora mismo, por favor absténgase de emitir juicio hasta que termine las siguientes pocas páginas. Entonces vea si no tiene más sentido.

Para darle forma a esta verdad, vamos a mirar a alguien que finalmente decidió responsabilizarse por su propio bienestar emocional. Cuando Richard vino a verme por primera vez, no era un hombre feliz. Levantar el teléfono para llamar a un consejero fue el primer paso para reconocer que su disgusto con la vida era una advertencia de que algo andaba mal. Estaba frustrado, disgustado, y temeroso de que las cosas nunca cambiarían. Sin embargo, un poquito de esperanza por «algo mejor» insinuó algunos cambios en su vida.

Richard estaba en su cincuenta, esposo y papá, elegante en el vestir, y presidente de una importante compañía. Después de más de treinta años de matrimonio con Gail, había llegado a cansarse de sus regaños, hechos incluso con odiosidad. Pero también había llegado a cansarse de esperar que Gail cambiara y satisfaciera sus necesidades relacionales, como lo había hecho en los primeros días de su matrimonio. Y aun cuando no quería pensar en eso, estaba contemplando divorciarse. Pero antes, dio este drástico paso, buscó ayuda y vino a verme.

Después de los usuales preliminares consejero-cliente, le pregunté qué lo había motivado a venir. Respondió:

—Estoy consciente de mi parte en el desbarajuste que tengo con mi esposa y mis hijos. He pasado demasiado tiempo levantando esta compañía. Ahora, reconozco que aun cuando es tarde, quiero tener una mejor relación con ellos. Financieramente me ha ido muy bien, pero no soy totalmente feliz, ni tampoco lo son los miembros de mi familia. No sé cómo empezar a hacer cambios, especialmente después de haber estado haciendo lo que he estado haciendo por tantos años.

Luego, añadió algo muy significativo.

—Mis relaciones con mi padre fueron casi nulas —dijo—. En realidad, él siempre estuvo demasiado ocupado para mí, en la misma forma en que yo lo he estado para mi familia.

Allí había una factor clave en el pasado deficiente de Richard como esposo y padre. Su padre nunca había establecido una estrecha relación con él, y ese patrón probablemente se remontaba a varias generaciones más atrás. De modo que el modelo de padre que tuvo Richard fue débil. Nunca tuvo la oportunidad de ver a un hombre amante de su esposa. El ejemplo de su abuelo como padre y esposo había pasado de generación a generación. Richard no conocía otra cosa.

Si Richard hubiera caído en la red del juego de la culpa (donde se «gana» si se encuentra a alguien más a quien echarle la culpa por todo lo malo en su vida), en este punto pudo haberse detenido en su crecimiento. Con un poco de nueva comprensión, pudo haber dicho: «Muy bien, ¡todo esto es culpa de mi padre!» O pudo haber dicho, como muchos adictos al trabajo: «¡Pero estaba proveyendo para mi familia! Todo lo hice por ellos, para que pudieran tener un mejor nivel de vida. Si no pueden entender mis motivos, ese es su problema. Más no puedo hacer».

Si Richard *hubiese* decidido culpar a su padre por sus propios problemas, habría logrado algún grado de justificación. Se ha visto por investigaciones que la gente que se ha criado con padres tiranos, controladores y renuentes, llegan a ser tiranos, renuentes y controladores de sus propias familias.[6] Pero Richard no andaba en busca de un chivo expiatorio. Asumió la responsabilidad por reaccionar como lo hizo a la forma en que había sido criado. En este punto, aprendió dos importantes verdades:

1. Lo que soy hoy es la consecuencia de las decisiones que he hecho en el pasado.
2. Yo soy cien por ciento responsable por todas las decisiones que he hecho.

Richard empezó a distanciarse de la milenaria racionalización: El diablo me hizo hacerlo. Ya no iba a entregar a su padre la responsabilidad de arruinar sus relaciones. Él asumió la responsabilidad. Dijo cosas tales como: «No más, papá; no voy a seguir más tu ejemplo. Voy a descubrir lo que necesito hacer por mí, por mi esposa y por mis hijos, hasta llegar a encontrar satisfacción en estas áreas tan vitales de mi vida». Todo lo que necesitó fue algunos consejos para empezar a evitar los témpanos de hielo y navegar hacia mares más cálidos.

También estuvo dispuesto a comenzar el proceso de ajuste en su propia vida antes que su esposa tan irritante cambiara. Como consejero, me agradan las situaciones como esta, donde puedo caer en medio de un tremendo lío y tratar de ayudar. Así es que le dije:

—Vamos a comenzar con sus hijos. Iré con usted, y vamos a ver a sus hijos uno por uno. Simplemente vamos a conversar con ellos. Vamos a enfrentar la verdad sobre lo que ha ocurrido entre usted y ellos. Vamos a tratar de descubrir lo que podemos hacer.

(A propósito, la mayoría de las esposas se sienten felices cuando nos ven restableciendo las relaciones con nuestros hijos. Les da esperanza en el sentido de que un esposo está actuando seriamente sobre cambiar sus relaciones, especialmente aquellas que atañen a ella.) Richard estuvo dispuesto a intentarlo. Y cuando compartió sus planes con Gail, ella tenía sus dudas, pero estaba animada.

La primera llamada se hizo a un hijo de veintisiete años de edad, estudiante graduado. Robert estuvo de acuerdo en reunirse con nosotros, así es que volamos a la ciudad donde vivía y nos reunimos con él en un cuarto de hotel.

Nos sentamos y hablamos un rato de todo un poco, y luego en mi condición de moderador, dije:

—Robert, tu papá me ha pedido ayudarles a restablecer su amistad. Para comenzar, ¿te podría preguntar en qué punto se encuentran hoy día tus relaciones con tu papá? Ubícalas en una escala de cero a diez. Cero significa «relaciones pésimas», y diez significa «relaciones óptimas». Tu padre realmente quiere saber cómo tú ves tus relaciones con él.

Robert tartamudeó incómodo, como si se sintiera inseguro. Se impacientó por un momento antes de contestar:

—Bueno, entre dos y tres.

A pesar de lo baja de la puntuación, yo me daba cuenta que si hubiera sido totalmente sincero, habría sido un cero o un uno.

Richard respondió:

—Hijo, eso no me sorprende en absoluto. Sé que nunca les dediqué el tiempo debido, y realmente me siento mal por eso.

Y luego, este papá dijo:

—Hijo, he venido a decirte sinceramente que quisiera ser tu amigo. He perdido un montón de años, y eso me pone muy mal. Nunca he sabido cómo ser un buen padre y amigo. Como sabes, con mi papá nunca aprendí cómo serlo. Pero quiero que comprendas que estoy aquí hoy porque quiero escuchar de ti qué se requiere para llegar a ser un buen amigo tuyo.

Gruesas lágrimas rodaron de los ojos del hijo, y en un instante un silencio embarazoso llenó el cuarto. Nadie quería hablar. Permanecimos allí sentados, esperando que alguien rompiera el hielo.

Entonces, en una actitud espontánea, Richard se puso de pie y se dirigió hasta donde estaba su hijo. Robert también se paró. Cuando estuvieron uno frente al otro, Richard dijo suavemente:

—Hijo, por años he querido decirte que te amo, pero cada vez que lo intenté, siempre algo parecía impedírmelo. Pero hoy, en frente de un amigo, quiero decirte que... te amo con todo mi corazón. Siempre he estado orgulloso de ti, y me odio por no habértelo dicho. ¿Por qué he estado tan silencioso en cuanto a esto? Quiero ser tu buen amigo, sólo espero que no sea demasiado tarde.

Robert abrazó a su padre, y así permanecieron por un rato. (Por supuesto, yo lloraba.) Después de unos minutos se sentaron, y Robert miró a su papá. Luego dijo:

—Toda mi vida he estado esperando oírte decir lo que has dicho hoy, pero para ser sincero, nunca pensé que tal cosa ocurriría. Y aquí estás, sentado en este cuarto, diciendo las cosas que quería oír. Papá, gracias por venir.

Antes de salir, Richard pidió perdón a su hijo, y su hijo lo perdonó. Luego, Richard preguntó,

—¿Cómo podemos empezar a conocernos mejor y establecer una verdadera amistad?

—¿Por qué no vamos a jugar golf hoy mismo y conversamos? —sugirió Robert—. Podemos comenzar con eso. Y así lo hicieron.

En los meses que siguieron, Richard y Robert pasaron más tiempo juntos. Y aunque no volví a reunirme con ellos, Richard también se reunió con cada uno de sus otros hijos. Más tarde supe por ellos de lo feliz que estaban de que «mi papá todavía piense lo suficiente en mí como para querer llegar a ser mi amigo». Papás, es maravilloso comprobar cuán poderosas son las palabras. ¡Nunca las tome livianamente!

Richard cambió el curso para evitar el primer témpano destructivo. En el siguiente capítulo va a ver lo que él, lo mismo que John y Sharon, empezó a evitar y cómo su amor y matrimonios navegaron hacia aguas más cálidas. Richard y sus hijos y esposa todavía están trabajando en sus relaciones. Han progresado, gracias a la iniciativa de una persona de «buscar» algo mejor.

## El futuro es suyo

Richard hizo dos cosas clave... las mismas dos cosas que tuve que hacer yo cuando buscaba satisfacción en la vida y en el amor a pesar de un doloroso pasado; las mismas cosas que todos necesitamos hacer.

## *Seamos responsables por las decisiones relacionadas con nuestro futuro*

Primero, Richard se hizo cargo de sus propios problemas, responsabilizándose completamente por su futuro con un plan de acción claro. En otras palabras, tuvo que aceptar el hecho que somos responsables por nuestro presente y futuro. Nuestro futuro es un reflejo de nuestras decisiones pasadas y presentes. Según la forma en que manejamos cosas malsanas del pasado, así será el estado actual de nuestro matrimonio, nuestros hijos, nuestras amistades, nuestro trabajo. ¡Dondequiera que nos encontremos, el corcoveo se detiene con nosotros! Sea cual fuere el costo, necesitamos estar dispuestos a agarrar las riendas del futuro y decir: «¡Como quiera que sea, de un modo u otro, encontraré lo que necesito para tener una vida buena para mí y para mi familia!» La verdad es esta: La mayoría de nosotros ni siquiera sabemos dónde están los témpanos, por lo tanto, ¿cómo podemos decidir evitarlos?

En un sentido, veo a los seres humanos como los automóviles. Cuando jóvenes, teníamos «garantía»: cosas que razonablemente esperaban hacer para nosotros nuestros padres y otros. Pero una vez adultos, nuestras garantías se terminan. Han pasado los años y hemos hecho el kilometraje. Tenemos que decir: «Si esta cosa llamada "mi vida" se rompe, tendré que repararla».

Eso es lo que hizo Richard. Asumió la responsabilidad para hacer las cosas bien. No culpó a su padre por haber sido un pobre ejemplo. Ni culpó a su carrera por mantenerlo durante tanto tiempo fuera de casa. Esa actitud habría sido la ruta segura para seguir fracasando. Necesitaba entender el efecto duradero de su herencia, como yo lo he entendido. Pero entonces, él necesitaba preguntarse: «¿Qué tengo que hacer para superar mi pasado?»

## *Aceptar la realidad del pasado y decidirse a vivir superándolo*

Segundo, Richard aceptó la verdad de su pasado. Vio con actitud realista lo que su padre le había hecho, y decidió tomar lo «bueno» y desechar cualquiera cosa «mala» que viera. No quería que su pasado controlara su presente y su futuro.

Yo sé lo que se siente cuando se crece con un padre de mal carácter. Yo sé que su conducta me afectó, tanto como a mis hermanos y hermanas. A veces, acostumbraba desear que las cosas fueran diferentes. Pero no lo eran. De modo que ahora, tengo que tomar todo lo que se me dio y hacer lo mejor que pueda con los recursos disponibles. Realmente esta ha sido una experiencia liberadora de gozo. Estoy listo para escuchar el consejo de otros como amigos, familia, libros, y decidirme a hacer lo que creo que es lo mejor para mí y mi familia. No tengo que perder el tiempo deseando que las cosas sean diferentes. Estoy listo para decidir cómo voy a reaccionar a cualquiera cosa que me ocurra o no me ocurra.

Ya que no podemos tener éxito culpando al pasado por nuestra infelicidad presente, necesitamos entender e interpretar nuestras tendencias heredadas de modo que conscientemente podemos superarlas. Yo he encontrado que si no lo hacemos así, por lo general nos quedamos «congelados» a un bajo nivel de madurez.

Una ilustración personal: En uno de nuestros primeros viajes como familia a Hawai, Norma, los niños y yo estábamos entusiasmadísimos con la posibilidad de tirarnos en la arena y estar juntos. Sin embargo, el primer día mientras nos preparábamos para ir a la playa, por alguna razón yo me retrasé. Todos querían salir ya. Pero yo les expliqué:

—Todavía no estoy listo.

—Muy bien —me dijeron—, vamos a ir adelante. Cuando estés listo, ven y búscanos. Estaremos allí. Y señalaron hacia un lugar en la playa.

—Me parece bien —les dije.

Una media hora más tarde, salí de mi cuarto en el hotel y me fui en busca de mi familia. Caminé para arriba y para abajo por la playa, pero no los encontré. El tiempo había pasado, y empecé a irritarme y a sentirme ofendido. *Espera un minuto*, pensé. *Estamos aquí en Hawai como una familia para estar juntos, ¡pero ellos me han abandonado! ¡Me han rechazado!* Básicamente, estaba demostrando mi inmadurez.

No los encontré, así es que volví al hotel y esperé impacientemente. Finalmente llegaron, y yo estaba furioso.

—¿Qué pasa contigo? —me preguntaron.

—¡Ustedes me dejaron solo! —les dije de mala manera.

—Te dijimos dónde íbamos a estar —me respondieron.

—Sí, cómo no. Fui allí, y ustedes no estaban —los acusé.

—Nosotros te dijimos que estaríamos en aquella otra playa, la que queda un poco más lejos —me dijeron.

—¡Bueno, pero eso no estuvo nada claro! —insistí, resistiéndome a calmarme.

Después de eso, no le hablé a nadie. Gracias a Dios por nuestro hijo Greg, que siempre tuvo la capacidad de confrontar a su padre.

—Papá —me dijo, cautelosa aunque respetuosamente—. Yo creía que tú querías «una nueva generación» en nuestra familia, ser un mejor padre que lo que fue tu propio padre en un montón de cosas.

—Lo quiero —insistí, mirándolo fijamente.

—Está bien, papá —dijo—, ¿es esta la clase de ejemplo que quieres darme?

—No —tuve que admitir a regañadientes—. Y me doy cuenta que he tenido que pedirles a ustedes, muchachos, que me ayuden cuando no estoy respondiendo bien.

Ahora, aquí tenemos lo realmente importante. Dijo mi esposa:

—¿Sabes? Esta es exactamente la forma en que tu padre actuaba cuando estaba malhumorado. Se enfurecía, se enfurruñaba, enmudecía y se aislaba de todos.

Y ella me había dicho en el pasado: «Lo peor que me haces es quedarte callado, porque entonces yo siento que nos desconectamos». Esa era la forma en que castigaba a mi familia cuando me enojaba con ellos, y eso fue algo de lo que me traspasó mi padre.

Cuando este problema ocurrió, Greg estaba en la secundaria, y a medida que iba progresando, iba mediando.

—Muy bien —decía—, vamos a resolver esto. Mamá, da tu versión. Papá, da la tuya. Papá, ¿no entiendes lo que hiciste aquí? Mamá, ¿lo entiendes tú? Bien. Eso lo arregla todo.

De verdad Greg nos ayudó a resolver esa pequeña escaramuza. No en vano está sacando su doctorado en consejería.

Al tratar la situación tan directamente y hacer la comparación con mi padre, mi familia me hizo ver el nivel de inmadurez en el cual me encontraba. Es importante que de cuando en cuando echemos una mirada a nuestro nivel de madurez. Y cuando nos encontremos pensando únicamente en nosotros, a partir de ahí se pueden trazar muchas cosas hacia nuestro pasado. Un experto dice que la peor cosa que un marido puede hacer si quiere que el amor en su matrimonio dure es aislarse de la familia aplicándole la «ley del silencio».[7] Eso me pasó a mí. Pero yo no puedo dejar que este tipo de conducta continúe. Entiendo mi pasado, pero lo voy a colgar antes que permitirle que determine mi futuro.

## Desafío

Y usted, ¿qué? ¿Ha llegado al punto donde está de acuerdo y dispuesto a asumir total responsabilidad por la calidad de su vida?

¿Puede usted, como John y Sharon y Richard y Gary Smelley, abandonar el juego de la culpa, no importa cuán difícil haya sido su pasado, y abrazar la verdad grande y liberadora que lo hará estar satisfecho con la decisión tomada? Estoy seguro que lo hará, y sé que al hacerlo, el resto de este libro será como un viaje a un cofre con un tesoro enterrado para usted. A lo largo del camino va a encontrar indicaciones que le ayudarán a hacer con su vida lo mejor.

Si usted es una víctima de abuso, probablemente va a necesitar ayuda para luchar con su situación y redescubrir el amor por la vida y el amor por su cónyuge. Y si otros reaccionan negativamente a los cambios que está tratando de hacer, el perseverar no va a ser fácil. Pero aun con eso, puede decidir su propia respuesta a cada situación, y, también, puede decidir ser persistente y confiado. Si lo hace así, casi le puedo garantizar que su futuro será mejor que su pasado.

Los siguientes dos capítulos analizarán el difícil tema de arrancar de su vida las iras no superadas. Hasta donde sé, esto causa más dolor, ahoga más matrimonios, y hace naufragar a más hijos que cualquiera otra cosa. Usted no solamente verá el daño que hace, sino que verá cómo puede eliminarlo de usted y de sus seres queridos.

## Principios del amor para toda la vida

1. El amor para toda la vida no trata de cambiar o reemplazar a la esposa. «Si algo no está bien, soy yo el que tengo que cambiar mi reacción y mi mentalidad».
2. El amor para toda la vida cree que aun pequeños cambios en la conducta pueden llevar a una importante mejoría en las relaciones.
3. El amor para toda la vida es posible, sin importar sus circunstancias.
4. El amor para toda la vida demanda valentía para ir más allá del *statu quo*.
5. El amor para toda la vida dice del futuro = esperanza.
6. El amor para toda la vida dice: «Asumiré la responsabilidad por mis propias decisiones: pasado, presente, y futuro».
7. El amor para toda la vida acepta la realidad del pasado pero vive más allá del juego de la culpa.
8. El amor para toda la vida no puede cambiar el estado del tiempo. Puede decidir cómo reaccionar al tiempo.
9. El amor para toda la vida está dispuesto a ir más allá de patrones negativos de herencias intergeneracionales.

# 2

# El enemigo número uno: La ira contenida

*Las personas o toda la sociedad pueden rumiar viejos agravios, recordándolos vez tras vez, renovándolos obsesivamente hasta que la forma del recuerdo y deseo son desviados permanentemente hasta el terreno del resentimiento.*

William Stafford[1]

Hay un tremendo destructor del amor que anda suelto; he descubierto que es la principal causa de divorcio y el único ladrón más grande que nos roba el amor por la vida. Quizás ya esté actuando en su vida y matrimonio.

Este destructor es el *resentimiento olvidado, contenido*, no únicamente aquel tipo que nos corroe el estómago noche tras noche, sino también el que desaparece tranquilamente. Al menos yo acostumbraba pensar que había desaparecido. Pero cuando lo enterramos dentro de nosotros... *¡siempre permanece vivo!* Y cuando menos conscientes estamos de su presencia, causa daño, destruyendo como el óxido en un automóvil, como polilla en un ropero oscuro.

Pero no tiene por qué quedar enterrado; ni por qué descargarse para causar estragos en nuestras vidas y relaciones. Hay esperanza, en la medida que decidamos arrancarlo de nosotros.

## El resentimiento: sepultado vivo

Déjeme contarle cómo el resentimiento dañó la vida de un amigo, Larry, quien durante nueve años estuvo enojado conmigo. Trató de decir que el resentimiento había desaparecido, pero no era así.

En un tiempo habíamos sido excelentes amigos. Luego, me pareció sentir que entre él y yo se alzaba un muro. Todavía seguíamos siendo amigos, y yo atribuía cualquier «distanciamiento» entre nosotros al hecho que ya no vivíamos en la misma ciudad, sino que casi vivíamos en un extremo del país el uno del otro. Pese a todo, me imaginaba que si algo hubiera surgido entre nosotros, él me lo habría dicho.

Pero no hace mucho tiempo, mientras me hospedaba en un hotel en el pueblo donde vive Larry, recibí una llamada de él.

—Tenemos que hablar —me dijo.

—¡Excelente! —le dije—. ¿Sobre qué?

—He estado enojado contigo desde hace unos nueve años —me respondió sorprendiéndome. Cuando siguió, me preocupó aún más.

—Realmente todo este tiempo he estado furioso contigo y eso es algo que no he podido superar —dijo con una voz que le temblaba—. He tratado de decirme que con el tiempo lo olvidaré, pero no ha sido así. Pienso en eso a cada rato. Ahora me está afectando en mi trabajo y en mis otras relaciones. No quiero seguir viviendo así, *así es que tengo que resolver este asunto*. ¿Podemos vernos?

Palabras así que vengan de un amigo te enferman. Una vez tras otra me pregunté: *¿Qué hice? ¿De qué se tratará?* Nos pusimos de acuerdo para vernos.

Fuimos a un restaurante y allí surgió la historia, aunque contarla, escucharla y analizarla nos tomó unas cinco horas. Larry lloró, yo lloré y en un momento se emocionó tanto que empezó a sangrar por la nariz. ¡Qué espectáculo! Pero al final echó fuera toda esa ira tan profunda que había ido llevando por todas partes durante todos esos años.

El problema surgió con una decisión que tomamos nueve años atrás: Juntos fuimos a confrontar a un tipo con el cual ambos teníamos serios desacuerdos. Fue una situación bastante seria y tanto él como yo nos sentíamos muy incómodos. Fuimos a ver a aquel hombre y cuando nos reunimos con él, me dijo: «Voy a discutir con cada uno de ustedes en forma separada, pero no estoy dispuesto a que ambos me caigan encima».

Lo discutimos con Larry y estuvimos de acuerdo en dejar la conversación e irnos. Recuerdo que cuando partimos, le dije a Larry que lo sentía y que hablaríamos después del asunto. Pero las cosas se complicaron cuando Larry pensó que yo me había puesto del lado «del otro tipo» y lo había desechado a él como mi amigo, en circunstancias que yo me sentía más furioso que Larry. Lo dejé con su furia contra la otra persona y también herido por mí.

Larry se fue pensando: *¿Cómo es posible que Gary me haga esto? Fuimos juntos a hablar con ese tipo y resulta que me echa a un lado, como si yo no importara.* No fue sino hasta ese día en el restaurante que supe que había hecho algo para que mi amigo se sintiera así.

Cuando escuché cómo aquel incidente había afectado su vida durante nueve años, me afligí profundamente. Nunca me había pasado por la mente ser más leal a nuestro enemigo que a mi buen amigo.

Afortunadamente, aquel día nuestras relaciones quedaron restablecidas. Lloramos juntos, nos abrazamos, y buscamos el perdón mutuo. Finalmente, el resentimiento había salido de mi amigo, pero no antes que sufriera por espacio de nueve años de depresión y otros signos de infelicidad. Y desde ese tiempo, hemos desarrollado una amistad más profunda que nunca antes.

Alguien podría decir que Larry estaba exagerando y que con el correr del tiempo pudo haber superado esa situación. Esto es, precisamente, lo que él esperaba que ocurriera, pero no fue así. Hay miles de personas que desean poder sacudirse los efectos de viejas ofensas, pero la verdad es que no pueden. Y debido a que no lo pueden «superar», el daño continúa dentro de ellos, a veces durante años.

Antes que me diga que este capítulo no es para usted porque usted no es una «persona resentida», déjeme decirle que la mayoría de nosotros enterramos tan pronto nuestro enojo que no nos damos cuenta lo que estamos haciendo. De esta manera, hace su daño solapadamente. A menudo nos lleva a maltratar a otros. O se vuelve hacia nuestro ser interior, transformándose en depresión. Algunos pueden pretender que «no está ahí», pero ahí está.

Este capítulo ha sido diseñado para echar una mirada de cerca al resentimiento, lo que lo causa, y el daño masivo que provoca. Los siguientes dos capítulos lo ayudarán a eliminar cualquier vestigio de resentimiento destructivo.

## La ira brota de tres emociones separadas

La ira es una emoción. Como todas las otras, no hay nada malo en ella. Es nuestra reacción humana a algo que ocurre, o a lo menos nuestra percepción a algo. En realidad, un poco de ira es buena; nos enojamos cuando vemos alguna injusticia o cuando alguien está tratando de violar nuestra línea de propiedad personal. En tales casos, nuestra ira es lo que nos motiva a actuar en forma apropiada. Pero después que nuestra ira nos ha motivado a hacer algo bueno, no podemos darnos el lujo de permitir que se aloje dentro de nosotros en forma permanente. Tenemos que echarla afuera. La ira es una emoción buena porque nos hace entrar en acción, pero si dejamos que eche raíces, nos estamos creando un gran problema de perjuicio potencial.

El Dr. Howard Markman, de la Universidad de Denver, un experto sobresaliente en la prevención de divorcios, nos hace una fuerte advertencia sobre la ira oculta. Nos recuerda que todas aquellas pequeñas discusiones que parecen no haber sido resueltas y que están provocando continuamente un estallido inapropiado, como por ejemplo los asuntos que no necesariamente son para caldear los ánimos, tales como si el papel higiénico se va a sacar del rollo desde la parte superior o desde la parte inferior, o si el asiento del inodoro debe permanecer arriba o abajo que son provocadas por iras que están, precisamente, debajo de la superficie. No importa cuántas veces una pareja intente resolverlas o entre más profundo en la intimidad, la ira puede mantenerlos aislados y bajo tensión.[2] La gente que vive resentida es como si viviera en un campo minado. Si usted dice o hace algo equivocado, *¡booom!* explotan. Y usted se queda pensando: *¡Vaya! No tenía idea que una cosa como la que hice pudiera causar tal reacción.*

En realidad, la ira es una emoción secundaria, no un sentimiento primario. La produce el *temor*, la *frustración*, o la *ofensa*, o una combinación de estas tres. Si alguien nos dice algo desagradable, por ejemplo, primero nos sentimos ofendidos y *luego* sentimos ira. Cuando despojamos a la palabra *ira* de su más profundo nivel, vemos una hebra que corre a lo largo de todo este libro en forma de *expectativas insatisfechas*. Frustración es no recibir lo que esperábamos de otras personas o circunstancias. Ofensa es cuando no oímos las palabras o recibimos la acción que esperábamos de otras personas o circunstancias.

Y temor es tanto miedo que lo que esperamos no vaya a ocurrir como lo deseamos, o esperar que algo malo vaya a pasar. En su libro *Banishing Fear from Your Life* [Cómo desterrar el miedo de su vida], Charles Bass explica claramente: «El proceso por el cual el miedo provoca ira es relativamente simple: usamos la ira para hacer frente al miedo». Y cuenta una hermosa historia de consejería a una pareja «que interactuaba con una reacción miedo/ira». Del esposo y de la esposa él oyó una historia completamente diferente. ¿La versión del esposo?

> Cada vez que llego a casa, Mary está esperándome con ganas de pelear. Odio llegar a casa. Mientras me dirijo a casa, me voy poniendo más y más tenso. Y cuando llego y la veo esperándome con las manos en la cintura, me pone muy mal, y la ataco antes que salte sobre mí.

La historia de la esposa:

> Joe siempre se enoja conmigo por cualquier cosa... Siempre llega de mal humor a casa. Realmente, tengo que pararme ante él para defenderme.[3]

Para ambas personas, una ira latente era alimentada por un temor al enojo del otro.

En la clásica canción de Navidad «Oh, aldehuela de Belén» escrita por Phillips Brooks, hay una hermosa línea que se refiere a «las esperanzas y temores de todos los años» [en inglés]. Si estas esperanzas no se realizan, pero sí los temores, entonces se puede presentar el resentimiento. Enojo con nosotros mismos. O con otras personas específicas. O con todo el mundo. Con Dios. Sentimos la necesidad de echarle la culpa de nuestra infelicidad a alguien o a algo.

La ira es la forma que escogemos de responder por algo que nos ocurre y que no logramos controlar. Es una reacción normal, incluso es buena cuando la controlamos. Pero somos nosotros los que tenemos que decidir si dejamos que permanezca o se vaya. Podemos decidir ver su gran potencial de destrucción y dar los pasos para reducirlos en nosotros. Es un témpano que hace zozobrar nuestro amor.

## La sustancia peligrosa

La ira no debería ser considerada una visita grata. Cuando dejamos que persista y se quede dentro de nosotros, no solo nos perjudica a nosotros, sino también a los que nos rodean. Solo piense en todas las veces que usted se ha frustrado, ofendido, o atemorizado. ¿Acostumbra obviar estas emociones o enfrentarlas y superarlas?

Piense en la ira como una sustancia pegajosa, hedionda y peligrosa, que puede ser comprimida y embutida en algo así como un recipiente de aerosol. Diferentes personas tienen recipientes de diferentes tamaños y diferentes grados de compresión, dependiendo de cuánta ira hayan acumulado y durante cuánto tiempo.

¿Qué pasa? La gente iracunda tiende a ir por el mundo rociando su ira sobre otras personas. Ese rocío es sentido por otros como mal genio, insensibilidad, negativismo, y una actitud desagradable en general, y los «rociadores» pueden ni siquiera darse cuenta de la forma en que se están comportando o cómo están afectando a otras personas. Solo se mantienen rociando en todas direcciones y dondequiera que van, como un zorrillo que constantemente se está sintiendo amenazado. La ira también rocía veneno, como un ácido que quema.

¿Cómo reaccionamos cuando somos rociados por alguna de estas personas con ira? Frecuentemente, sin siquiera pensarlo, tomamos la enfermiza decisión de permitir que la persona iracunda nos llene la piel con su rocío nauseabundo. (Entonces, somos los únicos en emitir ese mal olor.) Después de un tiempo, aquello empieza a penetrar nuestra piel, a entrar dentro de nosotros y a llenar nuestro propio recipiente de ira. Cuando esto ocurre entre las familias, la ira va pasando de generación a generación, causando estragos intergeneracionales.

A veces una ira debilitante comienza en la niñez, quizás con alguna forma de abuso. Tengo que confesar que en el pasado, yo tenía un gran recipiente de ira que muy a menudo explotaba sobre mi esposa y mis hijos. La ira empezó a acumularse cuando era un niño porque, como ya lo mencioné, mi papá roció a menudo sobre mí de su propio recipiente de ira. Ya que yo era un niño pequeño, mis hermanos y mis hermanas recibieron mucho más rocío que yo, pero de todos modos yo tuve mi porción.

Mi hija me hizo darme cuenta de lo que estaba haciendo cuando un día me confrontó sobre la forma en que había tratado a mi hijo Michael, por aquel entonces en la secundaria.

—Papá —me dijo—, eres tan crítico con Michael por pequeñas cosas que él dice y hace. Realmente lo estás hiriendo.

Aquello me tomó de sorpresa. Francamente, creí que ella estaba exagerando la seriedad de la situación. Así es que fui a hablar con Michael, le dije lo que su hermana me había dicho, y le pregunté si era verdad.

—¡Sí! —me respondió.

—¿Sí? —dije, aun sin querer creerlo.

—Papá —dijo bastante conmovido—, ¡he recibido tantas críticas que me podrían alcanzar para el resto de mi vida!

Así, no tuve otra alternativa que aceptar la verdad. Y el darme cuenta, me ayudó a continuar echando afuera mi propia ira, enfrentar la situación y de esa manera pude detener el tirón generacional heredado de mi padre. De nuevo, nuestra ira puede estar enterrada, pero está enterrada viva, destruyendo nuestra propia felicidad y nuestras relaciones, a menos que sea quitada de raíz o cambiemos de rumbo.

¿Se ha preguntado alguna vez por qué hay tanto abuso y violencia en nuestro mundo hoy? Mucha de esta ira que lleva a la violencia comenzó con padres que no conocían los efectos que la ira iba a tener en sus hijos. Me imagino que la mayoría de estos padres tampoco eran conscientes que su nivel de enojo no tenía nada que ver con la crianza de sus hijos. Pero veamos las implicaciones de esta historia: Una voluntaria en el trabajo en prisiones pensó que a los presos les gustaría enviar a sus madres tarjetas de saludo en el Día de la Madre. Así es que escribió a una compañía fabricante de tarjetas y pidió que les donaran cierta cantidad.

La compañía respondió cortés y generosamente y, en efecto, estos hombres endurecidos se pelearon las tarjetas. ¡La demanda fue abrumadora! A la voluntaria se le agotaron antes que se terminaran los hijos que querían enviar expresiones de amor a sus madres.

Bien, el Día de los Padres viene solo un mes después del Día de las Madres, de modo que la voluntaria pensó: *Como aquel fue un éxito, voy a hacer lo mismo para el Día de los Padres*. Se puso en contacto con la compañía de las tarjetas y de nuevo recibió lo que pidió.

Comunicó a los presos que había disponibles tarjetas gratis para enviar en el Día del Padre, y se dispuso a esperar la avalancha. ¿Y saben cuántos de aquellos criminales, muchos de ellos con una impresionante historia de violencia, solicitaron una tarjeta? Ninguno. Ni un solo preso quería expresar amor a su padre. Y aquello permitió a la voluntaria darse cuenta que tales personas por lo general cargan con un resentimiento profundo, incluso odio, hacia sus padres, muchos de los cuales nunca estuvieron para sus hijos.

## Las consecuencias de una ira contenida

Aun cuando su ira nunca llegue al terreno de la violencia o la ilegalidad, puede ser destructiva, como ocurrió con mi amigo Larry y conmigo, como lo verá las consecuencias de ira contenida que menciono en las pocas páginas siguientes.

### *Distancia de otras personas*

Uno de los resultados o síntomas más comunes de la ira profunda es la *distancia* relacional, una indisposición o incapacidad para estar cerca de otros. Parece bloquear nuestra habilidad de dar y recibir amor. Sinceramente usted está tratando de desarrollar un matrimonio satisfactorio y amoroso, pero la ira «rociada» sobre usted tanto como sobre su pareja pueden inhibir grandemente sus esfuerzos. Piense en esta desafortunada historia verdadera de una pareja que se había casado hacía diecisiete años.

El esposo sabía que las cosas no iban bien; quería hacer algo al respecto, y me pidió ayuda. Debido a que vivía en otro estado, teníamos que comunicarnos por teléfono y por cartas.

Él me describía una situación doméstica difícil, y yo sugería algo que tendría que hacer para mejorar las relaciones. Unos pocos días después, me llamaba para decirme:

—Lo intenté, Gary, pero simplemente parece no dar resultado. Ella no reacciona.

Volvíamos a empezar, y así varias veces, hasta que después de un tiempo, empecé a irritarme un poco con él. *¿Qué pasa con usted?*, pensé. *¿No lo puede conseguir?* Pero claro, eso no fue lo que en realidad le decía. Le sugería que intentara una forma diferente.

Una semana más tarde, recibí una carta donde decía: «Gary, realmente quiero amar a mi esposa, pero no veo cómo poder hacerlo».

Esta consejería de larga distancia continuó con alguna regularidad por espacio de unos tres años. A veces, no sabía de él durante meses. Y entonces un día me llamó para decirme:

—Realmente aprecio toda su ayuda, pero estoy abandonando a mi esposa.

¡No puedo soportar esa clase de llamadas! Le tengo aversión al divorcio, y tampoco me gusta «perder» a una persona a la que he estado tratando de ayudar. *¡Fracaso!*, pensé. De nuevo, eso no fue exactamente lo que le dije. Le pregunté:

—¿Por qué se está dando por vencido?

—Bueno —me contestó—, cuando desperté esta mañana, ella estaba parada al lado de la cama con un cuchillo en la mano».

*¡Caramba!*, pensé. *Esa parece ser una buena razón para que una persona quiera irse, ¿verdad?*

Pero, *¿por qué* nada de lo que el esposo intentó dio resultado? ¿Por qué sus relaciones llegaron al punto de tener que esgrimir un cuchillo y finalmente divorciarse? La única vez que hablé con la esposa, descubrí una extrema amargura hacia su madre, debido a una serie de incidentes de la niñez. Durante años, sin siquiera darse cuenta de las implicaciones, ella había cargado con esta ira profunda hacia su mamá, lo que había envenenado sus relaciones con su esposo. Su madre la había herido de tal manera que ella había decidido inconscientemente que nunca iba a permitir que alguien se le acercara lo suficiente como para herirla de nuevo. A pesar de todos los consejos que le di a su esposo, y a pesar de lo que él hizo para amarla, todos los esfuerzos fracasaron. Ella sencillamente no quería que él se acercara a su corazón. ¡Así es como las personas con ira no pueden permitir que otros se les acerquen! El daño olvidado permanece allí, al alcance de la mano, *saboteando* las relaciones.

Lo irónico es que después del divorcio, la mujer fue a un consejero especializado en ira encubierta, y él le ayudó a superar la profunda amargura que sentía hacia su madre. Aprendió a perdonar a su mamá. A través de sus hijos, esta pareja divorciada finalmente llegaron a ser buenos amigos, y aunque ella se volvió a casar, el daño de su primer matrimonio es permanente.

¿Por qué aquella mujer no buscó consejo antes? Simplemente no sabía cuánto estaba influyendo su ira en sus actitudes y conducta, ni se había dado cuenta cuánta distancia podía crear su antigua ira en una relación.

El proceso puede resultar de esta manera: Estamos heridos. Esa herida crea ira que no enfrentamos; llena nuestro «recipiente de ira». Crecemos cautelosos, incapaces de confiar; temerosos, podemos querer rechazar a los demás antes que los demás nos rechacen a nosotros. El dolor puede persistir solo en nuestras mentes inconscientes, pero automáticamente tratamos de cuidarnos de los demás y mantenemos una distancia que nos dé seguridad. Cada vez que la gente se nos quiere acercar, nuestro «recipiente de ira» empieza a rociar, por lo general saboteando las relaciones a través de palabras o acciones negativas.

Mucha gente a la que he aconsejado o que han asistido a mis seminarios han chocado contra esto. Un hombre, como aquel cuyos diecisiete años de matrimonio terminaron en divorcio, se emociona en una de mis sesiones y decide: *Cuando llegue a casa voy a amar más a mi esposa y a mis hijos.* Pero cuando llega a casa y trata de ser un mejor marido, su esposa se resiste y lo presiona emocionalmente. ¿Por qué? A menudo la razón es porque ella trae heridas del pasado, su «recipiente de ira» está relativamente lleno, y sencillamente no se siente cómoda con la idea de que su esposo esté más cerca de ella.

Este mecanismo distanciador puede neutralizar la acción positiva que alguien más trata de dar. Mi buen amigo, el Dr. Gary Oliver estaba dando consejería a una pareja cuyo divorcio se concretaría en una semana. Les dijo que él no hacía milagros; al tratar de encontrar solución a sus problemas en el último minuto, ellos dijeron que estaban dispuestos a intentar lo que fuera.

Así es que Gary se quedó solo con el esposo, y le dijo:

—Me gustaría que se diera una oportunidad, digamos una oportunidad larga. Durante los siguientes siete días, quiero que elogie a su esposa muy específicamente tres veces al día. Escriba lo que le dice. Luego nos reuniremos de nuevo y veremos qué ocurrió.

Siete días después se volvieron a reunir. Gary les preguntó:

—¿Han cambiado algo las cosas en esta semana?

—Todo sigue más o menos igual —respondió la esposa.

—¿Qué cosa diferente hizo usted? —le preguntó Gary al esposo.

—Bueno, esta semana elogié a mi esposa veintiuna veces.

—¿Qué? —protestó ella—. ¿Cómo puedes decir eso?

—Lo hice —insistió él—. Lo tengo todo escrito.

—¿Por qué no nos lee eso? —le sugirió Gary.

El esposo sacó una hoja de papel y leyó los veintiún elogios.

Lo interesante del caso es que mientras el esposo leía, ella movía la cabeza en actitud de sorpresa. *Durante toda la semana, nunca escuchó lo que su esposo le dijo*. Fue como si él hubiera ido a hacer un depósito en el banco y se hubiera encontrado con un aviso que decía: «Cerrado». Cuando ella se dio cuenta que en realidad había sido elogiada todas esas veces, lo tocó con ternura por primera vez en meses.

¿Por qué estaba ciega a los intentos de él de mostrarle su amor? Porque las personas como ella que tienen mucha ira concentrada tienden a neutralizar las cosas positivas que les ocurren. Simplemente no las pueden ver ni oír.

En cualquiera relación, esta tendencia a pasar por alto lo positivo y acentuar lo negativo es una fuerza muy destructora, alimentada por una ira crónica. Los doctores Howard Markman, Scott Stanley, y

Susan Blumberg, expertos en relaciones matrimoniales, destacan el hecho de que las creencias e interpretaciones negativas pueden filtrar poderosamente lo positivo y dejar que uno vea únicamente lo negativo. Es como una fuerza destructora, que ellos dicen que es una señal clave muy peligrosa en un matrimonio.[4] ¿Está usted consciente de cómo su mal genio puede afectar la forma en que ve a los demás?

Tener este mecanismo distanciador automático es como vivir dentro de un caja relacional hecha de placas de grueso vidrio. Quienquiera que trate de acercarse a una persona con «resentimiento escondido» chocará contra esa barrera de vidrio. Y entonces, cuando la persona ofendida trate de establecer una relación más cercana con otros, la placa de vidrio parecerá agrandarle la imagen del «extraño»; esto puede amedrentar a la persona resentida y hacerla retroceder hasta una distancia «segura».

Desafortunadamente, cuando usted está relacionado con alguien que conserva viejas iras que destruyen su relación, puede sentirse como se sentiría si hubiera comido en un restaurante y luego le hubieran pasado una cuenta de diez mil dólares. Usted le explica al camarero que no hay forma de que la cuenta sea tan alta, haciendo incluso chiste de que nunca podría comer tanto.

Pero entonces, el camarero le dice: «Su cuenta asciende a diez mil dólares porque queremos que pague por todos los que han comido aquí hoy. ¿Está de acuerdo?»

«¡De ninguna manera!», insiste usted.

Pero eso es exactamente lo que las personas que conservan tanto resentimiento en su interior hacen con los demás, trátese de usted o de su esposa. Tratan de hacerles pagar la «cuenta» por todos los que en el pasado les han ofendido. Y cuando está con ellos, se da cuenta que son personas con las cuales no puede intimar. En tales casos, tristemente, pagan todos aquellos a quienes conocen. Por eso es porque es tan importante sacar la ira que hay adentro lo más pronto posible.

Esta pareciera ser una de las principales razones por qué a las personas que vienen de hogares de divorciados les cuesta tanto mantenerse casadas. Su propio nivel de ira los empuja a distanciarse de su pareja y sabotear así su matrimonio. El Dr. Scott Stanley, otro destacado especialista en prevención de divorcio, me dijo que típicamente, estos hijos de divorcio «nunca fueron capaces de tomar su ira, sacarla a la superficie, y eliminarla. Es como si la mantuvieran embotellada en su interior».[5]

Y si estos hijos se dijeran, *Cuando me case, nunca seré como mi papá y mi mamá*, casi con toda seguridad estarían prediciendo el fracaso de sus relaciones futuras. ¿Por qué? Porque frecuentemente, esa desagradable determinación está siendo alimentada por la ira no resuelta. El ciclo puede pasar de generación en generación, cuando niños resentidos llegan a ser adultos resentidos que tienen hijos como ellos.

Cada uno de nosotros debemos enfrentar nuestro pasado y comprobar el nivel de nuestro propio resentimiento. Al hacernos responsables de reducir el nivel de ira dentro de nosotros, podemos *detener* este influjo generacional que arruina las relaciones. (Véase el inventario de la ira al final de este capítulo.)

### *Separación de Dios*

Una segunda consecuencia de la ira no resuelta puede ser la ceguera espiritual o sentirse particularmente alejado o alienado de Dios. Una reciente encuesta de Gallup reveló que más del noventa por ciento de los estadounidenses dicen que creen en Dios. Esto es excelente como una base, como un punto de partida. Pero en mi trabajo de consejería, he observado una correlación invertida entre la ira y la fe: Pareciera que mientras más grande es la ira acumulada de una persona, más difícil le resulta desarrollar una significativa vida espiritual. El lado espiritual de la vida nos ofrece amor, nos pide ser amorosos y sensibles hacia los demás, pero la ira pareciera entenebrecer el corazón, haciendo imposible ver el «llamado» o recibir el amor que nos ofrece Dios. La ira puede actuar como una resistencia eléctrica, bajando la luz espiritual que debería estar brillando en y desde nosotros.[6]

Yo experimenté esto en mí cuando en una ocasión estuve por más de seis años profundamente enojado con una persona, un compañero de trabajo. Tenía pocos deseos o interés por las cosas espirituales; no quería estar con otros que adoraran a Dios; tenía escaso discernimiento espiritual; también estaba desanimado e incluso a veces hasta depresivo. En ese tiempo no lograba descubrir la causa, pero cuando finalmente empecé a sacar afuera mi propia ira, vi cuánto me había afectado en este aspecto. Al liberar mi ira, recuperé mi interés y satisfacción espiritual por la vida.

### *Separación de uno mismo*

Otra consecuencia del enojo no resuelto es un bajo sentido de autoestima. En este caso, la ira y la baja autoestima están tan entrelazadas y actúan tan circularmente que es difícil separar causas y efectos. Digamos que el sentido personal de ser o ámbito de acción de un niño o un adulto fueron drásticamente, y quizás repetidamente, violados. Heridas, frustración con un sentimiento de impotencia, y temor llevan al enojo. Y ese enojo puede manifestarse de esta forma: *No puedo ser mucho mejor si otros, y la «vida», me tratan así.* La ira incitada por las acciones o actitudes de alguna otra persona puede rápidamente transformarse en ira, o auto reproche o sentimiento de culpa, dirigidos a uno mismo. Tal ira manifestada interiormente puede transformarse en depresión. Tomemos otro ejemplo de hijos de padres divorciados. La pregunta inicial: *¿Cómo pudieron mamá y papá destruir nuestro hogar?*, puede responderse así: *Quizás yo sea el culpable. Quizás ellos no me aman y no quieren tenerme cerca de ellos.* En su libro *Children of Divorce* [Hijos del divorcio], Debbie Barr anota: «Si un preescolar ha deseado rápidamente que ocurra un desastre en relación con la separación de sus padres, el sentimiento de culpa del niño puede multiplicarse».[7] Su autoestima se hunde; su ira se comprime. De nuevo, tenderán a seguir el mismo patrón de sus padres. Después de casarse, sabotean su relación y tratan que sus esposas no los vuelvan a maltratar.

El Dr. Earl D. Wilson hace esta observación: «La ira puede ser una forma de ocultar el sentimiento de culpa». Yo añadiría que esta culpa puede ser legítima o ilegítima (falsa). Él cuenta una breve anécdota de un cliente llamado Bob que tenía un temperamento que lo hacía siempre mantener a su novia distante de él. Wilson finaliza el asunto diciendo: «Después de algún tiempo bajo consejería, Bob pudo ver que la razón por la que no podía aceptar los cumplidos de Janice era que la veía de cualquiera manera menos bonita. Tuvo que luchar con esta culpa y sus sensaciones de fracaso (enojo consigo mismo) antes que estuviera listo para una relación más estrecha».[8]

El mayor dolor lo llevamos adentro, la más grande tentación de comprometernos en conductas adictivas para lograr alivio, alivio temporal. La conducta adictiva puede incluir una adicción malsana hacia otra persona. Según el Dr. Scott Peck, ira desenfrenada es un elemento crítico en los desórdenes siquiátricos más comunes: Las personas con desórdenes de personalidad pasivo-dependiente llegan a creer que no pueden vivir una vida de calidad sin que otra persona vele por ellos. Los pasivo-dependientes se condicionan para una bancarrota emocional, debido a que nunca nadie puede satisfacerlos. Ninguna cantidad de elogios positivos o afirmación es jamás suficiente. Están enojados permanentemente porque los demás están disgustándolos permanentemente.

Están encerrados en un patrón de vida donde deben de haber otros, pero cuando se relacionan, los asfixian y por lo general matan la relación. Encuentran a alguien más, y sucede lo mismo. A medida que continúan fallando, su ira alimentada al sentirse lastimados (les parece que han sido abandonados), frustrados (sienten que han fracasado) y temerosos (se sienten solos) puede aislarlos de ellos y de otros, corroiéndolos como si realmente se hubieran vuelto contra ellos mismos y se hayan mordido los tobillos hasta llegar al hueso.[9] ¿Será la ira destructiva?

El ciclo de ira y la sensación de baja autoestima alimentándose el uno al otro también puede producir problemas físicos. Por eso es que hoy día mucha gente va al médico, quejándose de dolores de espalda, dolores del cuello, o dolores de cabeza. Pero cuando el médico los examina, no encuentra ningún problema físico que pueda ser la causa del dolor. Por eso, algunos doctores han llegado a la conclusión que esta epidemia de malestares y dolores tiene que ser la manifestación externa de ira contenida.

La ira hace que nos aislemos de nuestros propios cuerpos. Considere los resultados de pruebas hechas a estudiantes en una escuela de medicina y escuela de leyes en la década de los sesenta. Usando pruebas de personalidad básica, se les midió el grado de hostilidad. Veinticinco años después, los estudiantes fueron rastreados. A los cincuenta años de edad, solo el 4% de los abogados y el 2% de los médicos calificados como tranquilos habían muerto. Entre los abogados que habían sido calificados de alta hostilidad había un 20% de mortalidad; y entre los médicos, un 14%.[10]

El enojo, en la forma de hostilidad crónica, también ha sido clara y fuertemente relacionado con las enfermedades del corazón. Aquellos que son más hostiles son más susceptibles a ataques del corazón, la causa número uno de muerte en muchos países.[11] La ira hostil puede hacer subir el ritmo del corazón, elevar la presión sanguínea, y conducir a un aumento en el bloqueo de las arterias. Pero lo que es aun peor, el riesgo de ataque del corazón parece que aumenta considerablemente durante las dos horas siguientes a un ataque de ira.[12]

Recuerde estos son solo algunos de los riesgos físicos de la ira. Cuando usted piense en todos los problemas que puede causar la ira y la hostilidad, podrá tener el cuadro completo de cuán destructiva puede ser esta emoción si no se trata correctamente.

### *Separación de la madurez*

Esta última «separación» causada por la ira está relacionada con todo lo mencionado anteriormente. Las iras no solucionadas congelan nuestro nivel de madurez emocional en un punto cercano a como era cuando tuvo lugar la ofensa que nos causó daño. Esto lo analizamos brevemente en el capítulo 1. Vamos a suponer que sus padres se divorciaron cuando usted tenía doce años. Usted quedó destruido, y su recipiente de ira comenzó a llenarse. Lo más probable es que usted también recibió una estocada cerca de ese nivel emocional. Quizás tenía un cuerpo de adulto, pero probablemente, el corazón de un niño lastimado a los doce años de edad.

Quizás usted no sea el tipo de persona rabiosa pero vive con alguien así. En tal caso, seguramente se preguntará de cuando en cuando: *¿Por qué es tan infantil? ¿Por qué dice esas cosas tan extrañas y tan inmaduras que nos hacen sufrir?*

Por ejemplo, un padre dice a su hijo de seis años: «Oye, hijo, sácate esa moneda de la boca. Estaba en el suelo y está llena de microbios».

Pero la esposa reacciona inmediatamente: «Ah, Jaimito, está bien. No te preocupes. Ni siquiera los microbios pueden vivir con lo que tu padre gana».

¿De dónde sale esa observación tan infantil e hiriente? Lo más probable es que salga de un inmenso recipiente de ira contenida que empezó a desarrollarse cuando ella era una joven. Por dentro, ella sigue siendo una niña rabiosa e hiriente.

## La ira tiene poder para mantenernos desdichados

Lea nuevamente este subtítulo y deje que la verdad lo compenetre: La ira tiene el poder para mantenerlo desdichado.

Volvamos a mi amigo Larry, a quien yo ofendí y que permaneció enojado conmigo por nueve largos años. Todo ese tiempo, estuvo continuamente viendo el video de mi ofensa. Veía mi rostro y oía mis palabras de traición vez tras vez, y cada vez el dolor se hacía más fresco. Ese hecho y mi conducta habían estado ejerciendo una influencia tremenda y debilitante incluso mucho tiempo después de que yo lo había olvidado. Lo que realmente hacía era habilitarme para seguir siendo desdichado. Permitió que mi ofensa, que había ocurrido en un determinado día, se mantuviera ofendiéndolo día tras día por nueve años. *(¡Que me haya hecho eso a mí!)* Inconscientemente me permitió que lo controlara.

Por fortuna, finalmente dio los pasos adecuados para entrar en contacto conmigo, haciendo que su ira se fuera en una buena forma, y restaurando la relación.

El enojo y la culpa no resuelta nos puede aprisionar, cegarnos y hacernos desdichados de corazón y desdichados para vivir con eso.

A la inversa, está aquella verdad en la canción que dice: «Libertad es un estado de la mente». Usted puede liberarse de la ira no resuelta. Quizás necesite más perspicacia y apoyo para liberarse, pero esa libertad se puede conseguir. Y es la clave para seguir enamorado de la vida, de por vida.

## Razón para preocuparse... y tener esperanza

La buena noticia respecto de esta ira profunda y destructiva es que hay esperanza para el futuro. Esto puede resolverse. Sea usted o un ser querido, quizás su pareja, que luchan con esto, hay pasos saludables y liberadores que pueden darse. La ira que guardamos por tanto tiempo puede ser drenada; las relaciones dañadas pueden ser restablecidas. En el siguiente capítulo, le voy a mostrar cómo se puede hacer esto.

Por ahora, espero que pueda ver cómo la ira contenida es un problema muy serio que exige atención. Cuando me detengo a considerar todo el daño causado por ira contenida, los incontables divorcios y otras relaciones rotas; los millones de crímenes violentos; las innumerables palabras y ruines acciones así como el sentimiento de dolor que engendra más ira; los dolores físicos y los billones de dólares gastados en tratarlos, me maravillo y consterno. Estoy seguro que usted también.

Pero mi esperanza es que por ahora usted pueda comprender mi convicción de que logramos ver nuestra ira por lo que es y decidimos enfrentarla en una forma adecuada. *Sencillamente no podemos dejar que la ira permanezca dentro de nosotros y se fortalezca durante dos, tres o más años.* El precio es demasiado alto. Así es que le sugiero que preste atención al inventario de la ira que sigue para ver cuál es su nivel actual de ira. Luego pase al capítulo siguiente y vea cómo mantener control sobre este destructor escondido.

## Inventario de la ira

Todos nosotros tenemos alguna ira contenida dentro, pero la clave es reducirla al más bajo nivel que nos sea posible. Aunque este no es un examen construido científicamente, usted podrá encontrar que le puede dar una idea de dónde se encuentra en relación con su ira o su trasfondo productor de ira potencial. Esta no es una evaluación para aprobar o reprobar, sino que es una ayuda para reducir el tamaño de su «recipiente de ira». Quizás usted quiera analizar los resultados con su pareja, con un amigo, o con un consejero experto.

Para hacer el inventario, simplemente califique cada afirmación en una escala de 0 (muy bajo) a 10 (muy alto), en cuanto a cómo se aplica a usted. Luego los capítulos siguientes le proporcionarán la ayuda para tratar con su nivel de ira.

______ 1. Con cierta recurrencia tengo problemas de salud menores.

______ 2. Tiendo a tener dificultad para permanecer cerca de la gente. Incluso hay quienes han dicho que yo soy «frío».

______ 3. Continuamente fracaso en ver las trampas en cuestiones de negocios.

______ 4. Tengo poco interés en los asuntos religiosos.

______ 5. Tengo muchas dudas acerca de la existencia de Dios.

______ 6. Tiendo a ver a las personas religiosas como un «atado de hipócritas».

______ 7. Tiendo a juzgar o a ser muy crítico de la gente.

______ 8. Tengo una incapacidad general para ver mis propios defectos.

______ 9. Mi imagen es muy importante para mí. Me preocupo mucho por lo que visto y uso.

_____ 10. Con frecuencia lucho con sentimientos de baja autoestima.

_____ 11. A menudo no veo que mis palabras o acciones hieran los sentimientos de otros.

_____ 12. Mis padres se divorciaron antes que yo llegara a los dieciocho.

_____ 13. Creo que mis padres bebían mucho alcohol.

_____ 14. Mis padres parecían ser adictos a las drogas u otras sustancias.

_____ 15. Mis padres abusaron de mí.

_____ 16. Mis padres parecían muy distantes o desinteresados en mí.

_____ 17. Me parecía que mis padres me controlaban demasiado.

_____ 18. A menudo lucho con sentimientos de desaliento o depresión.

_____ 19. Me parece que con demasiada frecuencia y con varias personas estoy peleado por largos períodos de tiempo.

_____ 20. Tiendo a controlar demasiado a mi pareja, mis hijos, o mis amigos.

_____ 21. Tengo un sentimiento generalizado de ansiedad. No puedo señalar qué es lo que me hace sentirme inquieto.

_____ 22. A veces he pensado en el suicidio.

_____ 23. A veces me ha costado mucho perdonar a otros cuando me han ofendido o defraudado.

_____ 24. Me ha sido difícil confrontar a otros cuando me han ofendido, y sé que no he podido deshacerme de mi ira.

_____ 25. La mayor parte del tiempo me encuentro demasiado ocupado.

_____ 26. Encuentro que es más fácil culpar a otros que asumir la responsabilidad por mis errores.

_____ 27. A menudo reacciono violentamente por lo que otros dicen de mí o me hacen.

_____ 28. Siento que con demasiada frecuencia me motiva el temor al fracaso.

_____ 29. A menudo deseo que se castigue de algún modo a la gente que me causó daño .

_____ 30. Con frecuencia pienso que me han engañado en áreas importantes de mi vida.

_____ 31. A veces he peleado con otros, lo que ha resultado en agresión física, tales como tirarnos las cosas, abofetearnos o golpearnos.

_____ 32. Realmente no creo en nadie más que en mí mismo.

Sume los treinta y dos números de su calificación.

**Mi puntuación total es:** _________

Si su puntuación total es superior a 100, los siguientes dos capítulos son especialmente importantes para usted. Si su puntucación es superior a 200, le sugiero que vea a un consejero especializado en ayudar a personas a poner al descubierto y tratar con sus resentimientos.

Finalmente, como una ayuda adicional en cuanto a determinar su nivel de resentimiento, haga una lista a continuación de personas hacia las cuales siente ira, y califique su ira hacia cada uno en una escala de 0 (muy baja) a 10 (muy alta):

________________________________________

________________________________________

________________________________________

________________________________________

________________________________________

________________________________________

## Principios para el amor para toda la vida

10. El amor para toda la vida no se agrada en tener a la ira como un huésped del corazón.
11. El amor para toda la vida conoce el poder destructivo y alienante de la ira.
12. El amor para toda la vida dice no a la desgracia de la ira y sí a la libertad interior.

# 3

# Siete maneras de liberarse de la ira contenida

*La mayoría de nosotros, desafortunadamente... decimos cosas como: «Él me provocó tan mal genio». «Tú realmente me obligas». «Su advertencia me perturbó terriblemente». «De verdad que este tiempo me deprime...» Nos agrada culpar a otras personas, a otras circunstancias y a la mala suerte... [Pero] podemos alzarnos por sobre el polvo de la lucha diaria que sofoca y enceguece a tantos de nosotros; y esto es, precisamente, lo que se nos pide en el proceso de crecer como personas.*

John Powell[1]

Como vimos en el capítulo anterior, la ira contenida es ese video de ofensas pasadas que sigue corriendo indefinidamente en nuestras mentes, produciendo un daño increíble en nosotros y en los que nos rodean. Lo que tenemos que hacer es simplemente enfrentarnos a ella: quitar el video, si quiere decirlo de algún modo. No va a ser fácil, pero es posible. Hay una forma para hacerlo. Si Linda pudo hacerlo, estoy seguro que usted también podrá.

Linda, una estudiante universitaria, vino a visitarme en busca de ayuda. Se encontraba desanimada, con depresión y perdía fuerzas visiblemente.

—No puedo seguir así —me dijo—. ¡Soy tan desdichada!

—¿Qué es lo que te perturba tanto? —le pregunté.

—Es realmente desconcertante —replicó—. Nunca se lo he dicho a nadie, porque sé que de un modo u otro se va a volver contra mí y me va a causar aun más daño en el futuro.

—Estoy aquí para ayudarte —le respondí—. Quiero escucharte y hacer lo que pueda.

Guardó silencio por un momento, decidiendo si confiaría o no en mí. Luego, llorando, me contó su secreto: Por años, su padre había abusado sexualmente de ella.

—No puedo superar esta situación —dijo—. Me ha aniquilado y destruido tanto de mi vida que no sé qué hacer. ¿Habrá alguna forma en que usted me pueda ayudar?

Mientras hablábamos, desde una profunda cisterna de odio hacia su padre, fue brotando toda su emoción negativa. Al venir a verme y enfrentar el profundo dolor que sentía, estuvo en condiciones, finalmente, de asumir la responsabilidad por su reacción ante su padre. Lo que le había ocurrido no era su culpa. Pero ahora, era responsable por la forma en que trataba los recuerdos y emociones negativas que el abuso, que estaba más allá de su control, había producido. Había tomado la decisión de enfrentar el pasado.

Este profundo odio era como mantener corriendo permanentemente la cinta de las ofensas pasadas. Pero ella podía quitar la cinta, terminar con la proyección de esas imágenes dañinas, e ir a un nuevo nivel de madurez emocional, donde podría enamorarse de la vida y de alguna persona en especial.

Recordando lo que analizamos en el capítulo dos, la ira es una emoción secundaria que surge del temor, la frustración, la ofensa, o alguna combinación de estas tres. Por ejemplo, si alguien nos falta el respeto, lo primero es sentirnos heridos y luego, por sobre otras opciones tales como pasarlo por alto, perdonar, o usar la circunstancia para que nos lleve a un mayor crecimiento personal, *decidimos* enojarnos.

Eso significa que esas tres emociones subyacentes: temor, frustración y ofensa pueden verse como luces de advertencia, como se ilumina la señal de «revise el motor» en el tablero de instrumentos del automóvil. O señales de advertencia tan claras como aquellas que recibió y pasó por alto el capitán del *Titanic*. Cuando vemos una luz de advertencia, tenemos que hacer una decisión. Después de una experiencia dolorosa, terrible o frustrante, podemos tomar una de dos direcciones: o sentirnos mejor o sentirnos peor.

Algunos de nosotros, como Linda, no hacemos caso a las advertencias por tanto tiempo que dejamos que las profundas raíces de la amargura empiecen a destruir cualquiera felicidad que alguna vez tuvimos. Pero así como para Linda no fue demasiado tarde, tampoco lo es para cualquiera que lea este libro. Al acudir a un consejero en busca de ayuda, actuó con responsabilidad, con sabiduría, y con humildad, a diferencia del extremadamente confiado capitán del desafortunado *Titanic*.

Bien, todos nosotros tenemos señales o luces de advertencia en nuestras vidas. ¡Si las pasamos por alto, lo hacemos a nuestro propio peligro! Mantenga la dirección e insista en su curso, sin detenerse, y va a fundir su motor, chocar contra un témpano relacional, o ambos.

Le expliqué estas cosas a Linda y le pregunté:

—¿Qué quieres de la vida? ¿Quieres «ser mejor»? ¿O quieres mantenerte negativa y crecer más y más amargada?

—Quiero echar fuera de mi vida todo lo negativo. Quiero una vida mejor. Algún día quiero tener un poco de gozo.

—Muy bien —le dije—, entonces permíteme llevarte por los pasos que me ayudaron a mí con mi propia amargura.

Volvamos de nuevo a las imágenes de palabras, y pensemos en la ira en términos de esa sustancia peligrosa que está comprimida dentro de un recipiente de aerosol. Algunos de estos pasos o instrumentos van a sacar un poco, mientras que otros van a sacar la mitad o todo de un solo golpe. Algunos producen resultados inmediatos, mientras que otros ayudan después de un período más largo. Aun cuando algunos lo hagan pensar: *No sé si pueda hacer eso*, ninguno de ellos es imposible. Los he visto trabajar en mi caso y en el de miles de otras personas. Entonces, inténtelo. Después de varias semanas, se va a encontrar diciendo: *¿Sabes? Ya no tengo esa misma sensación de enfermedad y vacuidad que tenía antes*. ¿Por qué? Porque su ira bajo presión se está yendo, se está yendo, hasta que se vaya por completo.

Usted puede considerar la forma más evidente para sacar la presión del recipiente: dejar que explote violentamente. Pero déjeme advertirle que *usted* es el «recipiente» que puede resultar herido en la explosión. Así es que considere mejor estos pasos más convenientes.

Linda estaba dispuesta e incluso ansiosa de conocer los pasos prácticos que la llevarían a una vida libre de amargo resentimiento. Le di los siete pasos que siguen.

## 1. Defina la ofensa

Piense en esto. ¿No están, muchas de sus acciones, motivadas por el deseo de ganar o el temor de perder (o una combinación de ambos)?

Estas esperanzas y temores, expectativas y pérdidas, pueden disparar la ira. Nos enfurecemos porque alguien (incluso aun nuestro propio ego mortal e inadecuado) está quitando algo de nosotros que no queremos perder, o bien se nos está negando algo que queremos ganar. Culpamos a algo o a alguien por una pérdida, incluso la pérdida de un sueño no realizado o la pérdida de la paz mental. El primer paso es analizar y definir exactamente lo que ocurre, qué es lo que realmente está perdiendo, o se le negó.

Al analizar el resentimiento de Linda en esta luz, le pregunté: «¿Qué perdiste que te llevó al resentimiento que tienes? Si lo puedes escribir, menciónalo y trata de verlo objetivamente, eso solo puede empezar a sacar algo de tu amargura».

Uso la palabra *objetivamente*, pero reconozco que aquí estamos nombrando la ofensa en alguna forma con términos subjetivos. ¿Qué era lo que Linda percibía que había perdido? Mencionar lo que se percibe que se ha perdido puede traer claridad y llevar a la sanidad.

Linda reconoció una cantidad de pérdidas, pero destacaron las dos más importantes. Por un lado, sentía que su padre le había quitado su infancia; en realidad, se la había robado. Pero el dolor más serio venía del sentimiento que él le había quitado su futuro, especialmente su futuro esposo.

—¿Qué quieres decir con eso? —le pregunté.

—Bueno, no puedo enamorarme de cualquiera —me dijo mirando al piso. Se mantuvo en silencio por un minuto, sin poder continuar.

—Tómate tu tiempo —le dije.

Ella asintió en silencio y las lágrimas acudieron a sus ojos. Finalmente respiró hondo y dijo:

—Me siento muy indigna. Siento que si me enamoro de un buen muchacho, de alguien a quien realmente quiero, tan pronto como descubra lo que me ocurrió, va a pensar que soy una basura.

De nuevo se detuvo. Podía ver cómo empezaba a temblar. Al final, se puso a sollozar.

—¡Nadie me va a querer, porque no soy digna de nadie!

Estos agonizantes sentimientos de desesperación y vergüenza salían de su profunda sensación de pérdida, dando origen a muchos de los síntomas de la ira: mantenerse alejada de sus relaciones, sentirse separada de Dios, y de ella misma. Necesitaba antes que todo identificar su dolor, tratar de mirarlo desde fuera de ella misma, tal como yo lo tuve que hacer.

En el capítulo anterior, relaté el caso de un hombre por el que sentí un profundo enojo durante seis años. Cuando analicé la situación, y traté de identificar mi pérdida, me di cuenta que sentía que aquel hombre me había robado algo de mi dignidad. Quizás más que eso, porque éramos compañeros de trabajo y nuestro conflicto me hizo sentir que yo no podía estar en la misma organización, de modo que también sentí que me había robado mi futuro. Yo disfrutaba de ese trabajo, pensaba que al fin estaba donde quería estar, y entonces, debido a que el lugar «no era demasiado grande para los dos», sentí un profundo resentimiento.

Otra historia personal nos lleva a mi segundo punto. Cuando mi hermano Ronnie, cuatro años mayor que yo, murió a los cincuenta y un años, por meses estuve resentido con él. Él era una persona muy iracunda; por lo general, desconfiaba de la gente y con frecuencia explotaba. No le gustaban los médicos, de modo que rechazaba hacerse exámenes que le permitieran saber cómo estaba.

Yo le decía: «Ronnie, los problemas del corazón persiguen a nuestra familia. Hemos heredado esto. Tienes que controlarte el colesterol y el corazón».

Pero me respondía: «No quiero médicos. Lo único que hacen ellos es destrozarte». Y se rehusaba a visitarlos.

Finalmente, tuvo un ataque de corazón y *tuvo* que ir. Pero aun entonces, prefirió seguir su propio criterio en lugar de seguir las instrucciones del médico. Se decía: *Estoy fuerte, me pondré bien.*

Cuando murió, estábamos empezando a ser buenos amigos, y yo me puse furioso. Superar esa ira me tomó tiempo y eso me sirvió para que enfrentara la realidad de mi pérdida: Había perdido a un hermano y a un amigo. Admitir lo que había perdido y permitirme sentirlo (véase paso 2) me ayudó mucho para tratar mi frustración y mi enojo.

¿Qué me puede decir de su propia ira? ¿Piensa en cosas que otros le han hecho que siguen proyectándose en el video que tiene en su mente? ¿Qué le quitaron o le negaron?

## 2. Dése la oportunidad de lamentarlo

El segundo paso para descargar la ira es darse la oportunidad de lamentar su pérdida. Usted ha identificado y escrito lo que ocurrió en la ofensa. Ahora acepte que su dolor, su sensación de pérdida, es real; esta persona, su pareja, su jefe, su amigo, su padre, o quizás usted mismo, le quitó o le negó algo. ¡No lo minimice! Quien haya sido, no lo trató a usted con respeto. Diga las palabras: «¡Me heriste!»

Usted está enojado, entonces parezca estarlo. No solo es correcto lamentarse por lo que ha perdido, lo que quiera que haya sido, por un tiempo, sino que lamentarse es también esencial para su sanidad.

Elisabeth Kubler-Ross encontró que las personas, cuando saben de su muerte inminente, pasan a través de diversas etapas de dolor: negación, ira, trato, depresión, y aceptación. M. Scott Peck añade que nosotros pasamos por estas mismas etapas de dolor cada vez que maduramos sicológica o espiritualmente.[2] Si el proceso de dolor consciente experimenta dolor, piense en términos de resultado final: Usted está a punto de tener un importante «brote de crecimiento» en su vida. En la etapa final de aceptación va a estar en condiciones de decir, sí, puedo vivir con la pérdida; puedo ver más allá de la pérdida.

Mucha gente se niega a lamentarse por sus pérdidas. Así, se quedan estáticos en la primera etapa que niega el dolor. Tratan de ser felices, y dicen: «Soy fuerte. Voy a superar esto en un momento». Es mucho más saludable permitirse sufrir por un tiempo. Ne-gar no es un río de Egipto. Es más parecido a la arena movediza. Algunas ofensas graves o pérdidas importantes necesitan ser lloradas: reconocer el dolor y liberarlo poco a poco, como cuando dejamos salir lentamente el aire de un globo. Dependiendo de la magnitud de la pérdida, esto puede tomar meses. Esa es una parte vital para liberar su ira, que Wendy no estaba consciente.

Wendy fue una ama de casa hasta que su hijo menor fue a la escuela. Después de eso, tomó unos pocos ahorros que tenía guardados y los usó para hacer realidad su sueño: abrió una pequeña cafetería. Sabía los riesgos que estaba corriendo, pero quería intentarlo.

Después de haberle dedicado todo su tiempo y energías durante cuatro duros meses, se vio forzada a cerrarla. El dinero se había ido. Se sentía frustrada. En medio de su pena, experimentó serios cambios de carácter. Sus hijos se dieron cuenta con cuánta frecuencia explotaba por la más mínima cosa.

Pero la parte más dura de su enojo la reservó para su esposo Ron. Aunque él no hizo nada incorrecto, Wendy se puso cada vez más violenta y más fría para con él. Por una razón que ella no podía identificar, hacía lo posible por evitar estar con él. Aquellos llegaron a ser tiempos extremadamente difíciles en el matrimonio.

Los ojos de Wendy se abrieron solo después de haber reconocido su negativa. Necesitó permitirse la libertad de lamentarse por la pérdida de su negocio. Y entonces, sus relaciones familiares, que se tornaron cada vez más distantes, volvieron lentamente a su antigua cercanía. Cometemos un error cuando creemos que los lamentos son únicamente para cuando se muere un ser querido.

Debemos lamentar la pérdida de amistades, proyectos, metas personales, asuntos relacionados con el trabajo, prácticamente cualquiera pérdida. Esto es esencial para la salud emocional.

Volvamos a la historia de Linda. Semana tras semana en nuestras sesiones de consejería, yo simplemente la dejé expresar su profunda angustia. Hubo momentos en que ella me preguntaba: «¿Tendrá fin este dolor?» Su «dolorosa terapia» no podría ser descrita como una «terapia dolorosa». Necesitó varios meses para empezar a experimentar sanidad, debido a que su pérdida había sido tan grande.

El cambio más dramático en su dolor vino el día cuando le pedí que reviviera los sentimientos de su infancia tal como los recordaba. Nos concentramos en un tiempo en particular cuando ella permanecía en la cama sintiendo profunda vergüenza y odio por su padre. Fue una sesión que duró entre tres y cuatro horas en la que hubo muchas lágrimas y angustia. Mientras escuchaba su dolor, una joven cuyo cuerpo había sido violado y cuyo corazón había sido destrozado por el hombre que al parecer tenía que protegerla, estimarla y criarla, tenía que rechazar el pensamiento de ir a buscarlo con un bate de béisbol en la mano. Para decirlo de una manera gentil, ¡me sentía enojado conmigo mismo!

Linda se dio cuenta que su persistente pena al reconocer el dolor y la pérdida era necesaria después que las cosas empezaron a ir mejor para ella. Su experiencia fue algo parecido a la de aquella mujer que me llamó un día y me dijo:

—Señor Smalley, tengo un problema muy serio y necesito hablar con alguien. ¡Estoy en peligro!

Francamente, no sabía si quería involucrarme si se trataba de un peligro físico, pero finalmente accedí a reunirme con ella.

—Le agradezco que se haya reunido conmigo —me dijo cuando nos encontramos.

—Mi esposo, que es bien conocido en esta comunidad, está haciendo algo ilegal. No puedo seguir viviendo con esta situación. Estoy extremadamente enojada por lo que está haciendo y por la forma en que me trata. He decidido contar esto a ver si así puedo ayudarme a mí misma. Pero no sé lo que me vaya a hacer a mí o a usted, si se entera que se lo he dicho.

Sentado allí, pensé: *Muchas gracias, señora. ¡Esto es grandioso! ¿Es él parte del infierno o algo así?*

Ella me describió lo que su esposo estaba haciendo. Sabía quién era y, aunque era algo que no dejaba de asustarme un poco, decidí que lo mejor que podíamos hacer su esposa y yo era confrontarlo.

—Quizás reaccione bien y haga lo que es bueno —le dije a ella, esperanzadoramente.

Los dos lo confrontamos y, aunque al principio se resistió, me alegra decir que me sorprendió porque al fin respondió de manera positiva y decidió hacer las cosas bien. Pero cuento esta historia porque la esposa, y esto es perfectamente normal, siguió sintiendo ira hacia él aun después que su esposo cambió de actitud. Yo pude ayudarle a darse cuenta lo que había perdido y había pasado por un proceso doloroso, pero tenía que dar expresión a su dolor. Solo entonces su ira empezó a salir. Esto también es verdad en cuanto a Linda, cuyo dolor desaparecía y reaparecía después que empezó a sanar.

Al luchar con su propio enojo, es mejor enfrentarlo y no interrumpir su necesidad de lamentarse.

## 3. Trate de entender al que le ofende

El tercer paso en resolver su enojo, tratar de entender al que le ha ofendido, puede parecer imposible y los beneficios, incomprensibles. Puede tomar un tiempo, pero mientras más pronto lo haga, le aseguro, puede acelerar su liberación. Algunos de los poderes de sanidad en este paso están en tratarlo. Cuando usted procura entender a la persona y por qué han cometido la ofensa, echa a andar un proceso: Podrá ver bien cómo su ofensor pudo haber actuado motivado por su propio dolor.

Para mí, este paso ha tenido un tremendo significado. Cuando lo di, fue como si hubiera sacado de una vez la mitad de la ira de mi recipiente. Déjeme explicarle. ¿Recuerda aquel hombre con el que estuve enojado por seis años? Me sentía tan atado interiormente que hasta despertaba temprano en la mañana pensando cosas como *me voy a vengar* y *espero que algo le ocurra hoy*. Iba por ahí, rugiendo, mientras tocaba la cinta en mi mente. Hasta que un día, una persona a la que estaba aconsejando vino con un artículo que había recortado de una revista. Me dijo: «Realmente, este artículo me describe y trata de ayudar a personas como yo a entender cómo pueden llegar a ser mejores. ¿Le gustaría leerlo? Quizás le permita entenderme mejor y hasta pueda usar algunas de sus ideas para ayudarme».

«Por supuesto», le dije. Llevé esa noche el artículo a mi casa, aunque francamente no estaba muy emocionado con la idea. Pero al comenzar a leerlo, quedé asombrado. ¡Me pareció que describía exactamente a mi propio ofensor! Fue la primera vez que pude entenderlo y además, entender por qué había actuado como lo hizo. *Así es que por eso actuó tan tontamente conmigo*, pensé. *Por eso es que hizo todas esas cosas. Ahora todo tiene sentido. ¡No es de sorprenderse!*

Al tener algún conocimiento del dolor potencial en su vida, realmente sentí punzadas de compasión por él. Yo no lo había planeado ni esperado. Pero el darme cuenta que sus dolorosas acciones hacia mí pudieron haber sido causadas por sus propias experiencias dolorosas, me ayudó a verlo todo con una nueva luz. Él era un hombre lleno de ira, un hombre víctima de sabotaje.

Stephen Covey llama a lo que me sucedió, un «giro ejemplar»: una perspectiva enteramente nueva sobre un asunto en particular. Para ilustrar un completo cambio de actitud, da un ejemplo personal. Iba en un tren cuando un hombre subió con sus hijos. Los niños exacerbaban a todos los demás pasajeros, incluyendo a Covey. Pero cuando Covey supo que la esposa del hombre acababa de morir y la familia venía del hospital, su actitud cambió instantánea y completamente.[3]

Es un poco como mi propia experiencia. En cuanto entendí por primera vez cuán herido podría estar mi agresor, mi actitud cambió; se liberó una gran presión detrás de mi ira.

Digamos que su padre lo ha ofendido. Luego, en algún momento usted llega a conocer algo de su propia historia (como lo trataron su padre, su madre e incluso su abuelo) y esa nueva información le da una nueva perspectiva de por qué él actuó así. Y al hacer ese descubrimiento, prácticamente va a *sentir* que algo de las emociones de resentimiento salen de usted.

Mi hijo Greg vio esto en una forma dramática. Como consejero, se especializa en terapia infantil. Una vez estaba ayudando a una niña de nueve años de edad que se sentía rechazada por su padre. Greg se dio cuenta que el problema iba más allá de la niña; era un problema del sistema de la familia. Así es que le preguntó al papá:

—¿Podría venir y reunirse con nosotros?

—¡Cómo no! —dijo el hombre, sin saber lo que Greg tenía en mente.

El padre se unió a ellos en una sesión y durante la conversación, Greg le preguntó a la niña:

—¿Qué es lo que realmente te gusta de tu papá?

Sus ojitos llenos de lágrimas miraron hacia el suelo y dijo con suavidad:

—Me gustaría que mi papito, solo por una vez, me dijera que me ama.

—Mi amor, tú sabes que te amo —reaccionó el hombre de inmediato.

Grandes lágrimas rodaron por las mejillas de la niña cuando alzó la vista y le dijo:

—Sí, papito, pero solo me gustaría oírlo —respondió mientras gruesas lágrimas rodaban por las mejillas de la niña cuando alzó la vista a él.

El corazón del papá se rompió. Con sus ojos humedecidos, le dijo:

—Mi amor, por alguna razón yo no puedo decir eso. Cuando era un niño, nunca escuché esas palabras. Mamá y papá nunca me dijeron que me amaban, por eso no sé cómo decirlo. Lo siento, mi amor, pero sencillamente no lo puedo decir.

—Papito, ¡cómo me gustaría que pudieras decirlo! —respondió la niña entre sollozos.

—¿Por qué no practicamos aquí? —sugirió Greg en ese momento—. ¿Por qué no se lo dice ahora mismo?

El hombre se sintió torpe e incómodo, como si le estuvieran pidiendo que hiciera una proposición de matrimonio en público. Pero al ver cuán importante era para su hija, dijo:

—¡Está bien! ¡Lo intentaré!

Con gran delicadeza, se acercó a su hija y le tomó la mano.

—Mi amor —dijo con dificultad, apenas mirándola—, solo quiero decirte que te amo. Con eso, empezó a sollozar. La niña también lloraba. Y Greg hacía lo mismo, de modo que los tres estaban llorando lágrimas de amor, de gozo y de comprensión por los dos hijos heridos que había en esa sala.

Cuando la hija se dio cuenta que su padre nunca había escuchado palabras de amor de sus padres, pudo entender, y ambos hombres se llenaron de asombro cuando ella dijo:

—¡Así es que por eso no me podías decir que me amas! Tiene sentido, papito, tú viviste en un hogar igual al mío.

Aquel discernimiento quitó de inmediato parte de la ira que había en su vida. Y por fortuna en este caso, el ofensor, el papá, estuvo dispuesto a ir más allá de su dolor y decir las cosas que necesitaba para sanar a su hija.

Lo que aquel padre aprendió, que usted puede decidir ir más allá de las limitaciones de su niñez, es algo que yo aprendí también. Como adulto, una vez estuve en una reunión donde se esperaba que escribiéramos sobre la primera vez que oímos a nuestros padres elogiarnos. Mientras permanecía allí sentado, pensé: *Bien. Vamos a ver. ¡Uy!* ¡No pude recordar una sola vez en que haya oído palabras de elogio de mi papá! Luego, entonces, pensé: *Sin duda esto debe ser algo que me ha afectado.* Y me di cuenta que siempre me había resultado difícil elogiar a otras personas.

¿Había aquello impedido que elogiara a otros? No. Había sido difícil, pero había aprendido a hacerlo. Y mientras más practicamos lo positivo, no importa cómo crecimos, más fácil es hacerlo. Pero como en el caso del padre de aquella niña, quizás necesitemos un consejero o un grupo de apoyo que nos provea un ambiente seguro para nuestros primeros intentos.

Este paso fue otro importante punto de viraje para Linda. Cuando descubrí que su padre venía de una familia de alcohólicos, no tuve dudas de que una comprensión de eso podría ayudarle en su recuperación.

El abuelo de Linda era un alcohólico. Y por lo general, personas adictas no saben cómo y no pueden desarrollar relaciones estrechas y significativas. Muchas veces arruinan la mayoría de sus relaciaones y mandan a sus hijos al mundo con grandes «huecos vacíos» en sus corazones. Así es como los hijos de alcohólicos pierden parte de su habilidad para hacer amistades. El dolor resultante que estos niños sienten puede hacer que busquen «medicación» haciéndose ellos mismos adictos.

El padre de Linda era adicto a las relaciones sexuales, desde un hábito a la pornografía hasta el incesto que infligió a ella. En cierto modo, ella era como una droga para él, como el alcohol había sido para su padre. Traté de ayudarla a ver su dolor y entender por qué él había actuado como lo hizo. Esa percepción no era todo lo que necesitaba para su propia sanidad, pero le permitió liberar una gran porción de su resentimiento. Vio que su propio padre lo hirió, aunque en una manera diferente. Él no quiso intencionalmente «robarle su niñez». Sus acciones reflejaban su propio profundo dolor, y su vacuidad.

En cuanto a mí, gané más comprensión para poder tratar de

entender al ofensor cuando fui a hablar a una importante universidad. El plan era que hablara a varios grupos de la facultad, la administración, y los estudiantes. En la primera reunión, nos reunimos en una sala de clases austera y formal. Constituían un grupo que se veía muy serio, y cuando me paré y empecé a hablar, pude darme cuenta que las cosas no estaban bien. Trataba de ser divertido, y ellos no se reían. Hasta donde era asunto mío, la sesión podía terminar lo más pronto que se pudiera.

Cuando íbamos por la mitad, las cosas se pusieron peor. Una mujer se puso de pie con una actitud hostil reflejada en su rostro, y dijo: «Esto me pone mal. ¡No puedo oír más de esto!» Y haciendo un tumulto, salió.

Me sentí instantáneamente ofendido. *¿Es eso un ataque, o qué?*, pensé. Su conducta me arruinó el resto de la sesión. No tenía deseos de continuar. Solo quería desaparecer, salir por la puerta más cercana, correr al auto alquilado y abandonar el lugar. Supuse que todos en el salón sentirían igual que aquella mujer, y que ella había sido la única valiente en pararse y decir lo que todo estaban pensando. Eso es lo que su arranque me hizo a mí. Pero me las arreglé para salir adelante con el resto de la presentación.

Después de eso, me sentí realmente bajo y carente de energía. Hubo un gran vacío entre lo que yo había esperado y lo que en realidad había experimentado. Mi frustración y molestia me advirtieron de que la ira estaba muy cercana. Pero decidí salirle al paso a esto de frente. *Voy a descubrir por qué fue tan ruda y ofensiva conmigo. Tiene que haber alguna razón.* Sabía que tenía que haber algún tipo de hostilidad en su vida, porque claramente me había rociado con su «recipiente de ira».

Pregunté por la mujer y me dijeron que era directora de un departamento de la universidad y una importante portavoz del movimiento feminista. Mientras iba a su oficina, pensaba. *¡Oye! ¿Vas realmente a hacer esto?* Seguí caminando, y me dirigí a la recepcionista. Le pregunté en forma respetuosa:

—¿Sería posible ver a su jefa por un par de minutos? Quisiera hablar con ella.

La recepcionista fue y luego volvió y me dijo:

—No, ella no puede verlo ahora. Está muy ocupada.

—¿Podría preguntarle una vez más? —supliqué—. Dígale que no le voy a tomar más de cinco minutos. Solo quiero hacerle una pregunta muy importante.

La recepcionista consultó de nuevo y ahora me dijo:

—Muy bien, le puede dar cinco minutos. Pase usted.

Entré a la oficina y la mujer me miró como diciéndome: *¿Qué está haciendo aquí? ¿No ha cometido demasiados abusos ya? ¿Quiere más?*

—Quiero agradecerle por lo que hizo —comencé.

*Sí, por supuesto*, me dijo, con la mirada.

—Usted atrajo mi atención, como bien se puede imaginar —expliqué—, y me gustaría saber qué oyó en mi charla que la hizo reaccionar con tanta fiereza. Vea, yo hablo por todo el mundo y quizás lo que la aburrió a usted aburre a otras personas también, y no me lo dicen. Por eso, realmente me gustaría saber qué la perturbó.

—Ah —dijo ella—, bueno, usted...

Aquí y allá, esto y lo otro. Pero entonces, dentro de tres o cuatro minutos, empezó a llorar y a decirme cuán furiosa estaba con uno de sus colegas.

—Odio a esa persona —me dijo, siguiendo con una letanía de sus ofensas.

Mientras permanecía allí, escuchando, pensaba: *¡Caramba! Esta es una persona llena de ira*. Toda su emoción era tan fuerte que parecía enrollarse alrededor de mi cuello y querer ahogarme. Pero solo dejé que se desahogara, escuchando cuidadosamente y diciendo cosas tales como: «Bendice su corazón» y «Ah, tú tienes que resistir eso».

Luego vino una sorpresa mayor. Después de unos pocos minutos más, me preguntó:

—¿Cuántas veces más va a hablar aquí en la universidad?

—Dos más —le dije, preguntándome qué tenía ella en mente.

—Me gustaría ir con usted y presentarlo.

—¿De verdad? —dije sorprendido.

—Sí —me contestó con una sonrisa.

Solo un poco antes, no me podía soportar. Ahora era mi camarada y todo porque la había escuchado y mostrado alguna compasión, y le había ayudado a ver ciertas cosas que podrían resolver el problema de su enojo. Es más, *entender lo que la había hecho expresar su ira en forma tan furiosa empezaba a agitarse en mí debido a su estallido*. Mi visita a esa universidad había comenzado haciéndome de un enemigo nuevo, pero había concluido haciéndome de un amigo nuevo.

Recuerde, cuando alguien le ha ofendido, a menudo (no siempre) lo que hace es rociar sobre usted de su propio recipiente de ira. Cuando tal es el caso, usted está frente a una persona que probablemente sin darse cuenta se ha ubicado a cierta distancia de los demás, Dios, el yo, la madurez. Y usted puede tomar la decisión de no permitir que esa persona ejerza control sobre su vida.

Intente este paso: Haga el esfuerzo para entender el trasfondo y la motivación del individuo. Deje que el entendimiento del dolor y las dificultades en la vida de esa persona extraigan algo de su ira.

## 4. Libere a su ofensor

Este paso en contender con la ira involucra abandonar su deseo de revancha, liberar a su ofensor de su deseo de hacérselas pagar. A veces, este paso viene «naturalmente», una vez que usted ha entendido algunas de las causas de la conducta ofensiva hacia usted.

Liberar a su ofensor puede quitarle de una vez varios gramos de resentimiento, y por lo general permite aprender cómo perdonar. La definición original de *perdón* realmente significa desatar o liberar a alguien. Mientras usted sigue amargado y sin perdonar, está atado a esa persona con lazos emocionales. Estar desatado significa una liberación consciente y deliberada del ofensor a través de un acto de perdón.

Es buena idea pronunciar las palabras en voz alta, preferiblemente cuando alguien está presente, porque entonces, el impacto es más grande. En el perdón de mi compañero de trabajo que me ofendió tanto, dije las palabras en voz alta, pero estaba solo. Dejé pasar varias horas, y reviví aquellas circunstancias en las cuales me sentí tan profundamente herido. En los ojos de mi mente estaba de nuevo con él en aquellos dolorosos incidentes, pero también estaba observando «desde una esquina del cuarto». En este escenario privado, como si hubiéramos ido al lugar donde se había producido la ofensa, pude detenerlo y decir: «Te perdono. Te desato de tus cuerdas emocionales que me mantienen unido a ti. Te libero. Ya no soy más responsable a ti, y tú no eres más responsable a mí. Esto ya no existe entre nosotros. Voy a llevar mi vida en una dirección diferente. Ya no voy a poner a correr el video en mi mente; lo voy a sacar de allí. No quiero causarte más dolor. Tú eres una persona herida, y quizás no conozco la fuente de toda tu ira y tus heridas, pero espero que algún día encuentres tu propia sanidad. Mientras tanto, tus heridas ya no son más culpa mía. Tú me culpaste, pero recibo tu conducta ofensiva hacia mí como tu forma enfermiza de mostrar tus heridas».

Durante esas horas experimenté muchas emociones, pero sentí que de mí había salido una gran cantidad de ira. Y aproximadamente una semana después, me di cuenta que estaba disfrutando una nueva sensación de liberación y libertad por lo que había hecho. Mi propio recipiente de ira se había reducido, y ya no me sentía más desdichado, ni estaba rociando tanto a los demás. Eso me hizo recordar que o liberamos a aquellos que nos han hecho daño o bien nuestro recipiente de ira nos consumirá, y ese es un precio demasiado alto que pagar por quedarse con la amargura. Querer vengarse de algo malo que le ocurra, lo único que hará será acumular más ira sobre nosotros y, como consecuencia, potencialmente tendremos más ira para rociar.

Una parte importante aunque difícil en liberar a alguien es renunciar a la expectativa que la persona finalmente vea el error de su actuación y tome la iniciativa de comportarse como corresponde con usted. Para Linda, esto era un gran suspenso. Su padre había abusado física y emocionalmente de ella, y ella tenía la esperanza que algún día él se volvería, reconocería su error y haría algo hermoso por ella.

—Algún día, mi papá me va a decir que me ama —insistía en decir—. Me va a abrazar y va a admitir que estuvo equivocado. Sé que va a suceder, como en un cuento de hadas.

Sabía que aquello era difícil que ocurriera. Por lo que ella me contó de él, estaba seguro que su padre tenía su gran recipiente de ira. No se puede esperar cosas agradables de personas que tienen grandes recipientes de ira comprimida por sus propias heridas, así es que debe liberárseles de tal expectativa. Es como si vivieran en la oscuridad y no pudieran ver lo que han hecho. Por bastante tiempo, Linda no podía entender que sus expectativas eran poco realistas. Finalmente, ella lo entendió cuando le dije:

—Linda, por favor, camina hasta aquella lámpara, pon tus brazos alrededor de ella y dale un gran abrazo.

Ella me miró con una expresión divertida, pero se levantó de su silla y siguió mis instrucciones.

Le pedí que se volviera a sentar y luego le pregunté:

—¿Cuánto tiempo crees que tomará para que la lámpara se dirija a ti y te retribuya el abrazo que le diste?

—Un largo tiempo —respondió con una mueca—. Nunca lo hará.

—¿Y por qué no lo hará?

—Porque es incapaz de hacerlo.

—Así es, Linda —le dije—. Y tu padre tampoco es capaz de hacer lo que tú quieres, debido a sus propios conflictos. Debes dejar de esperar que ese deseo se cumpla y seguir adelante con tu vida. Él es un niño un poco herido metido en la piel de un adulto. Él tiene un inmenso «hueco» en su corazón. Ese hueco lo hace incapaz de ver tus heridas.

También le conté la historia de un barco de guerra navegando en una noche de mucha neblina. Un vigía informó haber visto la luz de otro barco directamente delante de ellos. El capitán ordenó: «Envíen un mensaje por radio a esa nave y díganle que gire veinte grados a babor».

El mensaje se fue y llegó la respuesta: «No, muévanse ustedes veinte grados a babor».

El capitán se molestó un poco, así es que ordenó: «Escuchen. Soy el capitán de un barco de guerra y si no se desvían ahora mismo, veré que se entiendan con el Departamento de la Marina».

Esta vez se recibió el siguiente mensaje: «Señor, usted puede ser el capitán de un barco de guerra. Yo soy un marinero primera clase a cargo de este faro y le sugiero que se desvíe rápidamente, ¡o pasará a la historia, señor!»

La mayoría de la gente que nos ha causado daño son como aquel faro. Ellos no van a cambiar el curso para llegar a ser más amorosos. ¡Están allí, firmes como una roca! De modo que o nos desviamos de ellos liberándolos de su ira, o iremos directamente al desastre.

El siguiente paso tiene tanto potencial para eliminar la ira que he dedicado todo el capítulo a él. Pero aquí le echaremos un vistazo.

## 5. Busque perlas en la ofensa

Este recurso para superar la ira consiste en buscar «perlas escondidas» en la ofensa cometida contra nosotros. La idea aquí es que algo bueno puede surgir de cualquiera situación mala, si realmente la buscamos. Encuentre lo bueno, y estará agradecido. Y... la gratitud y la ira no pueden coexistir. Este es aun otro paso que puede drenar una gran cantidad de ira de una vez. Es una decisión alternativa que usted puede hacer en cómo reaccionar al daño, al temor, o a la frustración.

Cuando miro hacia atrás en mi camino por liberar ira hacia mi compañero de trabajo, me doy cuenta que de aquella «mala» situación surgió una cantidad de cosas buenas. Por ejemplo, debido a que resulté ofendido por lo que ocurrió, desarrollé una gran sensibilidad y compasión como consejero. La forma en que ocurrieron las cosas, el dejar mi trabajo (que yo había percibido como la «pérdida de mi futuro») me abrió nuevas gigantescas puertas para escribir, dictar conferencias y aconsejar.

¿Estaría dispuesto a volver a pasar a través de aquella clase de dolor? No. Pero eso está en el pasado, y ahora puedo sentirme agradecido por lo bueno que salió de lo malo.

En el siguiente capítulo hay muchas cosas más que se dicen acerca de los cazadores de perlas. Siga leyendo.

## 6. Ponga sus sentimientos por escrito

Otro paso útil en resolver el problema de la ira es poner sus sentimientos por escrito en la forma de una carta a la persona que lo ofendió. *No estoy diciendo que tiene que enviar la carta.* Pero cuando echa afuera sus heridas, frustraciones y temores, los investigadores dicen que es casi como si su ira se escurriera a través de la tinta de su bolígrafo. Es probable que no sienta los efectos en forma inmediata, pero los sentirá con el tiempo.

¿Qué escribir? Clarifique lo que perdió o le fue negado, que es la causa de su dolor y lo que le ha llevado al resentimiento. Hable de los sentimientos resultantes. Exprese su deseo de echar a un lado, y vivir más allá de, su ira y conocer la libertad que viene con el perdón. Y una de las mejores cosas es decir cómo le gustaría que su ofensor reaccionara.

Normalmente, yo no animo a las personas a enviar tales cartas ni confrontar a los ofensores; por lo general, éstos reaccionan mal y la ofensa se hace más grande. Puede empeorar el problema para todos los involucrados.

Como dice un viejo proverbio: No rechaces al necio, o él te odiará y dirá toda clase de mentiras de ti.[4] La gente necia (a menudo gente malhumorada, emocionalmente ciega) no puede ver la mayoría de sus propias faltas y defectos. Confrontarlos con sus acciones y palabras perjudiciales puede amenazarlos con tanto dolor que pueden reaccionar violentamente, odiándolo por forzarlos a ver lo que ellos no pueden confrontar; eso significa que como consecuencia harán lo que sea por desacreditarlo a usted.

Pero Linda, la joven que fue abusada por su padre, escribió esa carta, y se la envió a su padre. Ella sabía que estaba corriendo un riesgo; él podría dañarla doblemente, negando que alguna vez abusó de ella. O la carta podría ser leída por alguna otra persona, lo cual siempre complica las cosas. Pero ambos pensamos que el riesgo valía la pena en este caso, en la esperanza de que ayudaría a su sanidad.

Me alegra decir que su papá respondió mejor de lo que habíamos esperado. Cuando recibió la carta, la llamó inmediatamente. Sus primeras palabras fueron algo así como: «Mi amor, había estado esperando todos estos años para hablar de esto, pero nunca pude. No podía admitir lo que hice porque fue demasiado doloroso. He sufrido durante años. ¡Estoy tan agradecido porque me dices en tu carta que me has perdonado y me has liberado!»

Algún tiempo después, tuvieron un encuentro lleno de lágrimas, abrazos y sanidad. En ese punto, yo le había dicho a Linda que no creía que su padre sería capaz de reaccionar en la forma que lo hizo y me alegra decir que por esta vez, me equivoqué.

Mientras Linda continuaba su sanidad, conoció a un joven, con quien finalmente se casó. (Fui honrado al hacérseme partícipe de la boda.) Ahora, ella es una solícita y amorosa esposa y madre. Un ciclo intergeneracional negativo había quedado roto.

De nuevo, como lo he dicho ya, generalmente no recomiendo enviar cartas escritas a un ofensor. Pero solo escribirlas puede ayudar a descargar algo del resentimiento, sea que la envíe o no.

## 7. Llegue hasta su ofensor

Este último paso para resolver la ira bien puede ser el más difícil. No ocurre en forma natural, sino que requiere un gran acto de la voluntad, para no mencionar un alto grado de madurez y amor. Pero cuando usted está en condiciones de darlo, puede liberar una gran cantidad de ira.

¿Qué involucra este paso? Encontrar alguna forma de ayudar a sanar a la persona que lo ofendió. De nuevo, sospecho que esto suene a imposible, pero he visto la forma en que se han beneficiado los que han llegado a este punto.

Recientemente, hablé con una joven sobre esto. Había sido herida profundamente en una cita que había tenido mientras estudiaba en la universidad. Me dijo:

—No hay forma en que pueda hacer algo para sanar al hombre que me ofendió.

—Lo entiendo —le dije—. Sé que quizás nunca podrá hacerlo. No estoy diciendo que *tiene* que hacerlo. A lo que me refiero es que si puede venir al lugar donde puede tener alguna compasión por el hombre, debido al dolor por el que él mismo está pasando, eso le puede proporcionar una gran sanidad. Garantizado: es un hombre herido, enfermo y que necesita sanidad. He tratado de hacer esto mismo con gente que me ha ofendido y, aunque ha sido muy emotivo, he podido sentir cómo libero la ira. Pero sé que para nadie es fácil.

Nunca es fácil llegarse en una forma amorosa a quien nos ha causado daño. Earl se dio cuenta de esto cuando intentó reconciliarse con su padre. Cuando ya estaba al final de sus treinta, Earl se dio cuenta que algo de su «frialdad» hacia su esposa se debía a haber sido criado por un padre alcohólico. Se dio cuenta que tenía que enfrentar su resentimiento hacia su padre quien sentía que le había «robado» una parte de su juventud.

Conversó este asunto con su esposa y tomó la decisión: *Mi padre es un alcohólico empedernido, pero quizás yo, como su hijo, pueda ayudarlo. No quiero que esta misma conducta malsana pase a mi esposa y a mis hijos, así es que desde ahora voy a empezar a hacer algo.* Esto requería un cambio consciente en su comportamiento hacia su familia. Y se apresuró a llamar a su papá. *Nunca en toda mi vida le he dicho las cosas que quiero decirle ahora, pero lo voy a llamar y le voy a decir que lo amo y que no tengo problemas para con él.* Solo piense en el valor que se requería para hacer aquella llamada, pero él estaba aprendiendo a perdonar a su papá y quería llevar la relación a una nueva base.

Su padre, que vivía al otro lado del país, no era lo que se diría un conversador, pero de todos modos Earl lo llamó. Hablaron un poco de asuntos diversos y luego Earl dijo:

—Papá, entre paréntesis, últimamente he estado pensando mucho en nosotros y aunque nunca te lo había dicho, quiero decirte que te amo.

*Clic*. ¡Su padre había colgado!

Earl no lo podía creer. Lo llamó de nuevo y le dijo:

—Papá, estaba tratando de decirte que te amo.

*Clic*.

Earl se volvió a su esposa y le dijo:

—¡No lo entiendo! Mi papá me cuelga el teléfono.

—¡Sigue intentándolo! —lo animó ella.

Así es que esperó algunos días y lo volvió a llamar. Hablaron de diversas cosas por un par de minutos y luego le dijo:

—Papá, por favor no me cuelgues. Quiero decirte algo. En verdad te amo.

*Clic*. Le volvió a colgar. No sabía cómo reaccionar a las palabras de Earl, quizás debido a que nunca las había oído de su propio padre. ¡Y quién sabe cuántas generaciones habían pasado sin oír las palabras «Te amo»!

Pasaron algunas semanas. Hasta que un día, llamó la mamá de Earl.

—Hijo, no sé cómo decirte esto, pero tu papá ha desaparecido. Se fue. No dejó ninguna nota. Huyó. Hemos buscado por todas partes y hecho todo lo que hemos podido. No me gusta decirte esto, porque sé que tú querías hacer algo con él —Earl estaba destrozado.

Todos en la familia pensaron en lo peor, pero un mes más tarde, el papá volvió a casa. ¿Dónde había estado? Se había inscrito en un centro de rehabilitación de alcohólicos. ¿Su explicación? «Quiero amar a mi hijo y quiero poder hablar con mi hijo sobre amarlo y que él me ame a mí, y no podría hacerlo con lo que el alcohol me ha estado haciendo. He estado confundido toda mi vida y esta es la primera vez que realmente he querido buscar ayuda».

Una vez en casa, llamó a Earl, quien voló para encontrarse con él; ambos decidieron aprender cómo amarse el uno al otro con la ayuda de un consejero. Luego fueron en automóvil a visitar a los otros hermanos y hermanas. No anunciaron con anticipación su visita y el primer hermano le gritó a su padre:

—¡Nunca vuelvas a entrar en mi casa! ¡Mientras viva, no quiero volver a verte! —él entonces salió de la casa, se subió a su BMW, y partió.

Aunque trágica, no me sorprendió la reacción del segundo hijo. Dentro del hijo había un resentimiento muy profundo hacia su padre. Su padre había tratado de arreglar las cosas, pero él no estaba interesado. La historia todavía se está desarrollando; aun no he oído el último capítulo, pero sé que el papá sigue tratando de comunicarse con todos sus hijos y sanar a su familia. Él y Earl tienen una mejor relación que nunca tuvieron. Y Earl y su esposa se han acercado más el uno al otro, sus relaciones han cosechado el beneficio del valor de Earl de tratar de alcanzar a su ofensor.

Volviendo a la historia de Linda, con el tiempo ella pudo preguntarle a su papá qué estaba haciendo para superar el abuso que su abuelo había cometido contra él. Para el padre y la hija las conversaciones continuas constituyeron un largo camino hacia la sanidad de heridas intergeneracionales.

Quizás un buen punto de partida es orar por un ofensor para que sea liberado de la ira en su propia vida. Una acción sanadora que tomemos a tiempo puede quitar algo de nuestra ira personal.

## Use estos pasos para quitar su propia culpa

Si usted es el ofensor; si ha «provocado» a alguien para que se enfurezca debido a sus acciones o palabras injuriosas y frustrantes; si el dolor de su culpa se ha transformado en ira consigo mismo, considere esta afirmación como un paso que llegará a sanar tanto al ofendido como al ofensor. *Cada uno de los pasos mencionados para controlar su ira, puede ser usado en sentido inverso, para liberar la ira en alguien a quien usted haya ofendido (e ira que ha producido culpa en usted, el ofensor).*

¿Recuerda la historia de mi amigo Larry, quien estuvo enojado conmigo por nueve años? Imaginemos un escenario diferente de aquel donde realmente ocurrió. Suponga que desde el principio he estado consciente de que lo ofendí. Suponga que lo haya llamado esa misma semana para reunirnos a tomar café y a analizar o individualizar mi ofensa, disculpándome y dando algunas explicaciones por mis acciones, buscando su perdón. Pude haberle ayudado a perder el motivo de su ira, y la culpa que quizás me estaba consumiendo.

Vamos a repasar: Analizar la ofensa que dio origen a su ira. Lamentar su pérdida. Entender a su ofensor. Liberar al ofensor y superar su amargura. Buscar perlas en la ofensa. Escribir una carta. Alcanzar la sanidad. Todos estos son pasos que ayudarán al perdón y lo liberarán de la ira que de otro modo puede consumirlo interiormente.

### *Una historia de liberación*

Déjeme cerrar con una historia que ilustra varios de estos elementos. Tengo un amigo que una vez fue beisbolista profesional. En un punto de su vida, llegó a una pasmosa conclusión: *Realmente no disfrutaba tanto jugando béisbol como lo disfrutaba mi padre. Desde que era muy pequeño, él me forzó a jugar. Era mi entrenador y mi inspiración. Es más, no lo veía mucho, salvo por el béisbol. Y lo concreto es que estaba muy enojado con él por la forma en que me había criado.*

Se dio cuenta de eso viendo una película. Por ese tiempo, estaba al final de sus cuarenta, y su padre comenzaba sus ochenta. Él y su esposa estaban viendo la película *Field of Dreams*. Mientras permanecía allí sentado, empezó a llorar y a sollozar. *¿Qué me está pasando?*, se preguntó. Y su esposa lo miraba como diciéndole también: *¿Qué te pasa?* Pero simplemente seguía llorando, aun después que hubo pasado la lista de los créditos.

—Mi amor, la película terminó —le dijo su esposa, al tiempo que se encendían las luces.

—No sé qué me pasa —le dijo él—, pero esta película sacó a la superficie toda clase de sentimientos sobre mi papá. Mi amor, no sé si vas a entender esto, pero quisiera irlo a ver ahora mismo. Realmente siento que necesito hacerlo. ¿Qué piensas?

—Está bien —le dijo ella.

Esa noche, mi amigo llamó a su madre y le dijo:

—Mamá, voy a tomar un avión e ir a ver a papá. Asegúrate que esté en casa mañana por la noche, porque tenemos que hacer algo juntos.

Llegó allá y le dijo a su padre lo que quería que hicieran. Su padre replicó:

—¡Qué! ¿Hiciste este viaje en avión hasta aquí solo para que fuéramos a ver una película?

—Exactamente, papá. Quiero ver esa película contigo —fue todo lo que le dijo.

Así es que fueron juntos al cine y esta vez *ambos* sollozaron durante toda la película. Cuando esta finalizó, fueron a un restaurante donde hablaron sobre lo que había ocurrido y cómo se sentían. Temprano por la mañana, este hijo había perdonado a su padre y se habían reconciliado en una manera que ninguno había experimentado antes.

Entiendo que *Field of Dreams* ha tenido un impacto sanador similar para muchos padres e hijos. En este caso, aunque todo el proceso tuvo lugar rápidamente, mi amigo dio muchos de los pasos que hemos descrito en este capítulo. Definió y lamentó su pérdida, como un joven que no había visto realizados sus metas y sueños. Perdonó a su padre y logró que sanara su relación.

Confío que estos pasos de perdón puedan ayudarlo a usted o a alguien a quien usted ama para sacar de adentro toda clase de ira. Para el caso que como consecuencia usted pueda experimentar sanidad interior, estará mejor equipado para amar a la gente que le rodea.

Además, por el bien de nuestra sociedad, necesitamos ver familias sanas y que vivan en armonía. Necesitamos decir: «Es suficiente» y empezar a aprender cómo perdonarnos los unos a los otros. Cuando eso se extienda, ¡observe lo que ocurre en nuestro mundo! Oro para que usted esté en el centro de ese movimiento.

El siguiente capítulo nos da mucho más conocimiento para ayudar a perdonar o reducir su nivel de ira. Solo piense: Sea que fue ofendido en el pasado, lo esté siendo ahora, o lo sea en el futuro, puede usar el concepto que exponemos en el capítulo siguiente para transformarlo en algo bueno para usted.

## Principios del amor para toda la vida

13. El amor para toda la vida escucha las advertencias del corazón: temor, frustración y dolor, y toma la decisión de ser mejor, no peor.
14. El amor para toda la vida busca identificar una ofensa. Nombre un temor o una pérdida y la ira empezará a perder su poder debilitante.
15. El amor para toda la vida no niega una ofensa, pero se aflige por el daño causado.
16. El amor para toda la vida trata de entender todos los «por qués» que hay detrás de una acción ofensiva.
17. El amor para toda la vida decide perdonar, desatar el nudo de ira y liberar la amarga culpa.

# 4

# Transforme sus «tormentas de arena» en perlas

*Aun de los malos hogares pueden quedar hermosos recuerdos, si solo el corazón sabe cómo encontrar lo que es precioso.*
Fedor Dostoievski

*Podría ser feliz, podría estar enamorado de la vida, si solo...* Mucha gente que todavía no es feliz tiene una o más «tremendas» maneras de finalizar esa frase. *Si solo mi cónyuge se fuera y dejara de molestarme. Si tuviera un cónyuge. Si viviera en un mejor vecindario. Si me ganara la lotería.* Podrían amar la vida si solo pudieran, de alguna manera, reducir el número de sus tribulaciones, dejar atrás las frustraciones negativas que producen ira, como una serpiente que se desliza dejando atrás su vieja piel.

¡Pero la verdad es precisamente lo opuesto! Sin algunos encuentros dolorosos, nuestra calidad de vida disminuye. Scott Peck empieza su clásico libro *The Road Less Traveled* [El camino menos transitado] con una frase que ahora es famosa: «La vida es difícil». Y continúa: «Esta es una gran verdad, una de las más grandes verdades».[1]

Estoy de acuerdo con estas dos afirmaciones, y además digo que contenidas en cada dificultad hay buenas y grandes cosas que podemos aprender a apreciar, que podemos usar para nuestro beneficio y enriquecimiento.

Todas nuestras pruebas, grandes y pequeñas, pueden traer más de las dos mejores cosas en la vida: amor por la vida y amor por los demás. Pero solo los que asumen completa responsabilidad por sus reacciones a las pruebas, encuentran estos amores en su forma permanente.

Nadie puede escapar de su porción de problemas de la vida. Uno puede tratar, como el viejo Charlie, quien creía que podría encontrar la verdadera felicidad escapando a las presiones de la vida. Con esta esperanza, entró a un monasterio donde la regla era el silencio, con la sola excepción de las oraciones en la capilla. Cada cinco años, sin embargo, podía dirigir dos palabras al abad. Al final de sus primeros cinco años allí, Charlie escogió cuidadosamente las palabras. Dijo: «Comida mala». Después de otros cinco años, dijo: «Cama dura». Finalmente, después de quince años, declaró: «¡Me voy!»

Disgustado, el abad respondió: «No me extraña. Cada vez que viniste a mí, todo lo que hiciste fue quejarte».

Pruebas, penalidades, heridas y todas las otras experiencias dolorosas con las que nos encontramos son como «tempestades de arena» personales. Nos pueden cegar, punzar, irritar, enfurecer. Pero al reaccionar a ellas, tenemos una opción que presenté en el capítulo anterior: Después de una prueba, podemos sentirnos mejor o peor.

Podemos encontrar la ruta al amor que perdura para siempre si llegamos al lugar donde regularmente usamos nuestras «tempestades de arena» para nuestro beneficio. Llamo *contar perlas* al proceso de transformar las heridas en beneficios. Lo llamo así porque la perla que se encuentra dentro de una ostra comenzó con un irritante grano de arena. Estas preciosas joyas están ahí para nosotros, para que nos las apropiemos.

Es más, cada prueba contiene *varias* perlas. Una vez que comprendí este principio, me maravillé de lo que podía encontrar en cada crisis. Alguna proveyó un completo «collar» apropiado para un uso prominente. A mayor cantidad de perlas, mayor es la riqueza.

Pero quizás usted pregunte: «¿Qué de bueno puede surgir de mi negocio que se hunde... del hecho de haber sido abusado cuando niño... o de la grave enfermedad de mi cónyuge... o...?» Aunque estas situaciones son inicialmente devastadoras, cada una produce finalmente una cantidad de perlas hermosas y de gran valor. No demasiado rápido. Se requieren a lo menos cuatro años para que una ostra agregue capa tras capa de secreción para que la perla sea de gran tamaño y valor.

Cuando usted escarba en sus tribulaciones y descubre las gemas enterradas allí, su autoestima se remontará, y así ocurrirá con su habilidad para dar y recibir amor. Uno de los más grandes principios dadores de vida que he descubierto es que todas las tribulaciones, grandes o pequeñas, pueden hacer crecer nuestro «cofre de amor» si lo buscamos.

## Terry y Janna transformaron su trauma en una perla

A los treinta y ocho años de edad, Terry Brown había finalmente encontrado a su esposa soñada, Janna. Pero una semana antes de la boda, recibió a medianoche una llamada de su hermano diciéndole que a su madre se le había diagnosticado cáncer terminal. Los doctores le daban veinticuatro horas de vida. Al día siguiente, voló a Florida para estar junto a ella. Allí se quedaron él y sus hermanos hasta que su madre cayó en coma. Entretanto, Janna vino a visitarme llorando y preguntándose qué podría hacer para apoyar a Terry; y, además, preguntándome si tendrían que posponer la boda.

Debido a que la vida de la madre de Terry se prolongaba, otros miembros de la familia le dijeron que siguiera adelante con los planes de la boda; nadie sabía con seguridad cuánto podría durar su madre.

Y así ocurrió, la madre vivió hasta la boda de su hijo, la que tuvo lugar según el plan original. Esa noche, después de la ceremonia, Terry supo que su madre, sin haber recobrado el conocimiento, había fallecido temprano ese mismo día.

En este punto, los planes de Terry y Janna cambiaron. A la mañana siguiente, cuando se suponía que debían comenzar su luna de miel, volaron a Florida para asistir al que sería el primero de tres servicios fúnebres. Luego, todavía en su «luna de miel», volaron a Chicago para el sepelio.

Podemos simpatizar con la pérdida de Jerry y la infortunada coincidencia en el tiempo. Pero sígame y vea cómo reaccionaron ellos a su tragedia.

Varios meses después de la boda, los escuché explicar su reacción a estos terribles acontecimientos. Él confesó que aun cuando estaba perdiendo a su madre, a la que había amado por treinta y ocho años, aunque sabía que lo que ella más quería era estar con él para su tan esperada boda, estaba ganando amigos cercanos a quienes jamás había conocido. Dijo que era una extraña y complicada serie de emociones: Por un lado, estaba perdiendo a su amor más importante. Por el otro, se estaba sintiendo muy fortalecido al sentir la tierna presencia de Janna, quien estaba demostrando un amor incondicional hacia él. Ella estaba mucho más preocupada por él y sus sentimientos que por su propia luna de miel. A través de esta terrible situación, pudo ver su amistad en acción, apoyándolo, cuidándolo y mitigándole el dolor en forma increíble.

Este traumático comienzo de su vida juntos los convenció que deberían estar preparados para pasar por cualquier cosa. Para ellos, la crisis era algo tan palpable; más tarde él reconoció que toda aquella semana había sido el *tiempo más reconfortante de toda su vida*. El amor de su novia por él excedió en mucho todo lo que creyó posible.

Debido a que previamente había aprendido los secretos de contar las perlas, estaba al tanto de estas posibilidades positivas mientras pasaba por aquella semana de funeral, que debió ser su luna de miel. Solo empezó por buscar, o esperar, que algo bueno saliera de aquellos días tristes. ¡Y así fue! Encontró perlas: una profunda unión con Janna, la seguridad de que tenía en ella a una amiga que lo acompañaría en los tiempos difíciles.

Antes que entremos a dar los pasos específicos para contar las perlas, echemos una mirada a lo que nos capacita para encontrar tesoros en el dolor. En los capítulos anteriores cubrimos varios asuntos fundamentales. En la medida que usted avance a través de los pasos de liberarse de resentimientos no resueltos, dejar de culpar a otros y a usted por sus tribulaciones, se sentirá mejor capacitado para encontrar perlas. Aquí tenemos otra clave fundamental.

### *Evite los pensamientos extremos*

Cuando experimentamos tiempos difíciles, a menudo sobrerreaccionamos y nos aterrorizamos. «¡Esto es lo peor que me pudo haber ocurrido!» «¡Nunca nadie ha pasado por algo tan terrible como esta situación!» Pero la verdad es que ninguna de estas afirmaciones es verdad.

Trate de concentrar algo de su energía perdida a causa de todo lo que es malo y busque algo que pudiera ser bueno en medio de la prueba. Trate de pensar qué nuevas oportunidades puede brindarle esta situación. *¿Qué puedo aprender? ¿Qué futura alegría me está reservada como resultado directo de esta situación?*

Por duro que parezca, tranquilícese. De nuevo, la mayoría de las pruebas no son tan malas como lo parecen cuando ocurren. Como dijo Mark Twain en cierta ocasión: «He llegado a viejo y he conocido muchas grandes tribulaciones, pero la mayoría de ellas nunca ocurrieron».

Un pensamiento extremo, pero sutil, que tratamos de evitar se puede reducir a esto: *Yo soy el centro del universo*. Una reciente edición de *Newsweek* traía en la portada una palabra escrita en grandes caracteres y en negro: «Agotado». La historia en las páginas interiores se titulaba «Punto de quiebre», y pintaba un cuadro de un Estados Unidos cansado, agotado como nunca antes. ¿Por qué? Porque «tenemos teléfonos celulares en los automóviles y bipers en nuestras carteras, y los llevamos a Disneylandia, a la playa, al baño».[2] Creemos que el mundo se va a hacer pedazos si no respondemos ya. Cuando todo llega a ser una emergencia que solo nosotros podemos atender, rápidamente la vida queda fuera de control.

Al enfrentar una emergencia, el cuerpo humano se acelera y se prepara para el desafío: aumenta el ritmo del corazón, contrae los músculos y las arterias, bombea adrenalina. Esa disposición puede servirnos bien para protegernos de un ataque físico, pero «es horriblemente inadecuada para las incesantes presiones de la vida moderna».[3] Los pensamientos extremos nos dañan física y sicológicamente; demasiado a menudo, nuestros desafíos diarios se transforman en «ataques de perro».

Aun la amenaza de ataque de un perro real pudiera provocar innecesariamente pensamientos violentos, tales como: «Hasta aquí no más llegamos. Soy hombre muerto». Yo sé. He estado allí antes. Hace algunos años tenía que presentarme en Florida y se me indicó que me hospedara con una familia. Mi primera noche, ya bien oscuro, la persona que me había llevado en su automóvil se había ido, me quedé solo frente a la casa, y descubrí que no podía entrar. No tenía llave. No había nadie en casa. Sabía que esa era la casa. Sabía que me esperaban. ¿Qué hacer?

Me acerqué a la ventana de enfrente para ver si podría abrirla. No. Estaba asegurada. Pensé que intentaría entrar por la puerta de atrás. Cuando me dirigí a la parte trasera de la casa, me di cuenta que el patio estaba rodeado de una cerca de hierro. Traté de abrir el portón de la cerca. Sí, pude. Éxito.

Entré, cerré el portón, me dirigí hacia la puerta, y me encontré con la peor pesadilla: un inmenso perro. Nuestras miradas se encontraron, y él de inmediato vio el miedo reflejado en la mía. Seguro de su victoria, saltó hacia mí con lo que me pareció una velocidad increíble. Sabía que era hombre muerto. La adrenalina corría a chorros. Estaba listo para pelear con él aunque solo fuera con mis manos, y a lo mejor con mis dientes, aunque sabía que el triunfo sería suyo.

Corrió hacia donde yo estaba, puso los frenos, y siguió caminando hasta pararse sobre mis zapatos. En seguida, hizo instintivamente lo que estaba entrenado a hacer: ¡Empezó a lamerme los pies!

Me agaché, lo empecé a acariciar, diciéndole: «Perrito lindo... ¡eres un perrito bueno!» Mientras tanto, mi corazón saltaba tan fuerte, que me pareció que todo mi cuerpo era como un órgano de tubos.

Todos tendríamos pensamientos extremos si un inmenso perro viene corriendo hacia nosotros. Cuento la historia para ilustrar un punto importante: que en la vida real, la mayoría de nuestras pruebas son de alguna manera como ese «ataque de perro»; la amenaza que se percibe, o aun el perjuicio que se percibe no tienen mucho que ver con la realidad de daño efectivo.

Aun cuando el daño es real (incluso si me hubiera atacado el perro), esa incomodidad todavía puede llevarnos a la creación de una o más perlas, las que estarán allí, a la espera que las encontremos.

Hace varios años Tom estaba pasando por la más horrible prueba de toda su vida. Sin ningún aviso que hubiera podido percibir, su esposa lo dejó. Ella se dedicaba a los negocios; la separación pronto derivó hacia el divorcio.

En las propias palabras de Tom, fue como un «huracán de arena». Siempre había procurado un matrimonio feliz, y no tenía idea por qué su esposa había terminado sus relaciones. El consiguiente «bajón» es cosa corriente en tales situaciones. Tom cayó en una desesperanzada depresión. Incluso se preguntaba qué sentido tenía seguir viviendo.

Pero gradualmente recuperó la visión apropiada de la vida; esos pensamientos extremos demostraron estar equivocados. Se dio cuenta que su vida no estaba completamente destruida, y sintió un creciente deseo de ayudar a otros que estuvieran enfrentando un trauma parecido al suyo.

Así es que volvió a la universidad, completó su doctorado y logró una amplia experiencia como consejero. Más tarde dio origen a una organización nacional, *Fresh Start* [Nuevo comienzo], que se especializa en ayudar a personas que están pasando por el trauma del fracaso indeseado de su matrimonio.[4] Me dijo: «Cuando miro hacia atrás, resulta que mi divorcio ha llegado a ser la más gratificante experiencia de mi vida».

Durante la crisis, Tom pensó que nada podría compararse con el dolor que sentía. Pero ese dolor fue transformado. Como resultado de su propio dolor, la vida de Tom se abrió a un nuevo propósito. Se volvió a casar, y la relación que tiene con su nueva esposa y sus hijos es mejor que lo que pudo haber considerado posible.

A medida que he ido creciendo, me he condicionado para evitar los pensamientos extremos de pánico. Si lentamente podemos revertir nuestro pensamiento desde «todo lo que hemos perdido» en cualquier conflicto, a «todo lo que finalmente ganaremos», llegaremos a ser mucho más positivos y ya no seremos sacudidos tan fácilmente por las circunstancias negativas. Solo piense cuánto más fácil le será vivir una vez que haga suyo este principio. ¡Su cónyuge o amigos podrán convocar a una fiesta de celebración! Y usted podrá convocar a su propia fiesta como enamorado de la vida.

## Recuerde: Dé expresión a su dolor

Aun cuando insisto que las personas deben conservar una perspectiva optimista cuando están enfrentando una experiencia negativa, sigue siendo importante permitirnos recordar lo que tuvo lugar, analizar cómo lo hizo sentirse y *sentir* el dolor asociado con el acontecimiento. Si no usa esta última llave, podrá confundir tan profundamente sus sentimientos que puede llegar a creer que el problema está solucionado, cuando lo que se ha hecho es pasarlo por alto.

Recuerde que «contar perlas» es el quinto paso para deshacerse de la ira contenida. Es uno de los pasos en un proceso más largo que demanda pasar a través de la aflicción, aceptando la realidad de la prueba y de la pérdida. Hay excepciones, pero por lo general, podemos encontrar perlas no antes sino durante y especialmente después del dolor.

## Cómo encontrar perlas inapreciables en cada prueba

Hemos llegado ahora al asunto específico de cómo encontrar aquellas perlas en las «tempestades de arena» de nuestras vidas. Recuerde, estos pasos no son algo que damos solo por un corto tiempo después de la prueba; continuamos dándolos hasta que nuestra manera de pensar realmente cambie y nos demos cuenta de los *resultados positivos*, hasta que encontremos las perlas que hay en cada prueba. Usted tendrá victoria sobre el dolor cuando sienta y vea los *beneficios que hay para usted*. ¿Qué quiero decir con eso de beneficios? Mejor relación con los demás, con usted mismo, con Dios. Una felicidad subyacente. Nuevas oportunidades. Bueno, siga leyendo para identificar más perlas.

Contar perlas es transformar lo amargo en dulce. Cuando está amargado, se siente furioso y su autoestima está baja, o cuando está optimista, se siente agradecido y disfruta un elevado sentido de autoestima y felicidad.

## Cinco pasos prácticos en la búsqueda de perlas

Para entender los puntos básicos en el proceso de contar perlas, busque una hoja de papel, un lápiz y prepárese para trazarse un cuadro. Todo este cuadro es *positivo.* No será bonito al principio, pues incluirá una lista de pruebas y crisis. Pero cuando lo haya completado, verá cómo sus crisis le habrán proporcionado numerosos beneficios. Los beneficios no son simplemente rasgos de carácter indefinido, sino que encontrará perlas específicas que encajan en cada área de la vida.

Tome una hoja de papel en blanco. Divídala a lo largo en cinco columnas de arriba abajo.

Cada paso en el proceso de contar perlas, tendrá su propia columna. O quizás quiera usar cinco hojas separadas de papel, una para cada columna. Ponga un título en cada columna:

Columna 1: Mis virtudes para la vida

Columna 2: Mis pruebas más dolorosas

Columna 3: Las personas que me respaldan

Columna 4: Mis perlas en cada prueba

Columna 5: Mi reacción amorosa por cada prueba

Vamos a analizar a qué corresponde cada columna.

### *1. Mis virtudes para la vida*

Haga una lista de sus virtudes por las qué está agradecido. ¿Por qué está agradecido en cuanto a usted y a la vida en general? Quizás le ayude completar esta frase: Estoy contento de estar vivo porque...

Nombrar sus virtudes puede ser una tarea fácil. Pero para algunas personas es algo difícil. La autoestima no es una indulgencia perjudicial o narcisista, sino un ejercicio saludable en la apreciación personal. Es darse una mirada realista.

¿Qué le gusta de usted? Este no es el momento de ser super modesto. Lo que estamos buscando es un análisis certero de las cosas positivas sobre usted y qué realmente es lo que cree acerca de lo que usted es. ¿Qué clase de actividades realiza bien? ¿Qué tal son sus habilidades para relacionarse con los demás? ¿Sus entretenimientos? ¿Qué es lo que aporta a las relaciones que los demás aprecian? Si no se le ocurren algunas de sus virtudes, pregúntele a su cónyuge o a sus amigos, y léalas. ¡Se sentirá mejor!

### 2. *Las pruebas más dolorosas que he pasado*

Haga un repaso de lo que ha sido la historia de su vida. Anote las pruebas más dolorosas que ha experimentado, sus «tempestades de arena» personales. Incluya aquellas que le han dañado su sentido de autoestima o que le han causado vergüenza o culpa.

Seguramente escribir algunas le va a resultar demasiado doloroso, pero lo animo a que las escriba, y todas, en el futuro, si le es posible. Si le resulta imposible hacerlo, piense en dos o tres y deje las demás para otra ocasión.

He buscado todas las perlas que he podido en las más grandes «tormentas» de mi vida. Debido a eso, sinceramente puedo decir que no hay nada negativo que haya quedado en mi mente. No me interprete mal, no me veo como casi perfecto, y otros pueden ver todavía cosas negativas en mi vida, pero he tratado de hacer lo posible para volver las cosas en mi corazón hacia su lado positivo. Cada día me baño en una fuente de valores sobre lo que me ha ocurrido. Es como remojarme en «agua de perlas».

Lo negativo comenzó temprano en mi vida. Déjeme mencionar una cosa particularmente negativa, mis pobres resultados como estudiante, que resultó en una pobre autoimagen, que he llegado a ver como positiva. Mis padres nunca pusieron mucho interés en lo académico. Ninguno de ellos había llegado muy arriba en sus estudios. Y su falta de interés pudo haber tenido un desalentador efecto en mi vida. Además, con demasiada frecuencia íbamos de un lado a otro. Casi cada año cambiaba de escuela, e incluso en algunas ocasiones hasta dos veces en el año. En los grados primero y segundo yo estaba en California, donde estaban experimentando con algunas nuevas filosofías educacionales que no duraron mucho. Fue uno de esos planes acerca de que «el niño va a aprender cuando esté preparado» y que nunca me convencieron mucho. Aparentemente no estaba preparado para aprender, porque en el tercer grado estaba bastante más atrasado que mis compañeritos.

Otro elemento que vino a complicar las cosas fue cuando nos trasladamos al estado de Washington. En los días que terminé mi tercer grado, mis padres decían cosas como estas: «Realmente nos gustaría ver a Gary sobresaliendo en la escuela» y «Nos gustaría ver a Gary madurando como los demás». La interpretación era clara: *Había desaprobado el tercer grado.*

Hasta ahora, mis hijos me atormentan sin misericordia preguntándome sobre aquella experiencia. «Papá, ¿cómo pudiste desaprobar el tercer grado?» Y luego todos nos reímos.

De verdad, por muchos años me sentí profundamente avergonzado por haber fracaso en un grado. Era un secreto que trataba de mantener tan oculto como fuera posible. Sin embargo, una vez que completé el ejercicio de contar esta perla, todo cambió. Si sigue leyendo sabrá cómo ocurrió.

Antes de que deje esta parte, quizás quiera enumerar sus pruebas por orden de severidad. Dé el número uno al peor dolor que haya sufrido; al que sigue, el dos, y así sucesivamente.

### 3. *Las personas que me apoyan*

En esta columna, escriba los nombres de personas que le hayan ayudado durante algunas de las pruebas más difíciles. Me imagino que su cónyuge estará encabezando esta lista, si es una prueba reciente. Otras personas podrían ser sus padres, un consejero profesional, un minisitro, un amigo u otros familiares. En medio de la prueba, también es posible orar pidiendo la sabiduría y comprensión de Dios. Quizás Él está en su lista.

Es posible que muy cerca tenga un respaldo tremendo, y que ese respaldo le ayude a medida que pasa a la columna cuatro.

### 4. *Mis perlas en cada prueba*

Haga una lista de todos los beneficios que identifique en cada prueba. Estamos aquí en el *corazón* y la *vida* del proceso de encontrar sus propias perlas. Estas perlas son muchísimo más valiosas que las perlas terrenales que se pueden engarzar y colgar al cuello; pero son tan apreciadas que puede guardarlas en la repisa de los trofeos favoritos del corazón.

En la columna cuatro, comience una lista de los aspectos positivos de cada encuentro doloroso que haya tenido con la vida. Junto con sus propias respuestas, valdría la pena pedir la opinión de los que conocemos y amamos; es decir, el equipo de apoyo que escribió en la columna tres. A menudo, ellos pueden añadir perspectiva a sus sufrimientos que usted pudo haber pasado por alto.

Regrese también a la columna una y las virtudes personales que identificó. ¿Se han producido algunas de estas virtudes como resultado de alguna prueba en particular? ¿Identifica esa columna las virtudes que usted ha reunido desde entonces? A menudo, de lo que ha aprendido por prueba y error, en todo el sentido de la frase.

Los siguientes casos le darán algunos ejemplos más específicos sobre cómo una prueba puede transformarse en perlas preciosas.

**Perlas del fracaso.** Durante años, no vi nada positivo en mi pobre historial académico. Para mí, el desaprobar el tercer grado y ser un pésimo lector y estudiante era algo completamente negativo. Pero ahora veo aspectos positivos en mi completo desarrollo educacional. Uno de estos beneficios es, precisamente, este libro que usted está leyendo. ¿Puede imaginarse cuán maravillados quedarían mis profesores de la enseñanza elemental si llegaran a saber que he escrito doce libros? ¿Y que por razones más allá de mi comprensión, algunos de estos libros han ganado premios? ¡No puede ser!

La mayoría de las razones llegan a mi condición de pésimo lector. En aquellos años, no se hacían pruebas sobre «incapacidad de aprendizaje». Pero si hubieran existido, no me habría sorprendido haber quedado en esa categoría. Ya que conozco las dificultades de un mal lector, me doy cuenta que un libro debe tener cierto atractivo que capte su atención. Mi propósito es hacer que un libro sea lo más comprensible que se pueda. También aprecio el concepto de «sal», que crea una sed especial en un libro y que me induce a seguir leyendo.

En todos mis libros me esfuerzo por incluir estas cosas. No es nada extraño que tenga que escribir y reescribir veinte y más veces un capítulo hasta alcanzar la mezcla ideal de contenido, interés y «sal». Y sigo sin ser un gran lector. Así es que si un capítulo no me interesa o se me hace pesado leerlo, lo reescribo hasta que logro lo que quiero. Hoy día estoy muy agradecido que tuve una pobre preparación cuando niño, lo cual no da derecho a nadie a tener un desempeño deficiente en la escuela. Pero si la vida le da un doloroso «grano de arena», transfórmelo en una perla y úselo en una manera que pueda beneficiarlo a usted y a otros.

En todo este capítulo he hablado acerca de transformar la arena en perlas. Piense en este hecho igualmente interesante: «El silicio en un «chip» de computadora, viene de arena ordinaria. Sí, arena. Lo que lo hace tan fantásticamente complejo es la cantidad de ingeniería y diseño humanos que se pone en él».[5] Cuando su vida sea un desierto, ¡piense de nuevo! ¡Y considere estas posibilidades!

**Las perlas de un ataque cardíaco.** Recuerde que *siempre* es posible encontrar tesoros en las heridas físicas. George era un típico ejecutivo que trabajaba duro. Lucía unos diez años más joven de la edad que tenía, cuarenta y cinco. Gran trabajo y vida familiar. Era un clásico caso de «¡George es el último tipo que pude pensar que tendría un ataque de corazón!»

Pero eso es exactamente lo que sucedió.

Un martes por la tarde, en medio de una sesión de estrategia de alta administración, se quejó de dolor en el pecho y luego cayó sobre la mesa de sesiones. Mientras los paramédicos lo llevaban velozmente al hospital, se mantuvo repitiendo el nombre de su esposa: «Bárbara, Bárbara, Bárbara». Cuando llegó al hospital, Bárbara estaba esperándolo.

Desde el vehículo de emergencia, fue llevado en camilla directamente a la sala de operaciones. Después de horas que parecían días, el cirujano apareció en la puerta de la sala de espera para asegurar a Bárbara que George se pondría bien. «Pero debe tomarlo con calma», le advirtió el doctor.

Bárbara se preocupó de que George tuviera una total recuperación. Lo ayudó lenta y firmemente a volver a una vida normal. George casi no puede contar ese tiempo en su vida sin emocionarse. «Bárbara fue la más maravillosa ayuda que jamás he tenido», dice. «Durante todos los años que hemos estado casados, me he enorgullecido de tener una excelente figura física, tanto que secretamente dudaba que Bárbara pudiera interesarse en mí si me descuidaba o, peor aún, si me enfermaba».

George continúa: «Pero fue a través de esta terrible prueba que vi un lado de Bárbara que había permanecido oculto en los veintiún años que hemos estado casados. En un segundo, ví a una mujer que me amaba incondicionalmente. Su amor no dependía de mi apariencia, de mi atractivo físico, o de mi buena salud. Ella me amaba... simplemente. No deseo para nadie un ataque al corazón, pero tengo que decir que el mío ha sido la más grande ayuda para darle consistencia a nuestro matrimonio. Ahora, veo la vida en forma diferente. He aflojado el paso; huelo el aroma de las rosas. Sinceramente puedo decir que estoy feliz de que aquello me ocurriera a mí». Es la ocasión de encontrar perlas muy preciosas como resultado de una enfermedad que le amenaza la vida.

**Las perlas de la depresión.** Fran es otro buen ejemplo de búsqueda de tesoros que transforman lo peor en mejor. Esta es la historia, contada en sus propias palabras: «Después de un tiempo de estar casada, mi esposo y yo experimentamos tres años de vida matrimonial muy difícil. Durante ese tiempo, llené mi mente de cosas, lo que me puso muy irritable. Lloraba a menudo. Durante unos buenos diez meses me sentí enferma, hasta que exploté emocional y físicamente. Mi palabra para describir aquella situación era "estoy muerta". Recuerdo que sentía como si las diversas partes de mi cuerpo estuvieran desconectadas entre sí y me parecía que ya no estaba en mi cuerpo. Mi voz nunca sonaba como si procediera de mí. Me sentía como si me hubieran sacado el corazón, como una casa de paja desmoronándose sobre su pequeño cimiento».

Por ese tiempo, Fran asistió a uno de mis seminarios y llegó a familiarizarse con el ejercicio de contar perlas. Al pensar en sus ataques de depresión profunda, empezó a ver las cosas bajo una luz diferente.

«La depresión es un don», dijo Fran. «No lo veía así por aquel tiempo, pero la depresión es la forma que tiene el cuerpo de decir: "Tranquilízate, no te sigas llenando de rabia. Reflexiona. Preocúpate por ver cómo te estás preocupando de ti"».

Con todo entusiasmo, Fran se dio a la tarea de buscar sus perlas. En este proceso, empezó a ver por primera vez que cada área de su vida podía proporcionarle algo bueno.

En su familia, la depresión de Fran fue como oler sales para despertar a su esposo a las necesidades de ella. Él no se había dado cuenta que su recargada agenda de trabajo no le dejaba tiempo para ella y para los niños. Ahora, Fran no puede creer cuán buenas son sus relaciones. Una perla de un problema.

**Cuente sus perlas.** Si alguna de estas historias lo inspira, dese el tiempo para hacer una lista de los beneficios que ha recibido como resultado de sus sufrimientos. Por lo general, no los vemos de una sola vez. Quizás usted tenga un tren completamente cargado con perlas esperando descubrir un carro lleno a la vez. Lo siguiente es una lista parcial de las grandes calidades de amor o sus beneficios en general que se crearon, enriquecieron o ampliaron como resultado de sus pruebas dolorosas.

Usted es:

- Paciente
- Bondadoso
- Tierno
- Perdonador
- Agradecido; alaba más a otros
- Comprensivo (siente el dolor de otros y se interesa más por ellos)
- Capaz de disfrutar las cosas simples de la vida
- Perseverante
- Esperanzado
- Más calmado sobre la vida en general, más relajado
- Consciente de poder sobrevivir la mayoría de las pruebas
- Interesado en enriquecer otras vidas antes que la suya
- Solícito
- Toma más en serio la vida
- Desarrolla una vida espiritual más profunda
- Más consciente de sus sentimientos y de los demás
- Más cuidadoso de lo que dice para evitar herir a los demás
- Más responsable en el trabajo

Usted es mucho menos:

- Miedoso
- Celoso o envidioso
- Arrogante
- Menos chistoso a expensas de otros

Permítame recordarle otro recurso: una riqueza de aliento inmediato cada vez que usted pase a través de los «valles». El comediante Andy Andrews, ha reunido dos volúmenes de cartas de gente famosa acerca de cómo las pruebas los han ayudado a alcanzar el éxito y la felicidad.[6] Compruébelo.

## 5. *Mis reacciones amorosas por cada prueba*

Las prioridades tienen mejores probabilidades de ser revaluadas cuando azotan los peores desastres. Lo primero que hacen la mayoría de las personas es buscar a los miembros de su propia familia, no sus posesiones. Los sufrimientos tienen la virtud de hacer que las personas se unan; las cosas más importantes sobre la tierra son visualizadas con nitidez. Este creciente interés en estar con y ayudar a otros durante una crisis, es una demostración de amor.

La clave en esta última columna de su cuadro es entender cómo trabaja el amor. Es tan simple como esto: El amor se usa o se pierde. O adquirimos una nueva apreciación para «relacionarnos», para reorganizar las prioridades y las nuevas sensibilidades que hemos logrado en los tiempos difíciles, disfrutando con otros el nuevo gozo, o perdemos ese gozo.

David y Linda asistieron a uno de mis seminarios y se dieron cuenta que necesitaban encontrar cualquier valor que pudieran en una pérdida devastadora. Cinco años antes, su preciosa hija Sara había muerto apenas dos horas después de haber nacido. Los años siguientes, David y Linda los vivieron sumidos en ira, resentimiento y frustración.

Después de darse tiempo para sentir el dolor de su pesar, su pérdida, recuperaron suficiente fuerza como para iniciar su propia cacería de cualquiera cosa buena que pudiera haber surgido de su tragedia. ¿Y qué descubrieron? Ahora se dan cuenta cómo valoran las cosas pequeñas de la vida que alguna vez habían pasado por alto. Pero Linda encontró una forma más específica de usar su búsqueda de perlas para ayudar a alguien más.

Escribe: «Un amigo mío perdió a su hermano y a su cuñada en un accidente automovilístico. Como consecuencia, tres niñas quedaron huérfanas. Pero en los últimos tres meses y medio, he podido hablar con este amigo. Cuando él expresa su dolor, frustración y agonía, puedo decir: «Sé lo que estás sintiendo y realmente te comprendo».

Linda sigue diciendo: «Realmente doy gracias a Dios porque pude tener a Sara un poquito, porque eso me permitió aprender mucho acerca de su muerte. Ahora estoy mucho más atenta al sufrimiento de los demás. Puedo ser una compañía comprensiva para mi amigo y su familia, y gracias a mi experiencia, creo que en el futuro voy a poder ayudar más todavía. Cuando estoy con estas tres niñas, ellas saben que no solo las amo, sino que también entiendo profundamente su pérdida. Saben que las entiendo y me preocupo por ellas. A través de buscar mis tesoros, por fin siento que la muerte de mi hija me ha dado un propósito. Todavía la extraño mucho, pero puedo ayudar a otros como nunca soñé que podría hacerlo. Y ayudarles ha sido tan gratificante».

En los capítulos anteriores conté la historia de otra Linda, una joven cuyo padre había abusado de ella. El proceso de Linda fue largo, pero finalmente pudo identificar y reclamar varias perlas como resultado de su trauma de la niñez. De nuevo, lo que el padre hizo fue censurable, inmensamente desagradable. Y lo que ocurrió estuvo más allá del control de Linda. No fue culpa de ella. Pero ahora, años más tarde, Linda decidió intentar el perdón y buscar algo bueno que pudo haber recibido de su padre.

Y lo hizo. Vio cuán sensible ha llegado a ser a las heridas y dolores de otros. Es una persona muy solícita y amable. Le ayudé a ver que el don más grande de la vida es el amor genuino. A los veinte años de edad, llegó a ver que había recibido varios ingredientes del amor genuino: sensibilidad, compasión, empatía, un deseo profundo de atender a otros que sufren, y una aguda habilidad para percibir las señales de abuso en otras jóvenes. Estas son todas las características que debe tener un consejero eficaz, y son, además, perlas inapreciables, producto de una situación que pudo haberle arruinado su vida, si hubiera dejado que eso ocurriera. En cambio, decidió reaccionar buscando perlas y una vez halladas, las transformó en acción amorosa, ayudando a otros, incluyendo a su propio esposo y a su pequeño hijo. Su fe en Dios ha crecido grandemente, y parece entender que ese hombre tan especial con que se casó es una perla preciosa.

Quizás usted haya tenido que sufrir la más horrible prueba jamás imaginable, que cree que en sus circunstancias no es posible encontrar ningún tipo de tesoro. Quizás el dolor ha sido el sino de su vida.

¡Pero el buscar perlas le puede ayudar! Le invito a que lo intente. Imagínese que usted es una oruga. Totalmente cubierta por su capullo de dolor. Quiere ser libre pero tiene miedo. ¿Conoce el secreto de la forma en que una mariposa se libera de su capullo? El sufrimiento de luchar por verse libre del capullo es lo que fortalece sus alas para que pueda estar en condiciones de volar. Imagine la bella mariposa que surge como una mariposa de amor. Usted puede surgir como una persona nueva, y el proceso comienza cuando da un golpe en la pared que lo encierra, cuando da un paso para pasar por en medio de su ira y buscar lo positivo.[7]

No sé de nada que ayude más a los que sufren que empezar el lento proceso de abrirse camino a través del capullo de resentimiento y los sentimientos de haber sido engañados en la vida. ¡El duro proceso de salir victorioso es una oportunidad en la vida!

## *Volvamos a la primera columna*

Una vez que haya completado las cinco columnas de su cuadro de perlas, vuelva y observe de nuevo la primera columna. ¿Puede identificar ahora *nuevas* «capacidades personales» que vea como resultado de haber transformado sus tragedias en triunfos? ¿Sí? Entonces vuelva y añada otra perla a su lista: *Sensación de aumento de mis propias capacidades*.

Realmente, con cada prueba, usted puede ascender un nivel completo en una escalera en espiral que tiene claramente marcados cinco «descansos»:

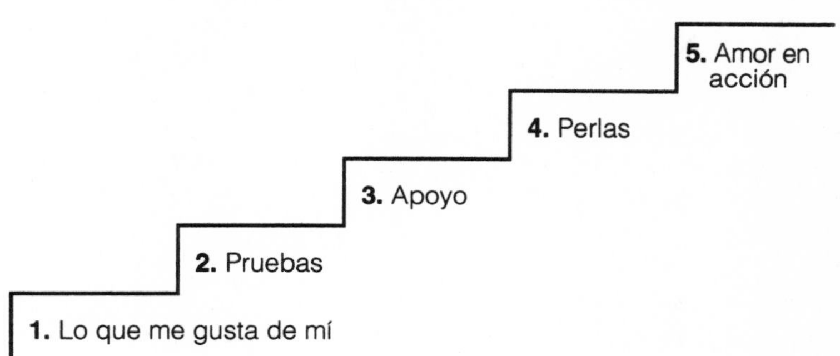


Con cada «escalón» usted ha aumentado su capacidad para amar la vida y a otros.

Nunca he encontrado la excepción para mí o cualquiera otra persona que he tratado de ayudar. Hay perlas en cada prueba. ¡Mientras más grande la prueba, más grande la posibilidad de hacer que su amor dure para siempre! Y para quienquiera que desee verdaderamente mantener vivo su amor, el siguiente capítulo expone otro «témpano de hielo» que puede echar a pique su amor si usted no es cuidadoso.

## Principios del amor para toda la vida

18. Cada prueba dolorosa es como una ostra y hay una perla preciosa, un beneficio personal, en cada una. En cada una por separado.
19. El amor para toda la vida saca a la superficie la perla enterrada en cada prueba.
20. El amor para toda la vida evita los pensamientos extremos.
21. El amor para toda la vida asume que las cosas irán mejor en lugar de peor.

22. El amor para toda la vida da tiempo a una herida para que sane.
23. El amor para toda la vida se expresa para compartir el gozo por la vida.
24. El amor para toda la vida: Se usa o se pierde.

# 5

# Cómo equilibrar expectativas y realidad

*Si primero supiéramos dónde estábamos y hacia dónde nos dirigíamos, podríamos saber mejor qué hacer y cómo hacerlo.*
Abraham Lincoln

Algunos de los saltos más importantes hacia una vida de amor es responsabilizarse por la forma en que se reacciona a las circunstancias y mantener bajos los niveles de ira. Decidirse a buscar perlas en todas sus fallas y dificultades pasadas, le ayudará a mantener la cabeza fuera del agua. Ahora, quiero mostrarle cómo puede prevenir la pérdida de fuerzas valiosas y vitales que necesita para amar la vida y para amar a su cónyuge.

Las ideas en este capítulo están basadas en este concepto fundamental: *Mientras más grande sea la brecha entre lo que esperamos y la realidad de lo que experimentamos, más grande será la posibilidad de que nos desanimemos y nos cansemos.* La brecha entre las expectativas y la realidad es como un drenaje a través del cual perdemos el *joie de vivre*, el gozo o el amor por la vida.[1]

Cuando usted enfrenta una situación crítica, cuando la realidad abre una trampa, no permita que su energía se le vaya. He aquí cómo puede minimizar el trauma de cualquiera crisis *futura* que enfrente. Las crisis son inevitables. Algunas, llamadas crisis cíclicas de la vida, se pueden anticipar. Pero... hay formas específicas por las cuales usted se puede autoproteger. Al recorrer conmigo la siguiente historia, va a ver una verdad acerca de la vida en general, y podrá empezar a ver que hay algo que puede hacer para prevenir la pérdida de energía. (Estoy agradecido al Dr. Danm Trathen de Denver por ayudarme con las lecciones en el plan preventivo que sigue.)

## Sol ardiente y serpientes ondulantes

Cuando yo tenía unos doce años, me di el susto de mi vida. Fue lo peor que me haya ocurrido hasta entonces. En efecto, me sorprendo de que esté con vida para contar la historia.

Mi familia vivía en una zona rural del estado de Washington. Un día de otoño me encontraba en el campo jugando con mi mejor amigo. Había un sol esplendoroso y no estábamos muy preocupados del reloj. Pero cuando el sol se ocultó en el horizonte, nos dimos cuenta que era tiempo de volver a casa. Y como dos niños aventureros que éramos, decidimos tomar un atajo a través de una zona boscosa.

No había camino ni sendero, pero eso era lo de menos. Simplemente corríamos hacia adelante, mientras el viento zumbaba en nuestros oídos. De repente, oímos muy cerca ese ruido ensordecedor y escalofriante. Helados, nos detuvimos y escuchamos. El sonido nos rodeaba parecía venir de todas partes al mismo tiempo.

Miramos al suelo. Se estaba moviendo. ¡Estábamos parados en medio de un nido de serpientes de cascabel! Cientos de ellas, de todos los tamaños. Y se movían, a ciegas, en todas direcciones.

Mi amigo y yo supimos en ese momento que difícilmente sobreviviríamos.

Por fortuna, tuvimos la presencia de ánimo como para saltar a un árbol caído donde no había serpientes y que nos daba una posición de altura sobre el nivel del terreno. Con toda la fuerza de nuestros pulmones, gritamos pidiendo ayuda, pero nos habíamos adentrado tanto en el bosque que era muy improbable que alguien pudiera oírnos.

—¿Qué vamos a hacer? —me dijo, gritando, mi amigo.

—No lo sé —le contesté— ¡pero vamos a tener que buscar una solución rápida, porque ya está oscureciendo!

*¿Se deslizarían las serpientes por el tronco en el que nos encontrábamos?*, era mi pregunta.

A uno de nosotros se nos ocurrió cortar las ramas más largas del árbol sobre el que nos encontrábamos, y usarlas como extensiones de nuestros brazos para quitar de nuestro camino a las serpientes y hacernos así un sendero por el cual escapar. Y eso fue lo que hicimos.

De serpiente en serpiente, lo que parecía de *pulgada* en pulgada, llorando todo el camino, logramos abrir un camino hasta el borde de aquel mar de serpientes. El más leve resbalón o caída nos habría lanzado encima de una media docena de ellas, pero aun así seguimos avanzando.

Solo nos quedarían unos diez metros para salir al claro, pero aquello parecía tomarnos toda la vida. Cuando por fin dejamos atrás a la última serpiente, estábamos temblando y exhaustos. Pero reunimos las pocas fuerzas que nos quedaban y corrimos a casa tan rápido como pudimos para informar de nuestra aventura que nos tuvo tan cerca de la muerte.

Me gustaría usar esta difícil experiencia de mi niñez para simbolizar todas las crisis de la vida y cómo podemos reducir la pérdida de energía y abreviar la duración del trauma que ellas provocan.

## Protección del desastre

Siempre que una crisis golpea, podemos ser como aquellos dos niños corriendo hacia la seguridad de su casa y que de repente se encuentran en medio de un campo de serpientes mortales, manoteando en medio de una situación seriamente desagradable, potencialmente desastrosa.

Como se puede imaginar, aquel día (hace tantos años), mi amigo y yo no estábamos preparados para enfrentar aquel nido de serpientes. Usábamos zapatos tipo tenis, pantalones vaqueros y camisetas, ideal para que las serpientes nos picaran y no teníamos arma alguna, salvo nuestras ramas. Pero supóngase que las cosas hubieran sido un poco diferentes. Imagínese que en lugar de usar zapatos tipo tenis, hubiésemos estado preparados para la *realidad* que enfrentábamos; supóngase que hubiésemos estado usando botas largas hechas de múltiples capas de cuero fuerte y grueso, tan fuerte que los colmillos de una serpiente se quebraran antes de que pudieran penetrar la piel.

Si hubiera estado usando ese tipo de botas y hubiera sabido que me podían proteger, toda mi reacción habría sido diferente. En lugar de aterrorizarme con el inesperado pensamiento de que podría morir en cualquier momento, ¡habría caminado confiado sobre aquella masa de serpientes! Sencillamente las habría quitado de mi paso mientras avanzaba hasta el otro lado del sitio. «¡Vamos, ataquen!», les habría dicho, desafiante. Y las botas me hubieran mantenido a salvo.

¿Qué clase de «botas largas» podemos usar para protegernos en todas las crisis de la vida? ¿Qué puede protegernos de los efectos dañinos de tales situaciones? *Nos «calzamos un grueso par de botas hasta la cintura» para mantener el balance en nuestra vida.* Cambiemos a las metáforas y usemos un cliché común: Si hemos puesto todos los huevos en una canasta y esa canasta se cae al suelo, nuestras expectativas se habrán roto. Pero si usamos varias canastas, cada una para que contenga un interés diferente de la vida, y se cae una causando estragos en un área de la vida, podemos mantener las fuerzas, la esperanza y el gozo debido a que todavía tenemos varias canastas. Permítame explicar esto.

## Cuando recibe el gran golpe

He aquí una ilustración sobre lo que puede ocurrir cuando no se están usando las «botas largas del equilibrio». Hace dos años, la vida de Gene se hizo pedazos. Su pequeño negocio fue a la bancarrota. Había llegado a ser una parte importante de su vida. Le había dedicado tanto de su tiempo y atención que su esposa e hijos eran compañeros «ajenos» de la casa, por lo que no pudieron darle mucho apoyo en su desesperación. Cuando tuvo que hacer los trámites ante la corte, sus amigos, «contactos» que había establecido a través del negocio, también se desbandaron como pájaros atemorizados. ¿Dónde estaban sus amigos? No tenía ninguno. ¿Dónde estaba Dios? Hacía mucho tiempo que había dejado de preocuparse por asuntos de la fe.

Sin amigos confiables, distanciado de su familia, sin un centro espiritual y luego la pérdida de su negocio, Gene se suicidó. En su cuerpo se encontró una nota con una sola palabra. Su mensaje al mundo: «Fracasé». Quizás la falla fundamental de Gene fue descuidarse en desarrollar «apoyos para su vida» fuera de su negocio.

Permítame establecer un contraste entre esta y otra historia. Digamos, anticipadamente, que esta no es tan seria como una bancarrota; sin embargo, fue una grave crisis en la carrera de un joven: mi hijo Greg.

A medida que nuestros hijos desarrollaban su carrera, empezamos a soñar que quizás algún día podríamos trabajar juntos, a lo mejor hablando en la misma plataforma.

No mucho tiempo después, Greg sintió que finalmente estaba en condiciones de hacer realidad su parte de nuestro sueño. Estaba preparado para pararse ante una gran concurrencia y enseñar algunos de los principios que yo presento regularmente en mis seminarios. Como es fácil imaginar, yo estaba excitadísimo.

Invité a Greg a unirse a mí y hablar en mi próximo seminario. Dije que Greg estaba preparado, aunque nervioso y aprehensivo. Pasó horas ensayando su charla. A medida que el día se acercaba, empezó a perder el sueño y a sentir náuseas debido a la ansiedad.

El gran momento llegó, cuando tuvo que ponerse de pie y dirigirse a la audiencia. Para mí, orgulloso papá, fue una experiencia mágica, algo que jamás olvidaré. Mis años de sueños paternales estaban a punto de ser recompensados. Cuando lo presenté al grupo, tuve que detenerme por un segundo para secar mis ojos húmedos.

De pie, Greg se acercó al podio para recibir calurosos aplausos y luego se aprestó a dirigirse a la audiencia. Comenzó bastante relajado, diciendo qué complaciente era compartir la plataforma con su papá. Luego, añadió: «Siempre es bueno estar con él en momentos como estos cuando está sobrio». Después que las risas se extinguieron, añadió rápidamente: «Solo bromeaba. Él es abstemio». Se había ganado a la concurrencia. Sentado en la primera fila, pensé: *Con un comienzo como este, ¡va a ser aterrador!*

Luego, cuando iba por la mitad de su presentación, tuvo una crisis seria. Se quedó en blanco. Allí, de pie solo frente a dos mil personas, con todos los ojos fijos en él, se olvidó lo que tenía que decir. Su dilema fue instantáneo y, lamentablemente, todo el mundo lo captó.

Entonces hizo la única cosa que podía hacer, revisar sus notas. Pero como había memorizado su charla y no había seguido necesariamente sus apuntes, no pudo ubicarse en los papeles. Sus notas no le servían para nada.

Para empeorar la situación, vi que mientras trataba de seguir adelante, se le secaba la boca, un claro caso de nerviosismo extremo. Una boca seca es la muerte para un conferenciante. Lo vi desinflarse y perder presión como si toda la energía se le escapara del cuerpo y del espíritu. Estoy seguro que estaba pensando: *¡Voy a explotar! ¡Voy a caer envuelto en llamas!*

Es duro ver a un conferenciante luchando de esa manera. Como conferenciante, en verdad simpatizaba con él. Pero este *era mi hijo*. Anhelaba su éxito, oraba por él, y una parte de mí deseaba correr y rescatarlo de alguna manera. Sin embargo, sabía que no podía hacerlo. Tenía que aprender a salir adelante por sí mismo.

Gracias a Dios, por fin la mente de Greg pareció abrirse y prosiguió con su conferencia. Todo parecía ir bien...

Hasta que de nuevo su mente quedó bloqueada...

Y por tercera vez luego de breves minutos.

Afortunadamente, la audiencia estaba con él en un ciento por ciento. La gente seguía respaldándole, escuchando atentamente y animándolo cada vez que su mente se bloqueaba. Se las arregló para terminar su conferencia y todos quedamos felices y aliviados, excepto, por supuesto, él.

Vino hasta donde me encontraba chachareando con algunos amigos y se disculpó profusamente. Luego me llevó a un lado y me susurró:

—Papá, ¿podrías darme algún consejo que me ayude?

Lo miré a los ojos y le dije con toda sobriedad:

—Hijo, recuerda esto: «¡Lo más oscuro siempre se presenta antes que todo quede absolutamente negro!»

—¡Muchas gracias por darme ánimo, papá! —me dijo mientras nos reíamos juntos.

Cuento esta historia porque ilustra muy bien el centro del mensaje que quiero comunicar en este capítulo. Porque así como Greg se encontró en medio de una crisis que le quitó mucha de su energía, cualquiera de nosotros podemos experimentar una crisis parecida en cualquier momento. Si la crisis ocurre en una de las áreas más importantes de nuestra vida, como el trabajo, el matrimonio, los hijos, o nuestro lado espiritual, podemos sufrir pérdida *masiva* de energía emocional y mental. En el caso de Greg, ya estaba haciendo algo que le permitió recuperarse rápidamente de la crisis y disponer de fuerzas y habilidad para seguir adelante.

Desde luego que hay una forma para superar una crisis y recuperar el equilibrio con prontitud. Resultó para Greg y puede resultarle a usted. Permítame explicarle. Greg experimentó una crisis en el área profesional de su vida. En el momento, el fracaso lo dejó vacío, lo frustró, lo hizo experimentar dolor y lo desanimó. Pero en otras cuatro áreas importantes de su vida, él estaba bien. Como esposo, su matrimonio era sólido y satisfactorio. Como padre, tenía una excelente relación con su hijo. Y espiritualmente, sentía que estaba en buena relación con Dios. Como amigo, tenía varios de ellos que podrían estar a su lado en cualquiera circunstancia.

Debido a que estas otras áreas importantes de su vida andaban bien, pudo establecer un balance en su crisis profesional. En otras palabras, en las otras cuatro «canastas» de su vida, la realidad estaba relativamente próxima a sus expectativas. Recuerde, mientras más pequeña es la brecha entre lo que esperamos y lo que en realidad ocurre, más fuertes nos mantendremos. Para Greg, cuatro áreas en su vida mantuvieron a flote sus bríos y le proveyeron una reserva adicional de energía que le ayudó a superar la crisis. No mucho tiempo después de haber sufrido la dificultad más grande de su vida, se encontraba lleno de optimismo y listo para enfrentar su próxima oportunidad de hablar en público.

¿Cómo puede protegerse usted de la pérdida masiva de energía? El resto de este capítulo le ofrece protección y más: He aquí cómo puede reabastecerse de energía.

## Tres formas de equilibrar su vida

Especialmente los hombres de mediana edad necesitan entender la importancia de un equilibrio en la vida. El desequilibrio es una de las mayores causas de crisis en la mediana edad; cuando las expectativas de una carrera profesional no están realizadas, mucha gente pierde la visión y la esperanza del futuro.

### 1. Identifique sus prioridades

Imagínese que su vida es un huerto de hortalizas grande y exuberante. (Entiendo que al principio esto puede sonar extraño, pero créame, el cuadro en palabras le ayudará a entender mejor estos conceptos que han sido de un tremendo beneficio para mí y para miles de otras personas.) Cada tipo de hortaliza representa una parte de su vida. Por ejemplo, las zanahorias son su relación con su cónyuge. Los pepinos son su rol como padre, o madre, hacia sus hijos. La lechuga es su carrera profesional, cualquiera que ella sea. Las arvejas son los miembros de su grupo familiar. Los tomates son sus amistades. Luego añada sus pasatiempos, su trabajo voluntario, sus responsabilidades como dueño de casa...

Lo que estoy tratando de decir puede parecer tan obvio que quizás usted se sienta tentado a saltar hasta el próximo subtítulo, pero le sugiero que siga conmigo. La mayoría de nosotros entiende esto intelectualmente, pero *actuamos* olvidándonos de lo obvio: Usted no va a tener un huerto que le satisfaga a menos que plante diversas variedades de vegetales. Y una vez que las haya plantado, necesita alimentarlas cuidadosamente si finalmente querrá disfrutarlas en la mesa. Si a algunas partes les echa demasiada agua o mucho fertilizante y descuida completamente otras, lo más probable es que el resultado sea un huerto enfermo.

He descubierto que para mantener el vigor y el amor por la vida aun en tiempos de crisis, por lo general necesitamos por lo menos cinco «hortalizas saludables».

Para ayudarle a encontrar las cinco partes más importantes de su propio huerto, tómese algunos minutos ahora mismo para pensar sobre las partes más importantes de su vida. ¿Cómo completaría esta frase? Soy un ______________. Siga con sus cinco primeras respuestas. Cuando a través del país le pido a la gente que complete esta pregunta, las respuestas más frecuentes incluyen:

Soy un esposo(a)
Soy un padre
Soy un amigo
Soy una persona espiritual
Soy un hijo(a)
Soy un [nombran su profesión]
Soy un [nombran su pasatiempo]
Soy un hombre o una mujer [físicamente hablando].

Algunas de estas son mis propias respuestas, y también pueden ser las suyas. Cualesquiera sean sus cinco «Yo soy», escríbalas, así:

*Yo soy un:*

1. ____________________________________________
2. ____________________________________________
3. ____________________________________________
4. ____________________________________________
5. ____________________________________________

Observe su lista y ubique sus cinco áreas clave por orden de importancia. Primero, la más importante; luego, la que le sigue, y así sucesivamente.

¿Por qué le he pedido que identifique cinco áreas y no solamente una o dos? Es por el principio llamado *diversificación*. Un inversionista sabio distribuye su dinero, lo diversifica, en una cantidad de inversiones diferentes. De esa forma, si una o dos fallan, su resultado global puede ser ayudado por aquellas áreas donde los negocios han ido mejor. Si por el contrario invirtiera en un solo lugar, y los negocios se van en picada, puede perderlo todo.

Probablemente usted haya oído o leído sobre la gran hambruna que hubo en Irlanda en los años de 1800. Más de un millón de personas murió de hambre. ¿Por qué? Por falta de diversificación. Debido a las condiciones de clima y del terreno, floreció el cultivo de papas y la población campesina redujo su alimentación a una dieta de papas y algo más. Pero cuando un hongo atacó año tras año las cosechas que les proveían el sustento, aquel pequeño país se murió de hambre.

Igual y desafortunadamente, algunos de nosotros nos hacemos vulnerables en nuestras vidas personales al no diversificar nuestros intereses. Cuando una parte de nuestra vida es «atacada por un hongo», quedamos expuestos a la inanición emocional.

Si concentramos toda nuestra energía y esfuerzos en solo una o dos áreas de nuestra vida; por ejemplo, nuestra carrera profesional y un pasatiempo, y algo sale mal, corremos el riesgo de ser afectados emocional, espiritual y físicamente. Pero si tenemos cinco áreas prioritarias y un problema surge en una o dos de ellas —como por ejemplo, dar una conferencia desastrosa, lo que nos hace preguntarnos si alguna otra vez nos invitarán a hablar— nuestro bienestar en las otras áreas puede sostener nuestros bríos y restaurar nuestra energía.

Si usted está completamente involucrado en un aspecto de su vida, y esa área se derrumba, es posible que llegue a sentirse como Gene, aquel dueño de un pequeño negocio que se suicidó. ¡Qué triste es pensar en todos los hombres y mujeres que pueden identificarse con aquella depresión provocada por una crisis profesional! Si se identifica con este dilema, es tiempo de diversificar, de dar atención a las otras áreas clave de su vida.

¿Por qué le sugiero que haga una lista de solo cinco áreas clave? Aunque la vida ofrece muchas cosas buenas, he descubierto que hay solo unas pocas cosas más importantes y mejores. Estas son las hortalizas que merecen y requieren mi más dedicada atención.

La necesidad de concentrarnos en las prioridades más importantes se puede ilustrar visualmente. (He hecho esta demostración ante las audiencias que asisten a mis seminarios.) Tome dos jarros grandes del mismo tamaño. Llene uno completamente con arroz no cocinado. Cada grano de arroz representa una de muchas cosas buenas que pueden ser parte de nuestras vidas. El otro jarro está lleno casi hasta el borde, con nueces aún en sus cáscaras. De estas hay mucho menos, y representan las áreas más importantes de nuestras vidas.

Si trata de poner las nueces en el jarro que ya está casi lleno de arroz, va a poder poner solo unas pocas nueces. Sin embargo, y esto parece casi como un truco de ilusionismo, si pone el arroz que prácticamente está lleno de nueces, ¡verá que cabe todo el arroz! Ante sus propios ojos, el arroz llenará todos los espacios, debajo, alrededor y encima de las nueces.

Este es el punto: Si llenamos nuestras vidas y damos la mayor parte de nuestro tiempo y energía a incontables cosas buenas y meritorias (el arroz) no vamos a disponer de mucho espacio para lo que es verdaderamente importante. Pero si nos dedicamos primero a aquellas cosas que merecen la mayor importancia (las nueces) vamos a descubrir que también podremos disfrutar de muchas otras cosas buenas. Serán como un elevador de energía extra.

### *2. Compare las expectativas con la realidad*

Por ejemplo, si los «pepinos» que representan sus relaciones con los hijos pudieran hablar, ¿que dirían? ¿Le dirían: ¡Oye, estás haciendo un gran trabajo! ¡Realmente reconocemos toda tu atención y cuidado!»? ¿O dirían: «¡Oye, nos estamos muriendo! ¡Hace días que no nos echas agua!»?

Usted ha nombrado cinco áreas principales de su vida, maneras en las que se identifica usted mismo. En virtud de identificar estos «yo soy» como de alta prioridad, admite que estas partes de su huerto son importantes para usted. Y si son importantes para usted, son áreas en las cuales querrá hacer lo mejor. Ellas encierran sus «más altas esperanzas». Estas grandes expectativas de vida proveen los momentos más felices de nuestra vida. Pero también nos llevan a las más grandes decepciones, cuando las expectativas no concuerdan con la realidad. Y esa sima entre las expectativas y la realidad significa crisis.

Piense en la desastrosa primera conferencia de mi hijo Greg. ¿Por qué aquello llegó a ser crisis? Porque sus metas profesionales, consejería y conferenciante, son muy importantes para él. Quiere realmente llegar a hacer siempre lo mejor y empezar a hacerlo bien desde la primera vez. Después de todo, se había preparado duro para ser un buen conferenciante, había trabajado duro para llegar a desarrollar una buena oratoria y luego había trabajado aún más duro para memorizar todo cuanto iba a decir. Todo se veía positivo para un increíble primer compromiso como conferenciante.

Y de pronto se encontró corriendo contra una pared de ladrillos llamada *realidad*.

Lo que Greg realmente experimentó fue muy diferente de lo peor aún que había esperado. Como ya hemos mencionado: mientras más ancha la brecha entre lo que esperamos y la realidad de lo que experimentamos en cualquiera área de nuestra vida, mayor será el potencial para desanimarnos y fatigarnos.

¿Cuál es el segundo paso para conservar alta la energía emocional y mental en el proceso de superar las crisis? Bajar el ritmo y comprobar, le dará a su vida una verificación real. ¿Cómo se comparan sus expectativas con las realidades de su vida? ¿Cuál es el estado en que se encuentra su huerto? ¿Cómo está cada parte? El hortelano eficaz tiene que inspeccionar casi diariamente todas las áreas de su huerto.

Otra forma que ayuda a visualizar esto es imaginar que cada una de estas cinco áreas principales de su vida tiene su propio termostato. Usted puede fijar la temperatura en unos confortables 70F (ó 21C) en, digamos, el área de su matrimonio. En otras palabras, desarrolla un conjunto de expectativas agradables, confortables y satisfactorias. Por un tiempo, todo parece ir de maravillas. Sin embargo, de pronto, empieza a darse cuenta que su hogar no es todo lo cálido que esperaba que fuera. Es más, se está poniendo más y más frío, hasta el punto que tiene que ponerse un suéter.

¿Cuál es el problema? El problema es que usted se pasa corriendo todo el día sin tomarse tiempo para mirar el *termómetro* en la pared. Y la verdad es que la realidad de su matrimonio no está alcanzando a sus expectativas presentes. Recordar dónde fijó el termostato no es suficiente. También necesita mirar el termómetro para comprobar la temperatura, la cual pudo haber descendido hasta unos 60F (16C). La brecha entre la temperatura que usted espera y la temperatura real es una crisis que le drenará energía cada día. Y esa pérdida de fuerzas continuará mientras no se percate del problema.

Hay una teoría que ayuda a explicar esta circunstancia y nuestra necesidad de «constatar la temperatura». Se dice que el cerebro humano trata... siempre trabajando, de cerrar la brecha entre la expectativa y la realidad.[2] Para reconciliarlas de algún modo, el cerebro trabaja febrilmente. Si esta teoría es verdad, entonces es obvio que mientras más allá de nuestras expectativas esté nuestra realidad, más duro tiene que trabajar el cerebro para tratar de unirlas, lo que le consume muchísima más energía. Y en una crisis, cuando las expectativas y la realidad son muy diferentes, es posible observar cómo se escapa la energía de una persona.

Parte del proceso de comprobar la realidad *versus* las expectativas puede hacerlo mirar hacia atrás, a la forma en que ha establecido el orden de importancia de las partes de su vida. ¿Está su vida de hogar provocándole tensiones, debido a que está pasando demasiado tiempo en la oficina y, en consecuencia, distanciándose de su esposa e hijos? Si tal es el caso, observe sus prioridades. Cuando se percata de ellas, debe preguntarse si su trabajo es más importante que su familia.

Años atrás, me vi forzado a revisar mis prioridades: mis expectativas *versus* mi realidad. Como muchas otras personas, me había dejado atrapar por mi carrera profesional. A través de un trabajo de servicio relacionado con la iglesia, estaba ayudando admirablemente a otros. Con orgullo, decía cuán bien estaba proveyendo para mi familia. Excelente. Grandioso. Solo que había un problema: En el proceso estaba descuidando las necesidades emocionales y relacionales de mi esposa y de mis hijos, los que tenían una más alta prioridad que mi trabajo. (Si me hubieran preguntado, habría dicho que ellos eran mi primera prioridad. Habría dicho que quería ser un buen esposo y padre. ¿Pero en la realidad? Bueno...)

Finalmente, cuando nació nuestro hijo Michael, fui forzado a enfrentar la situación. Además del trabajo extra que produce la llegada de otro hijo, Michael trajo tensiones extras toda vez que nació con problemas médicos severos que amenazaban su vida.

Ahora, ¿quién cree usted que estaba sufriendo la mayor pérdida de energía durante este período? Correcto. Norma, mi esposa. Con toda razón ella esperaba que su esposo estuviera a su lado, ofreciéndole apoyo emocional y alguna ayuda extra con los otros niños mientras cuidaba a Michael. Pero yo seguía en la oficina, absorbido por mi trabajo, imponiendo una realidad muy diferente de lo que ella esperaba y necesitaba.

Este problema se mantuvo por algún tiempo, pero gradualmente me di cuenta de lo que ocurría y cómo mi atención estaba centrada casi exclusivamente en mi trabajo. Así es que decidí que de alguna manera tendría que alejarme de mi trabajo y dar más tiempo y energía a mi familia. Tuve que buscar un mejor equilibrio en las áreas más importantes de mi vida. Y, con algún esfuerzo, eso fue lo que hice.

Observe, no es que yo haya empezado a mejorar mi equilibrio por ser algo maduro como esposo o padre. En lugar de eso, Norma tranquilamente me confrontó un día y me dijo que o la ayudaba o tendría un total quebrantamiento de nervios. En mi línea de trabajo, aquello no era nada favorable.

Hasta este día le digo a Michael, que ahora es un adulto saludable:

«Tú me trajiste de regreso a nuestra familia». Para mi sorpresa, también encontré que podía seguir siendo efectivo en mi trabajo a pesar de haber hecho de mis amados una más alta prioridad. Podría decirse que en algunos sentidos, reorganizar mis prioridades me hizo *más* efectivo en el trabajo.

Tendría ejemplo tras ejemplo de mi propia experiencia acerca de la necesidad de constatar sus expectativas en relación con la realidad. Otra que se mantiene firme en mi mente es el área física de mi vida. Mis expectativas son que soy un cincuentón saludable con una larga vida por delante. Salvo por una pequeña realidad: Como dije en un capítulo anterior, los hombres en la familia Smalley tienen una tendencia a desarrollar problemas del corazón. Otra pequeña realidad: Unos pocos años atrás, el mejor símbolo para representar mi cuerpo habría sido una «dona».

¿Capta el cuadro? Así era yo. En uno de mis exámenes periódicos vi aquel cuadro del *Titanic* que mencioné al comienzo de este libro. Y a partir de allí, el médico, gráficamente, me advirtió sobre el peligro de ignorar las señales de advertencia.

Me puso donde quería que estuviera. Anteriormente me habían advertido que cambiara mi dieta, hiciera más ejercicios y mantuviera el colesterol bajo control. Estaba tomando algunas píldoras y haciendo ejercicios casi cada día, pero considerando los resultados de los exámenes y el contorno de mi cuerpo, era obvio que aquello no dio resultados. ¿Cuántas advertencias necesitaría antes de hacer cambios saludables y definitivos? Físicamente, quería ser lo más fuerte posible y vivir una larga vida. Afortunadamente, esta vez consiguió que le hiciera caso y me hizo aflojar el paso y velar cuidadosamente por esta parte de mi vida. Doblé la medicación y llegué a tener más confianza en mis ejercicios y hábitos de comida. He estado haciendo esto con el apoyo de algunos amigos cercanos. Necesito el respaldo de un «equipo» que trabaje conmigo y ser responsable ante ellos.

Cuando en mi vida física comparé mi termostato con el termómetro, vi que estaban muy distanciados el uno del otro. Y eso, a su vez, me llevó al tercer paso que todos necesitamos dar para llegar a tener y mantener nuestro huerto saludable, nuestras vidas en balance y nuestra alta energía.

### 3. *Ajuste sus expectativas con su realidad*

Se dice que si usted se mantiene haciendo las cosas que ha venido haciendo, puede esperar que seguirá obteniendo los mismos resultados que ha venido logrando. Yo necesitaba aprender de nuevo eso en mi vida física. No podía seguir disfrutando de los hábitos de un «hombre dona» y pretender que mi nivel de colesterol y otros indicadores de la salud se movieran en la dirección correcta. Gradual pero firmemente, necesitaba cambiar tanto mis expectativas como mi realidad.

¿Cambiar mis expectativas? Sí. Un cuerpo de cincuenta años no es un cuerpo de veinte, aun prescindiendo del historial médico de mi familia.

¿Cambiar mi realidad? Sí. Aun a los cincuenta puedo cambiar los hábitos que prueban afectar la salud de mi corazón. Esta idea se aplica en cualquier área de tensión potencial. Y hay varias formas prácticas y funcionales para cambiar hábitos.

Un matrimonio lleno de tensiones es una de las más grandes experiencias sobre consumo de energía con la cual tropiezan la mayoría de los adultos. Recuerdo la cantidad de veces que Norma y yo hemos estado fuera de forma. Es sorprendente la rapidez con que el tono de nuestra relación se oscureció. En un momento las cosas se veían maravillosas, y de repente, estábamos envueltos en una furiosa discusión sobre algún problema de categoría mundial, tal como: «Qué va, ¡tú no dijiste eso! Tú dijiste que lo que querías era detenerte y comer *allí*, así es que mi boca se ha estado haciendo agua por probar su especialidad. ¡Con qué rapidez cambias de opinión!»

Una mañana nos encontrábamos en nuestra casa móvil saliendo de Prescott, Arizona. Quería desayunar en cierto restaurante donde Norma había estado de acuerdo en detenernos, pero cuando nos acercábamos, ella recordó otro lugar y me pidió que mejor fuéramos allí. Pronto nos encontramos metidos en una discusión que duró tres horas, donde nos dijimos toda clase de cosas que no tenían nada que ver con el desayuno. Para decir lo menos, la «discusión» abrió una brecha entre expectativas y nuestra realidad marital. Después que comimos en un restaurante que a ninguno nos gustó, volvimos al camper y decidimos reexaminar el área del matrimonio en nuestros respectivos «huertos».

Estaba hecho pedazos y me sentía como si todos nuestros esfuerzos por ser una pareja amorosa hubiesen sido barridos por un torrencial aguacero de tres horas de duración. Nunca lo lograríamos. En medio de esta clase de crisis, mi personalidad tiende a ver solo lo negativo, pero Norma tiende a poner las cosas en una perspectiva más realista. Recuerdo que ella dijo: «Solo fíjate en todas las cosas grandes que hay entre nosotros y esto es solo una pequeña manchita en el ámbito de todos los años que hemos estado casados». Ese arte en poner nuestras expectativas y realidad juntas me dio más energía para continuar el análisis.

Echamos una mirada a las expectativas y a la realidad. ¿Eran nuestras expectativas poco realistas? ¿Era la realidad tan mala como se veía? En lo que se refiere a la realidad, Norma había ayudado a clarificar que nuestra relación no había naufragado. Me ayudó a hacer uso de algunos de mis propios consejos: Evita los pensamientos extremos. No te desesperes, que el cielo no se está cayendo.

Y en cuanto a las expectativas, decidimos que algunas de ellas en relación con nuestro matrimonio, que siempre habría paz entre nosotros, no eran ni prácticas ni realistas. No hay pareja que pueda vivir día a día sin algún desacuerdo o incluso conflictos más serios. Los conflictos son inevitables, e incluso pueden ser necesarios, como lo veremos en el capítulo trece. Aun si una pareja no puede superar los problemas en unos pocos días, está bien. De modo que tuve que desarrollar nuevas expectativas, algunas que fueran más pragmáticas. Y debemos recordar:

**El amor para toda la vida no ve la ruina en cada brecha entre las expectativas y la realidad.**

Mientras conducía por la carretera, evaluamos nuestro matrimonio y empezamos a hacer una lista de cosas que esperábamos recibir y lo que creíamos que sería aceptable para una relación mutuamente satisfactoria. Y es sorprendente cómo solo por hablar y ponernos de acuerdo sobre estos asuntos maritales básicos, nuestros niveles de energía y amor por la vida y del uno por el otro han aumentado.

Recuerde, es la brecha entre lo que esperamos y lo que obtenemos lo que nos roba las energías. Cuando nuestra experiencia se aproxima a lo que esperamos, nos sentimos más fuertes y más satisfechos. Eso refuerza nuestra capacidad para seguir amando. Pero a menos que hablemos de estas cosas y saquemos las expectativas a la superficie, nuestro cónyuge no va a conocer nuestros deseos, y podremos vernos enfrentando una brecha, entre los deseos y la realidad, que nos robe la energía.

Si usted descubre que sus expectativas y su experiencia no encajan bien en una área particular de su vida, necesita determinar si va a tratar de cambiar las expectativas, o la realidad (o ambas). En mi propia vida, a menudo he encontrado que cuando me tomé el tiempo para observarlas, mis expectativas fueron poco realistas y tuve que ajustarlas. Lo que quería no era enteramente razonable. Pero en otros tiempos, había visto que eran cosas que podría hacer para mejorar mi realidad y llevarla más cerca de mis deseos.

Cuando sus expectativas en cierta área involucren a otras personas, una buena manera de asegurarse que esas expectativas se ajusten a la realidad es hablarles sobre lo que concierne a ellos.

Muchas esposas, por ejemplo, quisieran oír a sus esposos decir más a menudo: «Te quiero». Sin embargo, muchas de esas mismas esposas pasan años sin decirle a sus esposos lo que ellas les gustaría. En lugar de ponerse bravas con sus esposos, esas mujeres pueden o disminuir sus expectativas o mejor aún, hablar con ellos sobre la necesidad de oír estas dos palabras mágicas. Los resultados pueden ser una realidad más rica, un matrimonio más fortalecido, mejor habilidad para resistir las crisis de la vida y mayor gozo y energía para toda la familia.

En mi propia familia, hace años decidimos escribir una constitución familiar para dejar dicho lo que razonablemente esperamos de cada uno. (En el capítulo nueve usted podrá leer más detalles sobre esta idea.) En el proceso de escribir esta constitución, tuvimos que hablar de todas las expectativas que cada uno tenía y que pensaba que traería una mutua satisfacción familiar. Cuando por fin terminamos y empezamos a llevarla a la práctica, estábamos muy contentos porque todos sabíamos qué esperar de nosotros y por lo general estábamos haciendo un buen esfuerzo para cumplimentar con esas expectativas. No era perfecto, pero comunicándonos y expresando nuestras expectativas abiertamente fue un gran paso en la dirección correcta.

## La mejor manera de cambiar

Antes de concluir este capítulo, quisiera atraer su atención a cuatro maneras sencillas que he encontrado que son efectivas para ayudarme a «permanecer en el curso» de cambios permanentes.

Primero, me gusta leer algunos de los mejores libros que se recomiendan sobre el tema y que tenga a mano. Segundo, busco a uno o dos expertos y analizo el asunto con ellos. Simplemente les explico mis metas y les pido que me ayuden en el proceso de cambio. Luego, busco a otras tres o cuatro personas que tengan la misma meta, y nos reunimos por algunos meses para darnos mutuo apoyo y, lo que es más importante, responsabilidad. Por ejemplo, en estos días estoy finalizando algunos meses con Cuida Kilos. Es el sistema que me hace perder peso. Los otros en la sesión son todos apoyo, lo que hace más fácil la experiencia de cambios permanentes. Finalmente, pero por cierto no menos importante, siempre busco las fuerzas y las recibo cuando miro a Dios en fe. Cada uno de estos cuatro recursos me han dado la capacidad de mantenerme avanzando y creciendo. Me ayudan a cerrar la brecha entre las expectativas y la realidad.

## Siempre es su decisión

Si decide dar los tres pasos descritos en este capítulo, deberá hacer dos cosas: Mantener más de su energía interior en medio de sus crisis reales o potenciales. Y cuando la crisis inevitable se presente (en este mundo, nunca las expectativas y la realidad estarán completamente equiparadas), su vida equilibrada lo protegerá de la ruina completa. Cuando una crisis ataca en una área, la fortaleza en otras partes clave de su identidad proveerán un equilibrio que pronto le restaurará su energía y su *joie de vivre*.

En el capítulo cuatro sugiero una lista de sus atributos personales. Identificar cinco «yo soy» ha sido clave en el capítulo cinco. En el capítulo que sigue veremos un aspecto más de la pregunta «¿quién soy yo?», esta vez hecha en términos de «¿quién soy yo separado de ti?» Es una pregunta difícil, que puede detener a otros en el intento de robarle la satisfacción por la vida y que puede ayudarle a enriquecer las vidas de los demás.

## Principios del amor para toda la vida

25. El amor para toda la vida está protegido cuando crece en un huerto diversificado.
26. El amor para toda la vida identifica y fomenta cinco preocupaciones prioritarias.
27. El amor para toda la vida inspecciona la vida, para comparar las expectativas con la realidad.
28. El amor para toda la vida disminuye las tensiones de la vida reduciendo la brecha entre las expectativas y la realidad.

# 6

# Mi responsabilidad es evitar causar daño

*Esa larga frontera [canadiense] desde el Océano Atlántico hasta el Pacífico, guardada solo por el respeto entre vecinos y compromisos honorables, es un ejemplo para todos los países y un patrón para el futuro del mundo.*

Winston Churchill[1]

Si tuviera que hacer que usted solo leyera un capítulo de este libro, haría que leyera este. La razón por la cual estoy tan seguro es porque en los últimos diez años, el concepto central de este capítulo ha hecho más que cualquiera otra cosa por cambiar mi vida: mi actitud positiva, la actitud de mi esposa y la salud de nuestra vida juntos. Permítame señalar una situación desastrosa que nos despertó a una importante verdad relacional: Cuando unos a otros nos estamos causando daño y frustración, ambos estamos en falta. Y ambos tenemos responsabilidad por mantener y respetar los límites con la actitud del buen vecino.

## Cómo arruinar un gran día

Hace un par de años, Norma y yo estuvimos en Hawai con un grupo de nuestro personal para tener un seminario. Norma estaba excitadísima con la playa, el sol, el descanso. Yo también, siempre disfruto el estar allí sea para hablar o simplemente para descansar, de modo que ambos llegamos con un excelente estado de ánimo. Y entonces, volví a hacerlo: algo que había hecho repetidas veces en nuestra vida matrimonial.

Habíamos llegado un sábado y ahora era lunes por la mañana. Nos despertamos temprano, cerca de las seis de la mañana, y a medida que empezaba a levantarme, me decía: *Oye, estamos solos, y hace tiempo que no hacemos un buen análisis. Ambos hemos estado muy ocupados. ¡Quizás ahora sea el tiempo apropiado!*

Así es que miré a Norma y le dije:

—¿Qué tal si trabajamos por una hora o algo así en nuestras metas matrimoniales para el año que viene? Esperaba que la idea le encantara. Periódicamente analizamos nuestro futuro, nuestra versión de verificación que mencioné en el capítulo anterior. Analizar metas nos ayuda a mantener en línea las expectativas y la realidad.

Pero me contestó:

—¡No! No me siento motivada a trabajar en eso hoy.

La palabra **no** no es una de mis expresiones favoritas, de modo que insistí.

—Mira —le dije—, hace tiempo que no tenemos esta clase de sesión. Siempre estamos rodeados de gente, pero aquí estamos solos por unos momentos. ¿Qué te parece? Vamos a trabajar.

—¡No! Realmente no quiero hacerlo esta mañana —volvió a decir ella.

Ahora, su rechazo empezó a afectarme. Pensé: *¡Un momento! Estoy en el negocio de trabajar con matrimonios y debemos estar seguros que el nuestro marcha como debiera.* De modo que traté de nuevo:

—Solo vamos a dejar planteadas nuestras metas —le dije—. Cuando volvamos a casa, podremos hablar más extensamente.

Norma seguía desinteresada y empezaba a sentirse un poco molesta. Entonces, ¿qué hizo el consejero matrimonial y conferenciante en seminarios? Para mi vergüenza ahora, arremetí contra su voluntad y dije en voz baja unas pocas palabras escogidas que ella no entendió, pero que la hicieron ceder. Tuvimos nuestra sesión, es cierto, pero todo el tiempo fue evidente que no trabajamos en nuestras metas relacionales.

¿Por qué no reconocí que estaba haciendo algo equivocado? Francamente, no estoy seguro. Sé que estaba convencido que el tema era importante y que necesitábamos hablar sobre él. En ese momento, incluso creía que se estaba volviendo algo urgente, pero había pasado mucho tiempo desde que nos habíamos tomado el tiempo para revisar nuestras metas. Quizás hasta pensaba: *Hoy día es difícil, pero a veces las cosas de la vida son difíciles, y usted tiene que forzar a su cónyuge a hacerlas.* En cierto sentido, eso suena bien, ¿no le parece?

Pero no importa lo que estaba pensando, después de un par de horas tensas de análisis, el malestar de Norma fue inconfundible. Respecto de cualquiera cosa, ella es conmigo realmente abierta y sincera, lo cual aprecio, pero esta vez estaba adolorida.

—¡Esto es grandioso! —me dijo—. Hoy es el día en que Terry [uno de los miembros de nuestro personal] va a pedirle a Janna que se case con él. Se supone que debe ser un día feliz, de fiesta.

Esto me llevó a darme cuenta que había estado indisponiéndola emocionalmente con nuestra conversación forzada. *Seguro, Gary Smalley*, pensé, *¿por qué tuvimos que llegar tan lejos?* Sabía que ella saldría del cuarto, el personal y nuestros niños le echarían una mirada y me preguntarían: «¿Qué le hiciste?»

Efectivamente, poco después que se fue a desayunar sin mí, la historia se supo y mi hijo Greg fue el primero en venir y decirme:

—Papá, ¡no puedo creer que hayas hecho eso! Tú y yo somos consejeros, ¿verdad?... —y así por el estilo.

Otra de las esposas vino también y me dijo:

—¡Nos arruinaste el día!

Se puede imaginar cómo transcurrió ese día para mí. Norma y yo prácticamente no nos hablamos. Traté de ser amable con ella, hacer chistes y darle un poco de calor a las cosas, pero nada resultó. Ella simplemente no estaba lista para reaccionar.

Esa noche, Terry colocó un gran anuncio en el balcón de su cuarto, en el que le pedía a Janna que se casara con él. Podía verse desde bastante lejos, incluso desde más allá de los límites del hotel, y Janna lo vio y dijo que sí. Todos estábamos muy entusiasmados y de muy buen ánimo, incluyendo a Norma. Pensé: *Qué bueno. Está disfrutando. Todavía hay esperanza para mí. Me quedan solo cuatro días para mi seminario matrimonial.*

Poco después, todo el grupo decidió espontáneamente salir a tomar helados. Había mucha alegría y, en la heladería, anuncié a todos los presentes:

—¡Oigan todos, esta pareja acaba de comprometerse!

Todo el mundo gritó vivas y la gerente dijo:

—¡Muy bien! ¡Helados gratis para todos!

Después que nuestro grupo terminó de servirse sus helados, me dirigí a la caja tratando de pagar, pues no estaba seguro que la gerente hubiera dicho que todo era gratis. Pero ella me pasó por alto durante un momento, y miró a Terry y a Janna.

—Escuchen —les dijo—, no los conozco, pero me gustaría darles algunos consejos matrimoniales. Se está anunciando en estos días por la televisión a un tipo llamado Gary Smalley. Este señor está vendiendo una serie de videos sobre el matrimonio. Yo la compré y realmente me ha sido de mucha ayuda. Pienso que les puede ayudar a ustedes también. Deberían comprarla antes que se casen.

Janna me miró y yo la miré. Sabía lo que estaba pensando: *Gary, esto es obra tuya.* Y antes que pudiera decir una palabra, moví la cabeza y le dije:

—No, te juro que soy inocente.

Janna, entonces, se volvió a la gerente y le dijo:

—¿Sabe quién es este señor que está tratando de pagar la cuenta?

—No —respondió la mujer—, ¿quién es?

—Es Gary Smalley.

La mujer me miró fijamente por unos segundos y luego en su rostro se dibujó una amplia sonrisa. Salió de la caja, vino hasta donde estaba y me dio un gran abrazo. Fue una escena hermosa. Pero el remache vino al salir, cuando Norma me pasó el brazo por sobre los hombros y me dijo:

—¿No crees que debías comprar esos videos?

Ese día, las cosas cambiaron en mi vida. El desastre nos ayudó a Norma y a mí a ver un patrón malsano en nuestras vidas y en nuestras relaciones. No habíamos entendido con suficiente claridad la importancia de las fronteras personales. Hoy, puedo ver claramente que estaba equivocado al forzar a Norma a analizar algo de lo cual ella no estaba preparada a hablar aquella mañana. Cometí un gran error. Y ella también. Y el patrón que vivimos aquella mañana se repite hogar tras hogar a través del mundo.

Mi error fue irrumpir en la vida de Norma sin su permiso. Si usted es un «Gary», en este capítulo le voy a dar un método que puede evitar que haga la misma cosa con su esposa u otras personas.

El error de Norma fue haberme dejado entrar. Para las «Normas» que haya por ahí, les voy a dar un consejo práctico para evitar que otros vengan a crear tormentas en sus vidas.

## ¿Qué es eso de fronteras?

Permítame contestar esta pregunta con otra: «¿Sabe dónde termina usted y comienzan los demás?» La pregunta no tiene que ver con cuerpos físicos o epidermis. Tiene que ver con nuestro ser emocional. Piense en que usted tiene una línea de propiedad invisible alrededor suyo. Imagínese que un topógrafo pusiera estacas para marcar dónde comienza usted y dónde termina. Dentro de la línea de propiedad está todo lo que lo hace ser: su personalidad, sus virtudes y defectos, sus metas y sueños, las diversas partes que componen su vida, como el huerto del cual hablamos en el capítulo anterior. Ese huerto tiene una línea de propiedad alrededor, pero debido a que esa línea es invisible, es posible que otros no sepan dónde se encuentra, si la están cruzando o si ya la han cruzado, a menos que usted les diga dónde está la línea.

La mayoría queremos que los demás respeten nuestras líneas de propiedad y no queremos que entren a nuestros huertos a menos que se lo permitamos. A este concepto lo llamo: «No se reciben visitas sin autorización». En resumen, queremos que la gente respete lo que somos y nos vea como separados de ellos, pero al mismo tiempo como una parte querida de ellos. Queremos que respeten los pensamientos y valores que hemos escogido y que reflejan nuestros más íntimos yoes, la parte en nosotros que es única y especial, como una huella digital.

Para reducir malos entendidos en este punto, sepa que no estoy sugiriendo que un esposo y esposa deban levantar vallas entre ellos y/o los hijos. No estoy hablando de erigir barreras de modo que los demás no puedan acercarse. Definitivamente respaldo la enriquecedora idea según la cual un hombre y una mujer pueden llegar a ser «una sola carne» después del matrimonio. Pero la *unidad* no significa que un cónyuge tenga que dominar al otro o que el más fuerte controle al más débil. Tampoco estoy sugiriendo que una persona tímida debe usar este concepto para mantener alejados a los demás.

Lo que estoy tratando de decir es que cada uno de nosotros, casados o solteros, somos personas únicas e individuales, dignas de dos clases de respeto: (1) Respeto de los demás. Los demás deberán tratarnos como personas separadas con nuestras propias virtudes y defectos, sentimientos, esperanzas y gustos. Otras personas no deberían cruzar la línea de nuestra propiedad a menos que los invitemos a hacerlo. (2) Respeto de nosotros mismos. Necesitamos sentirnos fuertes y suficientemente enteros como para decirles a los demás que están violando y hollando nuestro huerto.

Cuando la gente en forma insensible se empeña en pasar a través de nuestros límites personales, nos sentimos muy incómodos, frustrados, heridos y, como resultado de todo eso, furiosos. Si alguna vez se ha dado cuenta que ha cargado con una ira no resuelta y profundamente arraigada, quizás se deba a que alguien metió un bulldozer en su huerto. Si aquello ocurrió cuando usted era joven, era particularmente vulnerable e indefenso. Es posible que alguien esté violando su propiedad ahora mismo. Y usted siente que esas violaciones no las puede controlar. Pero hay esperanza.

Vamos a ver más de cerca cómo trabaja esta dinámica: primero, mi tendencia a irrumpir con mi bulldozer y luego la tendencia de Norma a no defender su propiedad de intrusos.

## Confesiones de un bulldozer

¿Ha deseado algo, durante toda su vida, pero siempre pensó que nunca lo lograría, y luego, de repente, su sueño se hizo realidad? Eso es lo que me ocurrió, y fue grandioso... por un rato.

Mi sueño era manejar un inmenso y potente bulldozer amarillo y abrir con él mi propio camino. No recuerdo que cuando niño haya jugado con bulldozers de juguete, o algo así, pero ese sueño era viejo y profundo.

Mi oportunidad llegó cuando mi esposa y yo compramos una pequeña finca. Y he aquí que necesitaba construir un camino de unos cien metros de largo en medio de algunos árboles. Me puse en contacto con el dueño de un bulldozer y fijamos día y hora para que viniera y trabajara en mi camino.

El día señalado, empecé a tragar saliva cuando vi aquella gigantesca maquinaria en mi propiedad, conducida por un tipo corpulento y entrado en años. Pensé: *Ahhhh, ¡cómo me gustaría conducir ese bulldozer! Pero no creo que me lo permita. ¿Cuántos cientos de miles de dólares habrá invertido en él?*

El tipo sacó el bulldozer del trailer donde lo había traído y echó a andar el motor. La tierra se estremeció, el aire se llenó de humo ¡y volví a ser un niño!

Pensé que era ahora o nunca. Si alguna vez iba a tener una oportunidad de cumplir mi sueño, simplemente tendría que pedirlo. Además, ¿qué se perdía con intentarlo?

—Perdóneme —le dije—, pero me gustaría hacerle una pregunta antes que empiece. ¿Habría alguna forma... quiero decir, solo me estaba preguntando... me permitiría conducir su bulldozer y hacer yo mismo el camino? Le pagaré la misma cantidad. Realmente me gustaría hacerlo yo. ¿Qué le parece?

El señor se rascó la cabeza y pensó un rato. Contuve el aliento, sorprendido de que estuviera considerando mi pedido. Luego, dijo:

—Seguro, ¿por qué no?

*¡Increíble!*, pensé. *¿Quién se lo iba a imaginar?* Dije:

—¡Fabuloso! Indíqueme cómo hacerlo.

Ambos subimos al bulldozer y me dio una lección de unos dos minutos sobre cómo operar esa maquinaria.

—Aquí está su trasmisión. Esta palanca sube y baja la pala —y así por el estilo. Luego se bajó y me quedé solo.

¡Qué excitación! ¡Esta era la emoción de toda una vida! Ya puedes guardar el yate; cualquier día voy a conducir un bulldozer. En realidad, lo tuve una semana completa y emparejé todo lo que necesitaba emparejar en mi propiedad.

Unos pocos días después del siguiente domingo, estaba sentado en casa con un amigo cuando oí que alguien tocaba a la puerta. Abrí, y ahí estaba uno de mis vecinos, con su esposa y un hijo adolescente.

—Hola, vecinos —les dije con una sonrisa.

Sin saludo alguno ni las galanterías usuales, me dijo:

—Tenemos un problema.

—¿Tenemos? —le pregunté.

—Sí. Uno de sus trabajadores tumbó mi cerca con un bulldozer y se llevó mis piedras.

—Ahhh —dije, mientras recibía el impacto de toda la fuerza de sus palabras. Mientras el rostro se me ponía rojo y las piernas se me debilitaban, estuve tentado a decir: «¡Sí, estos trabajadores! Es tan difícil hoy día encontrar buenos operarios, ¿no lo cree?» Esa fue mi primera intención. Pero me obligué a decir la verdad.

—¿Sabe? Necesito disculparme con ustedes —le dije—. Yo hice el daño con el bulldozer. Creí que estaba emparejando mi propia tierra. Derribé esos árboles y aquella cerca, y quité esas rocas. Realmente creí que estaba en mi propiedad, y realmente lo siento. Con gusto traeré el bulldozer de nuevo y trataré de arreglar el daño.

—No, no, no se preocupe por eso —me dijo—. Solo arregle la cerca para que mis caballos no se escapen.

Nos pusimos a conversar y él se mostró muy complacido por todo. Pero como puede imaginarse, yo estaba totalmente desconcertado.

Creía que había hecho un buen trabajo emparejando parte de mi tierra, cuando en realidad había sido descuidado, derribando una cerca del vecino y tomando algo que le pertenecía a él. Así es como personalidades tipo bulldozer pueden pensar cuando entran dentro de los límites personales de otros.

### *Reformas de bulldozer*

Como dije antes, la forma en que traté a Norma aquel día en Hawai ilustra una tendencia que he tenido a lo largo de mi vida. Con mi esposa, con mis hijos, y con mis amigos, a menudo me he metido a la fuerza en sus vidas, muchas veces sin considerar sus sentimientos, y por lo general, sin aun darme cuenta de lo que he estado haciendo. Ahora veo que mi conducta era un ejemplo clásico de una forma bastante común en que a la gente se le roba su alegría. *El verdadero amor nunca exige su propia manera, sino que busca maneras que puedan enriquecer al otro.*

Mis esfuerzos de reforma no solo han hecho la vida más fácil para Norma, sino que han abierto mi propio «entendimiento». Tengo menos sentido de culpa de la que se siente por haber «arruinado un día». Siento que ambos somos responsables por nuestro propio amor y satisfacción. Veo una forma de reducir la frecuencia de nuestros conflictos.

Aunque uso la palabra *bulldozer* para describir mi propio estilo de operación, no creo que todos los que violan los límites sean tan fáciles de reconocer como un removedor de tierra de brillante color amarillo. Algunas personas son maestros en eso de «entrar» con sutiles acusaciones de que es culpable de algo. Quizás uno de los cónyuges diga: «Si de veras me amaras...», o un hijo: «Todos los demás padres son...»

Poco después entendí mejor esto de los límites, envié una carta a cada uno de nuestros tres hijos tratando de explicarles los dramáticos cambios que estaban ocurriendo en mí. Esto es lo que ellos leyeron:

> Querido Kari, Greg y Michael:
>
> Esta mañana desperté pensando en ti y tuve el deseo de enviarte una notita acerca de las importantes lecciones que he estado aprendiendo mientras me preparo para mi nueva serie de videos.
>
> Me acordé de ti por dos razones. Una es que sin haber tenido ninguna posibilidad de elegir, naciste en nuestra familia. Mientras veo con más claridad la forma en que crecí, puedo entender por qué a veces te traté a ti y a los otros miembros de la familia como lo hice. Hubo muchísimas ocasiones en que me sentía como un tanque aplastando la «importante y a veces frágil línea de propiedad» alrededor tuyo sin preguntar si podría entrar a tu vida.

Cuando eras más joven, hubo ocasiones en que entré en tu vida como un «bulldozer» aun cuando tú, por alguna razón, me habías pedido que no lo hiciera. En un sentido, pude haberte hecho sentir algo así como: «Bueno, entro a tu vida cuando quiero porque soy tu padre». Hice lo mismo con tu mamá y con tus hermanos. Pero ayer ocurrió algo que me permite ver estas cosas, y ahora las tengo más claras que nunca. Ahora sé que la forma en que crecí y mi personalidad contribuyen en alto grado a lo que hice.

Si pudiera volver a vivir, cambiaría un montón de cosas, pero en lo que más me esforzaría sería en controlar lo que digo a otros. He chocado en tantas ocasiones contra las línea de propiedad de la gente, que no las podría contar. Cuando pienso en las cosas insignificantes y en las importantes que te dije en el correr de los años y las cosas que he dicho a tanta gente, me da miedo.

La segunda razón que te quise decir es que aun cuando probablemente tú nunca hagas estas cosas a la gente debido a tu madurez y a tu naturaleza amorosa, solo quería advertirte que algunas cosas que pudieras decir a tus condiscípulos o a otras personas podrían volverse contra ti más tarde en la vida. Las personas son demasiado preciosas como para brincar por sobre sus líneas de propiedad sin permiso. Realmente hacerlo les puede causar daño y muchas veces nunca lo sabremos sino hasta años después.

### *Modelo de rol positivo*

En contraste con mi estilo agresivo, permítame darle un ejemplo de alguien que conocí que sabía respetar los derechos de propiedad de los demás: mi madre ya fallecida. Sin conocimientos formales de sicología, cuando crecí ella respetó absolutamente mis líneas de propiedad. Recuerdo, por ejemplo, que muchas veces, por la escasez de dinero en casa, compraba cosas en las tiendas de baratillos. Pero yo, como un típico jovencito de la secundaria, me sentía terriblemente avergonzado. Bajo la poderosa influencia y presión de los condiscípulos, tenía que tener ropa con las etiquetas apropiadas que indicaran que había sido comprada en las tiendas apropiadas. Y durante todo mi tiempo en la secundaria, me esforcé porque las cosas fueran así.

A mamá no le interesaban en absoluto estos asuntos de categorías. Pero sí se interesaba por mí, y era muy sensible a mi vergüenza relacionada con sus hábitos de compra. Una mañana me dijo:

—Necesito comprar zapatos. ¿Podrías llevarme a la tienda de baratillos?

—Mamá, realmente no me gustaría hacerlo —le respondí.

—Está bien. Lo entiendo —me dijo—. Déjame a una cuadra de distancia y yo caminaré hasta la tienda. Puedes esperarme en el auto y traerme de regreso a casa cuando haya comprado.

—Ah... ahh... está bien —dije, finalmente.

Nótese que ella no estaba violando mis sentimientos y necesidades individuales; no quería introducirse en el «área de mi huerto» obligándome a hacer algo que no quería. Consiguió mi cooperación, pero lo hizo en una forma que me permitió mantener mi sentido de dignidad. Mis sentimientos fueron valorados por ella y tratados con respeto.

¿Cómo podemos desarrollar hacia los demás una actitud como la de mi mamá? Como lo mencioné antes, el primer error que podemos hacer es invadir el territorio de otra persona sin su permiso. Esto fue lo que hice con Norma en Hawai y con la propiedad de mi vecino en casa. Pero he aprendido una forma efectiva de aquietarme y respetar los «derechos de propiedad» especiales de los demás.

### *Respete los derechos de los demás si quiere ser feliz*

¿No le parece que esta idea suena un poco como la Declaración de Independencia de los Estados Unidos? Nuestros Padres Fundadores asentaron allí la verdad según la cual «todos los hombres somos creados iguales, dotados por el Creador con ciertos derechos irrenunciables», entre los cuales está «la búsqueda de la felicidad».

Teniendo en mente ese derecho dado por Dios a cada persona para que busque la felicidad, ¿cómo podría una persona, sobre todo una personalidad bastante agresiva como yo, acercarse a otra cuando hay algo que esa persona quiere? *Es básicamente asunto de pedir permiso antes de entrar al «espacio» de otra persona y luego estar dispuesto a aceptar la respuesta que se le dé, aunque sea una que no le agrade.* (Puede parecer obvio, pero muchos no lo hacen.) Esto es lo que estoy aprendiendo a hacer, lo que ha cambiado más la forma en que me relaciono con los demás y que más ha mejorado mis relaciones.

Pedir permiso no es fácil, pero tampoco lo es escuchar con gracia un *no* o un *ahora no*. Cuando Norma dice *ahora no*, yo necesito respetarme lo suficiente como para sentir que no es que me esté rechazando. ¿Qué significa esto? Significa que tengo que mantener bajos los niveles de enojo. Necesitamos estar constantemente trabajando a través de los principios presentados en capítulos precedentes. Si los niveles de enojo están bajos, estaremos en mejores condiciones de ver una conversación dada como un incidente en sí; no estamos llevando una carga demasiado grande acumulada de encuentros previos.

He aquí la forma que he aprendido a usar ahora cuando quiero conversar o hacer algo con Norma. Me acerco a ella y golpeo a su puerta imaginaria. Cuando abre, le digo algo así como: «¿Podríamos hablar esta noche acerca de la agenda para la próxima semana?», o: «Me gustaría salir esta noche. ¿Te gustaría a ti?» Esto es aplicable a cualquiera situación.

Ella, entonces, tiene la libertad de responder: «No, no quiero hablar de eso ahora. Quizás más tarde».

Si tal es el caso, le pregunto: «Muy bien, ¿cuándo?»

Ella puede responder: «Podemos hablar de eso tarde esta noche. ¿O qué te parece mañana?»

Y yo, entonces, concluyo: «Excelente». Luego, abandonamos el tema.

Créame, mi habilidad para actuar de esa manera y respetar los deseos de Norma, su individualidad, es una gran diferencia en mi vida. (No quisiera proyectar una mala imagen de Norma: Si realmente es algo que debemos tratar de inmediato, ella estará dispuesta a hacerlo.)

Mi forma comedida también nos ha ayudado a manejar tres o cuatro áreas de asuntos determinados acerca de los cuales no hablamos muy a menudo por ser un poco difícil. Usted y su esposa o esposo posiblemente tengan asuntos similares, esos que irritan inmediatamente que se tocan. Eso ocurre cada vez que quiero hablar de algo explosivo. Entramos en un tema así y tratamos de hacer lo mejor, pero muchas veces terminamos envueltos en una discusión lamentable. Ahora, ambos pedimos permiso para poner esos tópicos sobre la mesa del análisis y nos sentimos mucho más cómodos, seguros y amados.

Una última y más familiar ilustración sobre cómo usar esta forma en una manera positiva: Jim y Suzette, una pareja de nuestro grupo de apoyo y buenos amigos nuestros, estaban un día almorzando con nosotros y decidieron practicar este concepto. Suzette le dijo a Jim:

—¿Podría hablarte de un asunto?

(Nótese que ella le pide permiso en forma respetuosa.)

—Bueno, hoy tengo funcionando en mi propiedad un sistema de

seguridad de video cámara —respondió Jim de inmediato. Pero enseguida continuó—. ¿De qué quieres hablarme?

(Él quería saber más antes de darle permiso.)

—De una cosa —le respondió ella.

—¿Qué cosa? Quiero saber de qué quieres hablar antes de permitirte pasar por la puerta de mi propiedad.

—Está bien —dijo ella—. Te quiero hablar de lo que vas a comer hoy.

—Si es eso, adelante y conversaremos —le dijo—, invitándola a pasar a través de su complicado sistema de seguridad.

(Recuerde, Norma y yo somos buenos amigos de ellos, y ellos se sienten en suficiente confianza con nosotros como para tener una conversación como esa estando nosotros presentes. Reconozco que algunas parejas no pueden imaginarse analizando un problema conyugal sensitivo frente a otros. Pero nosotros lo hemos hecho por largo tiempo hasta que ha sido como una segunda naturaleza, y ha sido extremadamente beneficioso a ambos matrimonios.)

—Sé que hemos hablado de esto antes, pero cuando pides tu clase de espagueti favorita a las seis de la tarde, quedas con un olor poco usual —dijo entonces Suzette.

—¿Qué quieres decir? —le dijo él, sorprendido.

—Bueno, ese ajo entra en tu sistema y tú de verdad... ahh... hueles. Me perturba cuando vamos a un juego de baloncesto o a otra actividad pública. Me preocupa mucho eso, de modo que me dedico a mantenerte lejos de otras personas antes que puedan darse cuenta de tu olor.

Jim aceptó la observación de buen grado y aun contra su voluntad, dijo:

—Está bien. Hoy no voy a pedir espagueti. Si realmente te incomoda, pediré otra cosa.

(Note su sensibilidad hacia los sentimientos y la individualidad de su esposa.)

—Ya que estoy dentro de tu huerto —dijo Suzette y luego se decidió jugar otra carta—, ¿podría hablar de una cosa más?

Ahora era posible que él se negara a la petición. Pudo haber dicho: «Realmente no creo que debamos tratar dos asuntos en una hora. Quizás más tarde». Sin embargo, contestó:

—Está bien, adelante.

—Bueno, una cosa más —dijo ella—. Cuando vayamos esta noche a ese juego de baloncesto de la secundaria, ¿serías tan amable en no gritarles a los árbitros y a los fanáticos del otro equipo? De verdad que me siento muy mal cuando escoges a un fanático y quieres hacerlo pedazos.

—Pero soy un entrenador —protestó—. Sé cómo tratar a los árbitros y eso es lo que hago. Es parte del juego.

—Bueno, eso realmente me molesta —repitió ella, manteniendo su posición—. Tú eres un líder de la comunidad y eso hace que la gente se fije en ti. Y en mi caso quisiera desaparecer.

—Está bien —le dijo, decidiendo ser de nuevo complaciente—. Trataré de gritar menos esta noche.

De nuevo en esta ocasión, Jim tenía la libertad de decidir. Pudo haber dicho: «Cuando voy a un juego, me gusta gritar. Así soy yo. No puedo complacerte, aunque trataré de no ser tan exagerado». Pero él la había invitado a decirle lo que le había dicho, estaba de buen ánimo y le concedió lo que ella quería. Por parte de ella, Suzette había respetado su línea de propiedad, había pedido permiso para hablar y después de obtenerlo, había planteado su caso con claridad. Así es como obra una línea de propiedad personal saludable.

Así, la primera parte de este capítulo ha cubierto la clase de errores que hacen los Garys de este mundo, donde las personalidades fuertes tienden a arrasar, como un bulldozer, con las más débiles. No cometamos el error que Norma cometió.

## Reclamar el espacio de uno

Temprano aquella mañana en Hawai, ese desastroso día que nos despertó a Norma y a mí a la realidad de nuestras disputas de fronteras, no fui la única persona que cometió ese error. Norma tuvo que decidir cómo me respondía. Ella, y muchas otras personas como ella, tienen la tendencia a echar la culpa a sus circunstancias o a otros por sus descontentos con la vida. Cada uno de nosotros puede y debe responsabilizarse por permitir que otros «visiten» el interior de nuestros «huertos» sin el correspondiente permiso. Las Normas del mundo necesitan entender que *el amor no siempre «cede» a cada requerimiento, especialmente a la intimidación.*

### *Ponerse firme*

Como ser humano en relación con otro ser humano, usted no es un genio con este lema de la vida: *Para mí, sus deseos son órdenes.* Usted tiene la capacidad de decir no; tiene la responsabilidad de decir no cuando alguien quiere pasar por encima suyo. Permitir que el bulldozer destroce su cerca y sus árboles puede crear resentimientos. Usted se va a sentir pisoteado y estrujado. (Recuerde el «recipiente de ira», en el cual una substancia peligrosa estaba comprimida bajo presión.) Esa ira desafortunada y no resuelta se la puede achacar al bulldozer. Pero espere un momento. ¿Ha permitido usted que el bulldozer entre a su propiedad sin prácticamente ningún aviso de advertencia? Su responsabilidad es advertir a otros y luego, en la forma más amable, mantenerse firme en su posición.

*Pero*, quizás diga usted, *decir hará que la persona se sienta mal. Es tan desagradable causar problemas.*

Sí, los bulldozer tienen una forma de hacer más difícil que usted se mantenga firme. Pero déjeme darle algunos consejos:

*Ponga atención a esas viejas iras no resueltas*. Repito, si los niveles de enojo son bajos, podremos ver y manejar un incidente a la vez. No es necesario transformar una pequeña violación territorial en la III Guerra Mundial. Pero eso es lo que puede ocurrir cuando usted deja que alguien lo agobie por tanto tiempo que llegará el día cuando explote, apuntándole con un arma y gritándole: «¡Vete de mi propiedad!» Es lo que ocurre cuando usted permite que con unas pocas palabras, un bulldozer entre a un campo minado de sus emociones.

Recuerde, al comienzo de este capítulo dijimos que el respeto por los demás era la mitad del problema de fronteras; respeto por uno mismo era el otro ingrediente crítico. Cuando usted hace valer sus derechos sobre su propiedad, lo hace con amor. Hable con respeto hacia usted y hacia los demás. Sea razonable, pero firme. Y observe cómo un nuevo autorrespeto le ayudará a manejar la situación.

### *Reconstitución de la escena*

Aquella mañana en Hawai, Norma pudo haber hecho valer sus derechos sobre su propiedad y haberme dicho *ahora no.* Ella no tenía que ceder ante mi intimidación.

Volvamos a aquella mañana y preguntémonos ¿qué pudo haber hecho Norma para defenderse de un intruso no deseado? ¿Pudo haber hecho algo práctico para posponer nuestra conversación hasta que estuviera dispuesta?

Entre otras cosas, después que planteó su objeción, pudo haber intentado cambiar la situación. Pudo haber dicho: «Vamos a desayunar, y mientras estemos aquí en Hawai vamos a disfrutarlo. Además, hoy es el día del compromiso de Terry. ¿Cómo te vas a vestir para bajar al desayuno?»

Pero supongamos que yo seguía insistiendo con algo así como: «El desayuno puede esperar» o «Está bien, hablaremos mientras tomamos el desayuno». ¿Qué habría pasado?

En ese caso, Norma pudo haber insistido en su disposición de trabajar más tarde en el asunto. «Por supuesto que me gustaría que habláramos sobre las metas en nuestro matrimonio», pudo haberme dicho, «pero no ahora ni aquí. Vamos a descansar mientras estemos en Hawai. Se supone que estas son unas agradables vacaciones, y meternos a un análisis grande y serio ahora no es, precisamente, mi idea de agradable».

Por ese tiempo, a lo mejor yo ya habría captado el mensaje, ¿no le parece? Pero digamos que sigo decidido a hablar de metas esa mañana. En tal caso, ella habría tenido que realmente ponerse firme y un poco descortés: «¿Qué estás diciendo?», pudo haber insistido. «¿Qué parte de mi no no puedes entender? Realmente no quiero hablar hoy de metas de nuestro matrimonio».

En ese punto, ya habría entendido. Y probablemente me habría sentido frustrado por un rato, pero aquello habría pasado rápido a medida que disfrutábamos el día y nos alegrábamos con el compromiso de Terry. (Para ideas específicas sobre cómo resolver de manera que la frustración no se convierta en ira, véase el capítulo 14.)

Me resulta grato decir que desde aquel incidente en Hawai, mi esposa Norma ha aprendido a defenderse mucho mejor. Poco después, fuimos a Florida para una conferencia y una sesión de escritura. Estábamos en la playa, cerca del agua, donde las olas podían lamer nuestros pies, y yo estaba repasando lo que iba a decir en la parte de mi presentación cubierta en este capítulo. Le pedía su opinión sobre algo que planeaba decir, y ella me respondía:

—Trata de decir esto, o quizás esto otro.

Me dio una cantidad de excelentes ideas. Estuvimos en ese ejercicio por espacio de unas dos horas y realmente yo disfruté el rato. Es más, me habría gustado haber seguido por otra hora o algo así. Pero Norma había alcanzado el límite, así es que me dijo algo como:

—Ya estoy cansada de hablar de esto. Vine a disfrutar del agua.

Bien, estaba entusiasmado, así es que le rogué:

—Solo un poco más, ¿está bien?

—Mi puerta está cerrada —me dijo cariñosamente, mirándome a los ojos—. Me gustaría leer un rato. Acabo de poner en la puerta un letrero de «No molestar».

Afortunadamente, para ese tiempo ya había aprendido la lección, de modo que capté el mensaje. Me sentí frustrado, porque estábamos en medio del análisis, por lo menos en lo que respecta a mí, pero la respeté como una persona especial con sus sentimientos y necesidades. Dejé ir mi frustración y alejé un poco mi silla. Debido a que necesitaba una audiencia y no había nadie a mi alrededor, ¡empecé a hablarles a las gaviotas! Pero incluso ellas parecían no tener interés en mi charla.

### *Vigilante de frontera*

¿Cómo podría decir usted si la línea imaginaria alrededor de su vida no se está respetando como debía ser?[2] Esta es una área donde sus emociones pueden ser guiadas. Por ejemplo, ¿se ha enojado verdaderamente en el último mes, una ira que le ha durado más de un par de días? ¿Se ha frustrado por un período de tiempo? ¿Le ha parecido que lo han usado o han abusado de usted? ¿Se ha sentido sofocado por una relación?

Si usted está viviendo con algunas de estas emociones negativas, necesita marcar mejor sus fronteras. Recuerde, su actual cualidad de vida depende de las decisiones que haga. Reclame su terreno. Excepto en casos de abuso extremo, le recomiendo que decida decirle a otros cuando están violando su propiedad. (Véase «Situaciones tensas», más adelante.)

Una advertencia, de nuevo relacionada con la ira no resuelta. Si le parece que todo el mundo lo frustra, su vieja ira quizá esté levantando fronteras innecesariamente anchas. Recuerde, la ira lo mantiene alejado de los demás. El amor construye puentes hacia los demás.

### *Situaciones tensas*

¿Qué hace usted si tiene relación con alguien que constantemente está metiendo el bulldozer en su vida sin permiso y sencillamente no está dispuesto a entender un no por respuesta? Obviamente, esa es una situación tensa, y no hay respuestas fáciles. Mi recomendación es que cada pareja sea parte de un grupo de apoyo de parejas. Esto puede darle un lugar seguro para analizar cosas tensas y si su cónyuge está de acuerdo. Consejería profesional es otro recurso que puede usar para usted o —aun mejor— para ambos. Hoy, en la mayoría de las ciudades, hay muchos recursos de ayuda (agencias y consejeros).[3]

En casos extremos, especialmente donde hay una amenaza de daño físico, debería separarse físicamente del violador de sus fronteras, lo cual podría incluso significar que tenga que llamar al 911 y contactar autoridades legales. Nadie debería sufrir abuso físico.

Quizás esté pensando: *Quiero el amor de esta persona, así es que mejor voy a dejar las cosas como están, no vaya a ser que se vaya o me cause más daño.* Créame, usted no es el primero en pensar así. Pero si decide ignorar sus circunstancias, he encontrado que por lo general el problema se hace peor, no mejor. Es preferible llamar la atención a la persona que está violando la línea de su propiedad e insistir que no volverá a permitir nuevas violaciones. Póngase firme, y defiéndase. Al principio, probablemente la otra persona se resistirá y quizás le provoque dificultades. Pero a medida que pasa el tiempo, lo respetará mucho más. Es su única esperanza real de unas relaciones satisfactorias.

## Pensamientos finales

Como hemos visto, es esencial definir claramente quienes somos. Esto puede hacer la diferencia entre destruir nuestro amor por la vida y la satisfacción que recibimos de relaciones establecidas sobre la base del respeto. Aprender este principio y empezar a respetar los linderos de mi vida, de mis hijos y de mis amigos, literalmente ha cambiado mi vida, y me alegra decir que nunca seré el mismo que era.

Pero debe entender que mantener en buenas condiciones y defender un «huerto» demanda un trabajo duro. Para gente demasiado agresivas o demasiado pasivas, la palabra final es *moderación*. Una vieja regla de la vida y del amor es esta: «Ama a tu vecino como a ti mismo».[4] Los dos amores están entrelazados en un estrecho tejido de respeto que puede apaciguar al agresivo y fortalecer al pasivo. Y crear una paz permanente, con el prójimo de uno (la esposa o el esposo) y con uno mismo.

En el capítulo 7 doy una advertencia más: cómo se puede evitar el más grande «témpano» que amenaza al amor. Cuando dejamos de pretender que nuestro viaje espiritual no tiene importancia, estamos en el camino de beneficiarnos del poder que necesitamos para amar la vida y amar a otros.

## Principios del amor para toda la vida

29. El amor para toda la vida respeta las fronteras personales de la otra persona.

30. El amor para toda la vida a la vez que hace sus propias demandas, busca formas de enriquecer a otros.
31. El amor para toda la vida pide permiso antes de entrar en el huerto de alguien.
32. El amor para toda la vida atiende con tranquilidad, no con paranoia, un «no» o un «ahora no».
33. El amor para toda la vida no es un genio. «Sus deseos» no son «órdenes».
34. El amor para toda la vida puede defender su posición contra cualquiera intimidación.
35. El amor para toda la vida conoce la fuerza quieta y confiada que viene con el autorrespeto.
36. El amor para toda la vida respeta a los demás como se respeta a si mismo.
37. El amor para toda la vida calma al agresivo y da fuerzas al pasivo.

# 7

# Busque el poder para seguir amando

*Hacer de las cosas su amo, buscar en ellas una justificación de su vida y la salvación del alma es la peor tontería. No pueden hacerlo... Habiendo sacado a Dios... por la puerta principal, el incrédulo tiene la constante tentación de sustituirlo con algo introducido subrepticiamente por la puerta de servicio.*

Frederick Buechner[1]

¿Dónde encontramos fuerza extra para seguir amando y disfrutando la vida cuando las dificultades atacan o cuando sencillamente nos sentimos cansados de luchar, o cuando la vida se vuelve una aburrida rutina? He encontrado que una de las verdades clave está en «visualizar» y evitar una aglomeración mortal de «témpanos» que pudieran bloquear nuestro viaje espiritual.

¿Por qué es tan importante el viaje espiritual? Investigaciones hechas a matrimonios han mostrado una correlación entre el viaje espiritual de uno y la satisfacción en el matrimonio. Howard Markman y Scott Stanley informan que la religión tiene un impacto favorable en el matrimonio. Dicen que las parejas religiosas «son menos propensas al divorcio[...] muestran niveles de satisfacción algo más altos[...] más bajos niveles de conflicto acerca de asuntos rutinarios[...] y más altos niveles de compromiso».[2] Y en una investigación que el Dr. Nick Stinnett hizo en todo el mundo, encontró seis características comunes en la mayoría de los matrimonios y familias felices, una de las cuales es una fe en Dios activa y compartida.[3]

Aunque una reciente encuesta Gallup reveló que más del noventa por ciento de los estadounidenses cree en Dios, muchos luchan por encontrar una fe personal de vida. La mayoría de nosotros nos damos cuenta que no las tenemos todas con nosotros y que necesitamos una fuerza externa que nos ayude a evitar que nuestro amor decaiga o a soportar el dolor causado por otros. Pero a menudo, como lo hice durante tanto tiempo, optamos por un curso que nos lleva en una dirección diferente de aquella que nos hará desarrollar nuestra dimensión espiritual.

A causa de mi depresión hace veinte años, empecé a aprender sobre los obstáculos que me mantienen desconectado de un Dios personal. A medida que gradualmente he ido viendo cómo conectarme, he llegado a ser más sutilmente consciente de lo vital que es esta parte espiritual de la vida para todo aquel que quiera experimentar grandes satisfacciones y un amor perdurable.

En este capítulo final de la primera parte, analizo *cuatro factores principales* que afectan mi viaje espiritual. Yo me mantuve oyendo que Dios era un Dios de amor que de algún modo daba a una persona la capacidad de amor a otros y a sí misma. Pero no podía encontrar que aquello fuera real en mi vida. Parecía que necesitaba más que educación y apoyo de familia y amigos para mantener vivo y creciendo mi amor por la vida y por los demás. Yo quería ayuda sobrenatural, pero no la hubo hasta que doblé la esquina de los treinta y cinco, cuando ya estaba cansado de chocar con los «témpanos».

En mis treinta, me sentía desesperado y solo, y mi ira crecía como moho en un cimiento húmedo. Me distanciaba de mi esposa y de mis hijos, no quería ir al trabajo, y estaba listo para dejar la profesión por la cual me había preparado durante años.

Me sentía como si estuviera flotando en un mar de ira, y dejé que Norma y los niños llenaran de huecos mi salvavidas roto. Me di cuenta que me estaba hundiendo rápidamente. Tenía que tomar medidas urgentes y pedir ayuda.

Era como cuando mi familia visitó una piscina de olas en Las Vegas. Sin balsa, yo me metí en la parte honda. Las olas venían una tras otra, hasta que me cansé. Me encontraba solo, porque los niños ya habían salido del agua; de modo que decidí nadar hasta la orilla y saltar afuera. ¡Pero no pude hacerlo! Cada vez que me acercaba al borde, una ola me alejaba de allí. Ya estaba demasiado cansado para seguir intentándolo. Tragué agua, me entró el pánico, y me di cuenta que me encontraba impotente. En ese punto, mi único pensamiento era: *¡Me voy a ahogar aquí en Las Vegas, enfrente de mi familia!* Estaba seguro que me iba a hundir para siempre.

Afortunadamente, mi familia había visto lo que me ocurría. La siguiente cosa que supe fue que llegaba mi hijo Greg, me agarraba de un brazo, y me arrastraba hacia la orilla. Cuando me fue posible, puse mis brazos alrededor de él y lo abracé en un intento desesperado por salvar la vida.

Eso es lo mismo que me pasó con Dios. Me mantuve tratando de lograr alguna clase de satisfacción en la vida, pero cada vez una ola de realidad me empujaba hacia atrás y empezaba a hundirme. He oído decir la misma cosa a alcohólicos, a adictos y a muchas otras personas lastimadas que eran tan miserables como yo. Cada uno de nosotros finalmente alcanzó y se agarró de la mano de Dios, la que siempre había estado allí, esperando extendida para nosotros.

Mi mano extendida llegó en medio de mi depresión y desilusión. Recordé un versículo de la Biblia, Salmo 50.15: «Clama a mí [Dios] en el día de la angustia; te libraré, y tú me honrarás». Me di cuenta que era todo lo que tenía que hacer, y eso era lo que *necesitaba* hacer. Hundiéndome como el *Titanic*, grité a Dios pidiéndole ayuda, pidiéndole que de algún modo me rescatara de la confusión en que me encontraba y que me demostrara que era real. Y en lo profundo de mi espíritu seguí esperando que me oyera. Finalmente, encontré una conexión personal con Dios, y ha sido tan gratificante, que nunca más he vuelto a mirar atrás.

Antes de referirme a los cuatro témpanos que mantuvieron bloqueada mi capacidad de encontrar a un Dios personal, déjeme compartir lo que este capítulo no hará. Por supuesto, no quiero referirme a todos los sutiles sentidos que ustedes, mis lectores, puedan traer a esta área espiritual de la vida. Quiero presentar mis ideas de modo que puedan ver cuán maravilloso ha sido para mí, aunque no quiero ni sermonearlos ni parecer demasiado azucarado con lo cual podría hacer que algunos más bien no alcancen sus tremendos beneficios. Además, no estoy tratando de tocar las diversas doctrinas o los grandes conceptos acerca de la fe en Dios. Simplemente quiero compartir los *impedimentos* que encontré en mi jornada espiritual y por qué la falta de una conexión con un Dios personal afectó mi capacidad de amar a mi esposa, a mi familia, y a otros, incluso a mí mismo.

Es posible que usted tenga poco interés en las cosas espirituales debido a que ha sido maltratado por alguien que afirma ser una «persona religiosa». Quizás en el pasado ha sido herido por alguna experiencia en la iglesia. O quizás ha tenido amigos cercanos que afirmaban ser espirituales pero vivían como hipócritas. Bueno, yo mismo he sido maltratado y heridos por una cantidad de personas «religiosas».

Pero finalmente vi que negar el lado espiritual de la vida por haber conocido a algunos impostores es como rechazar ir a un banco donde nos están esperando cien mil dólares porque sabemos que algunas personas que trabajan allí o depositan dinero allí son de dos caras.

En la arena espiritual, he encontrado verdades que han significado muchísimo para mí. Esta área ha sido la parte más enriquecedora de toda la jornada de mi vida. No podría escribir un libro acerca de hacer que el amor dure para siempre sin hablar de mi fe. Sería como hablar sobre navegación sin mencionar el viento.

Mi fe ha llegado a ser como un potente motor turbo instalado en un viejo Chevrolet del año 1957. Dios ha llegado a ser como un calor de una chimenea después de haber permanecido por un tiempo prolongado en el frío.

Antes de descubrir que Dios es real, yo me dejé estorbar, e incluso maltratar espiritualmente, por cuatro témpanos que me bloquearon el paso.

## 1. Mis dudas me alejaron de Dios

Cuando estaba cuestionando seriamente la existencia de Dios durante mi tiempo de universidad, alguien me desafió a que abriera mi mente a la posibilidad de un Dios personal haciéndome tres preguntas sencillas. Esas preguntas fueron muy beneficiosas para mí, porque hicieron que desarrollara mi propio sistema de creencias personalizadas. Estas son las preguntas:

1. ¿Cuánto conocimiento cree que tenemos ahora en el mundo, fuera de todo el conocimiento que se pudiera llegar a tener? 0% a 100%: ___________
2. ¿Cuánto de este conocimiento cree usted que tiene personalmente? 0% a 100%: ___________
3. ¿Cree usted que sea posible que un Dios personal pudiera algún día revelarse a usted a través del conocimiento que pudiera llegar a tener? Sí ______ No ______.

Cuando hago estas preguntas a otros, la persona promedio admite tener solo un pequeño porcentaje de todo el conocimiento disponible. Y luego la mayoría toma la posición de que podría ser posible que algún día puedan ver y experimentar un Dios personal.

De nuevo, en cuanto a mí, estaba lleno de dudas acerca de un Dios personal, y con mi nivel de ira y de culpa, incluso durante mis años de estudiante universitario, no había forma que fuera a «ver» a Dios. Mi ira lo mantenía lejos de mí.

Podría escribir un libro con mis dudas, muchas de las cuales, como mi ira y mi culpa quedaron hechas nada. Quizás usted no tenga demasiadas dudas acerca de la existencia de Dios, y a lo mejor está en el camino de su jornada espiritual, pero posiblemente al contarle mi versión de esta parte vital de la vida realzaré la suya. De mi experiencia personal tanto como de la de miles de otras personas, estoy convencido que usted puede obtener la única y más importante llave para un amor permanente, que nada ni nadie podrá quitarle.

## 2. Los hipócritas me alejaron de Dios

No empecé a asistir regularmente a la iglesia sino hasta que era un adolescente. Mi hermano mayor y mi hermana fueron determinantes para que esto ocurriera.

A la primera iglesia que asistí, le pidieron al pastor que se fuera debido a algunos problemas morales. Aquello fue un duro recordatorio de la verdad de que nadie es perfecto. Sin embargo, estuve bastante activo en esta primera iglesia hasta que tuve mi primera pelea con uno de los miembros de la directiva. Mi padre falleció poco después de aquel incidente, dejándome en la necesidad de que alguien de más edad me ayudara. Otro miembro de la directiva, con una actitud amorosa y sincera que probó ser genuina me ayudó para que siguiera asistiendo a la iglesia. Todavía sigo admirando profundamente a este hombre, pese a que también tuvo que salir de la iglesia debido a problemas personales. Con frecuencia me preguntaba cómo, esta parte tan vital de la vida, nuestra fe en Dios, podría sobrevivir con tales inconsistencias entre los creyentes.

Durante mis años de universidad, y a pesar de los líderes con los que me encontré, mi fe permaneció viva; y luego, como estudiante graduado, fui contratado por una iglesia para trabajar con los jóvenes. Estaba muy entusiasmado con la oportunidad y miraba hacia adelante, a un ministerio pleno y satisfaciente. Sin embargo, para mi desánimo, el pastor jefe nunca se molestó en aprenderse mi nombre. En las reuniones del personal, siempre me decía: «Ey, usted». Pensaba: *¡Esto es increíble! Se supone que personas que dicen servir a un Dios de amor deberían ser más amorosas*. Y asombrado, a menudo me rascaba la cabeza.

Mi primera reunión con la juventud de esa iglesia me hizo un nudo en el estómago. Se le pidió al líder de los adolescentes que orara por los alimentos. Se levantó respetuosamente para decir estas palabras: «Rub-a-dub-dub, gracias por el grub. Yiah, Dios». Y se sentó en medio de las risas de los otros muchachos. Una noche, algún tiempo después, ese mismo muchacho dijo en una reunión de negocios de los jóvenes que para él, Dios no es una experiencia significativa. Varios otros en la reunión expresaron también esa misma incredulidad, además de varios adultos presentes. Como parecía que estábamos en un momento de confesiones, me uní a ellos. Esa noche después de la reunión, le dije a mi esposa que era probable que me pidieran que me fuera de la iglesia debido a que había aceptado que Dios tampoco era algo real para mí. Yo creía en la existencia de Dios, pero no lo podía sentir como algo personal. Mi confesión no tuvo ninguna consecuencia, pero la experiencia ciertamente me motivó para dar con lo que estaba bloqueando mi habilidad de conocer a Dios.

La experiencia en la iglesia de mi esposa durante su infancia ayudó también a que no me sintiera a gusto con la «gente religiosa». En la primera iglesia a la que asistió, el pastor se fue con la mejor amiga de su madre. Las familias miembros de la iglesia quedaron destruidos, lo mismo pasó con la niña que llegó a ser mi esposa.

Después de la escuela graduada, trabajé para una organización religiosa de la cual me fui decepcionando poco a poco. Finalmente dejé ese trabajo completamente desalentado. No obstante mi desilusionadora condición espiritual, fui a trabajar, brevemente, en otra iglesia. Fui contratado para guiar a la congregación en el establecimiento de un centro de consejería. Pero dentro de esos pocos meses, el pastor fue despedido por infidelidad conyugal.

Permanecí ayudando allí por un poco de tiempo, y cuando salí comencé mi propio trabajo enseñando un seminario para matrimonios además de escribir libros acerca de cómo permanecer felizmente casado. Desde aquel tiempo he tenido hermosas experiencias como miembro de varias iglesias, pero por más de quince años no he vuelto a tener la oportunidad de ser miembro del personal.

Quizás usted se pregunte cómo me he mantenido en mi periplo espiritual con todas las experiencias que he tenido. Tuve razones más que suficientes para ser un escéptico, como quizás usted también.

Me di cuenta que yo no era responsable por los errores de otras personas. Luego también, que no iba a permitir que su irresponsabilidad me privara de mi futuro amor por la vida. Mantuve mi fe firme en el «Dios de esperanza».[4] Decidí hacerle caso a un viejo amigo cuando me dijo: «Si te mantienes cerca de Dios y persistes en buscarlo, lo encontrarás».[5] Y escuché cuando alguien dijo: «Dios sigue enriqueciendo las vidas de aquellos que lo encuentran». Siempre quise saber si sería posible experimentar a Dios. Llegué al punto donde ya no me preocupé más cuán hipócritas eran los que recibían los depósitos como los otros que «depositaban» en la iglesia; iba a llevar a cabo mi propia búsqueda de sus tesoros y su poder.

### *Lecciones poderosas*

Finalmente, vi los impedimentos más grandes para poder conocer al Dios personal. Puedo explicarlo mejor pidiéndole que se imagine a una muñeca de tamaño natural en una tienda, y suponga que se mueve e incluso usa un vocabulario limitado. En su espalda tiene un depósito para las baterías; usa tres baterías tipo «D» que le proveen el poder que le permite funcionar como fue diseñada, y con lo que puede hacer todo lo que se supone que haga.

Todos somos como esa muñeca. Dios nos hizo capaces de hacer muchas cosas y cosas hermosas, pero necesitamos poder para operar. Él trata de darnos de Él mismo el poder principal para vivir, y las cosas fundamentales que necesitamos en la vida. Si se lo permitimos, Dios puede dar poder a nuestro amor; es como tener puestas las tres baterías «D». Él las coloca. Me encuentro con mucha gente que, como yo, han tenido este extraño vacío en sus vidas; no saben con qué llenarlo. Podemos sentir una necesidad de estar conectados a un Dios personal, un anhelo de plenitud, un deseo de controlar nuestras emociones y conflictos.

Nuestros problemas espirituales solo aumentan cuando tratamos de poner otras cosas que no sea Dios en el compartimiento de las baterías, esperando que estas cosas satisfagan y den poder. Me he dado cuenta que si tratamos de alcanzar plenitud, fuerzas, amor y gozo a través de sustitutos de Dios, no seremos llenos para siempre. En realidad, cuando usted ve de cerca emociones negativas como el dolor, la frustración y el miedo, a menudo como si esperáramos que la creación de Dios, en lugar de Dios, «cargara» las baterías de nuestra vida.

Podemos simplificar esta idea si vemos que estos substitutos generalmente caen en una de *dos categorías*: lo que esperamos obtener de otras personas (como baterías AA) y lo que esperamos obtener de nuestro trabajo (como baterías C). Por años, traté de poner gente y mi trabajo en el compartimiento de las baterías, y todo lo que logré fue precisamente las emociones que no quería: dolor y vacuidad.

Nunca voy a olvidar el día cuando me di cuenta que mi falta de conexión con Dios era básicamente el resultado de mi decisión de seguir enojado. La principal fuente de mi enojo eran mis expectativas de que las personas y mi trabajo pudieran calzar perfectamente en mi compartimiento de las baterías; ellos me habrían de dar energía, amor, y satisfacción. Desafortunadamente, aquellas expectativas trajeron el dolor y la frustración que me llevaron a la ira. La gente y las cosas que nuestro trabajo nos puede proporcionar son tremendas baterías, pero no del tamaño que necesitamos.

En ese día en particular, estaba leyendo informalmente una sección de la Escritura y mis ojos se detuvieron en un versículo que me gritó: *Si persistes en tu enojo contra alguien, perderás tu habilidad de caminar en la luz de Dios* y también la habilidad de conocer el amor de Dios.[6] La gente de muy mal carácter parece ser espiritualmente ciega e incapaz de permanecer cerca de Dios.

## 3. Esperar mucho de la gente me aleja de Dios

Tratamos de hacer encajar a nuestros amigos y seres queridos en el compartimiento de nuestra batería. Pensamos: *Si solo tuviera el cónyuge adecuado. Si solo hubiera tenido algunos buenos amigos que hubieran permanecido junto a mí, apoyándome en cualquiera circunstancia. Si solo hubiera tenido padres que creyeran en mí. Si solo hubiera tenido hijos que me hicieran enorgullecerme en lugar de avergonzarme cada vez que les di las espaldas... entonces habría podido mover el mundo. Lo habría hecho.*

Confiamos en una persona o en un grupo de amigos para que satisfagan nuestras necesidades de amor, propósitos, entusiasmo, realización, gratificación egoísta...

¿Y sabe lo que pasa? Debido a que son *seres humanos*, nos defraudan. A menudo, su amor prueba ser condicionado en lugar de sin reserva. La vida a veces es aburrida aunque tengamos el mejor compañero. Y nadie vive para siempre... ¿entonces? Nuestros hijos tienen una voluntad propia y pueden usar palabras y acciones que nos hieren en lugar de satisfacernos. Un buen amigo puede traicionarnos o irse a vivir a otra parte exactamente el día que más lo necesitamos.

Recuerde, nuestra provisión de energía para vérnosla con las demandas diarias de la vida depende de cuán estrechamente nuestras expectativas se ajusten a la realidad que experimentamos. Con razón, sufrimos una importante pérdida de energía cuando, contando con amigos o familiares, estos nos fallan.

Eso fue lo que me sucedió a mí en el tiempo del gran desaliento, después de la escuela graduada, cuando fui a trabajar en el campo de la consejería con una respetable organización religiosa. Pensé que aquello era lo máximo; sin embargo, no mucho tiempo después que me había integrado al personal, empecé a sentirme terriblemente mal con lo que veía. Me pareció que los jefes superiores estaban involucrados en actividades altamente censurables. Y desarrollé una especial animosidad, en realidad, una ira, hacia un individuo en particular.

Finalmente, sentía tanta ira hacia algunos de mis colegas que hubo días en que sencillamente no pude ir a trabajar. Decía que estaba enfermo. Y al mismo tiempo, me alejaba de mi familia. Por ejemplo, no podía ir a sentarme y comer con ellos. Me escondía en el dormitorio durante días enteros. En aquel tiempo, nuestros niños tenían solamente tres, siete y nueve años de edad, y necesitaban a su papito, pero emocionalmente, su papito no estaba en condiciones de ver por ellos.

Cuando empecé a hablar de renunciar, Norma no solo estaba preocupada por mi salud y la de la familia, sino también por el estado de nuestras finanzas.

«Pero tú no puedes hacer otra cosa», me decía, pragmática. «Te has preparado únicamente en esta clase de trabajo».

Sus palabras eran como un balde de agua fría lanzada contra mi rostro. Era doloroso reconocerlo. Tenía un título de graduado de un seminario. ¿De qué me serviría si dejaba el medio religioso? Sabía que no tenía habilidades para conseguir un trabajo fuera de lo que sabía hacer. «Tienes razón», tuve que admitir.

En ese momento, me sentía profundamente desanimado y con depresión. Al alejarse Norma de mi lado, su mano se deslizó de la mía y en un tono sarcástico, dije: «Gracias por el ánimo que me das».

¡Era tan debilitante ese sentido de ira mezclado con desesperanza! Por ese tiempo, en cada parte de mi vida, incluyendo mi matrimonio, mis expectativas estaban lejos de mi realidad.

Colegas a los que con el tiempo había llegado a admirar mucho, me decepcionaron. Había una gran diferencia con lo que había esperado. Así es que aun sin darme cuenta, dependí más pesadamente que nunca de Norma para atender a mis necesidades. Pero ella no entendió todo lo que estaba sintiendo, estaba demasiado ocupada como mamá de tres niños, de modo que no le quedaba mucho para darme a mí.

Ese es, exactamente, el punto que quiero señalar: algunos amigos y colegas simplemente no se interesaron en ayudarme. E incluso los miembros más cercanos de la familia, que tenían un corazón de oro y querían ayudarme, no pudieron suplir todo lo que en ese tiempo necesitaba. Como alguien ha dicho muy acertadamente, los cónyuges hacen dioses malísimos. No calzan en nuestro «compartimiento de baterías», y sencillamente no pueden satisfacer nuestras más profundas necesidades o mantenernos felices todo el tiempo.

Así, estaba perdiendo cantidades masivas de energía, y eso estaba contribuyendo a mi depresión. Años más tarde vine a darme cuenta que pasar por esa prueba me abrió a una nueva y más profunda compasión por la gente que están sufriendo y se sienten desconsoladas (una de mis perlas de aquella tormenta de arena).

Como resultado de esa crisis, también hice sólidos avances en mi propia jornada espiritual. Hemos dicho que el enojo nos separa de Dios. A veces, mediante el perdón y la recolección de perlas, pude hacer un inventario de mi relación con Dios, un Dios que descansa en una esfera más allá de la hipocresía humana. Y, de nuevo, he encontrado a Dios más que suficiente. Él suplió mucho más abundantemente de lo que esperaba de otros. Hoy día, yo estoy realmente agradecido de haber pasado por ese dolor y depresión, porque fue la principal motivación que me llevó a descubrir al Dios personal.

Hay muchas buenas razones para perdonar las equivocaciones de otros, pero la más gratificante es usarlas en nuestro viaje espiritual. Considere las palabras de lo que ha llegado a conocerse como la Oración del Señor, o Padrenuestro: «Perdónanos nuestras deudas, así como nosotros perdonamos a nuestros deudores». Esto indica que su perdón a nosotros está conectado a nuestro perdón a otros. Y esto es así porque de otra manera, nuestra actitud no perdonadora bloquea nuestra capacidad de recibir su fuerza y su amor.

No perdonar es una señal de que estamos esperando poder de una «falsa batería». Si estamos tratando de meter a otras personas dentro de nuestro compartimiento de baterías, por lo general el resultado es ira cuando esas personas nos desilusionan. (Las personas son buenas al no permitirnos que las usemos.) Pero si no estamos tratando de **usarlos** para que de alguna manera nos den energía, si conocemos la verdadera fuente de poder, si sabemos que solo Dios nos da las mejores cosas en la vida, podremos perdonarlos y, en consecuencia, sentirnos tranquilos respecto a ellos. En la medida que entendemos las limitaciones de la gente en cuanto a satisfacernos, no se pueden comparar con lo que Dios puede hacer cuando nos llena de energía, podemos desear sinceramente lo mejor para otros. Esto es amor verdadero.

De modo que si las personas nos ofenden o nos traicionan, podemos entregar nuestra ira a Dios y dejar que la experiencia dolorosa nos recuerde de nuestra dependencia en Él. Al hacerlo así, encontraremos libertad y poder para ayudar a otros en su propio viaje espiritual. De nuevo, eso es amor genuino.

Para resumir esta idea, uno de los principales obstáculos en nuestra jornada espiritual es esperar que otros satisfagan nuestras más profundas necesidades y esto nos expone a ser heridos y a enojarnos. Pero cuando sabemos que Dios puede satisfacer nuestras más profundas necesidades, tendemos a tranquilizarnos. Así es que, cuando realmente Dios satisface nuestras necesidades y hace cosas que podrían ser descritas como milagrosas, nos inunda una paz y una felicidad que están más allá de lo que habíamos esperado obtener de otras personas.

Creo que la clave para mantener el amor y la satisfacción en la vida no es esperar satisfacción permanente y amor que pudieran venir de parte de la creación de Dios. Tenemos que esperar esto únicamente de Dios. Permítale que sea la fuente principal de poder de sus baterías y espere cualquiera otra cosa que lo «inunde».

Esto no significa que nunca más voy a tener problemas. Como usted y muchas otras personas, todavía me enojo y de vez en cuando sigo experimentando otros sentimientos de derrota. Pero para mí, la diferencia es que cuando experimento estas emociones negativas normales, siempre me «regocijo», lo cual significa volver a la fuente de mi gozo. Estoy dispuesto a admitir que mi ira es un resultado de usar a otros para mi satisfacción en lugar de enriquecerlos.

## 4. Esperar demasiado de mi trabajo me alejó de Dios

La otra «falsa batería» que usé para exprimir a Dios fue esperar que el trabajo me proporcionara satisfacción y energías.

Piense en todos los *lugares* a los que podemos ir y las *cosas* que podemos tener debido a nuestras «posiciones». El dinero que ganamos hace posibles todas estas cosas. Podríamos pensar: *Si solo tuviera una casa más grande o una casa más moderna. Si solo viviera en la parte «buena» de la ciudad. Si solo pudiera ir de vacaciones a Cancún en lugar de a Cleveland. Si solo pudiera vivir en la Florida, donde nunca tendría que palear nieve.*

Pero, una vez más, esta clase de expectativas está destinada a frustrarnos. En realidad, una casa más grande significa mayor costo, más trabajo y más preocupaciones. Y cuando usted la llega a tener, todas las casas están hechas de madera, bloques y mezcla. Las vacaciones, con todo lo grande que pudieran ser, son solo un descanso temporal de las demandas del diario vivir. Y Florida, con todo lo agradable y hermosa que pudiera ser, también es víctima de huracanes y es la tierra de las grandes cucarachas.

No importa dónde estemos, enfrentamos los desafíos y las dificultades que son universales a la humanidad. No importa cuán grande sea la casa, los que viven adentro tienen todos las mismas fallas de la raza humana. Cuando usted se detiene a pensar en eso, ¿puede cualquier hogar u otra ubicación tomar el lugar de Dios en cuanto a llenar nuestro compartimiento de las baterías y satisfacer nuestra más profundas necesidades? No he encontrado ningún lugar que rejuvenezca como él lo hace.

También podríamos pensar: *Si solo hubiera tenido algo de dinero en el banco. Si solo hubiera conducido el carro adecuado o vestido de acuerdo al último grito de la moda. Si solo hubiera tenido un trabajo más prestigioso y mejor pagado, donde todos mis superiores me hubieran considerado indispensable.*

Quizás usted ha visto la calcomanía que dice: «Gana quien muere con la mayor cantidad de juguetes». Bueno, en los últimos años he podido disfrutar de unas pocas cosas lindas, y aunque proveen placer por un rato, también se oxidan, se rompen, se las roban, o simplemente se gastan. Y según cientos de personas con quienes he hablado, cuando usted tiene un hijo enfermo o un matrimonio difícil, el tamaño de una cuenta corriente no trae la satisfacción que una vez pensamos que traería. La pegatina más certera, sin embargo, es esta que dice: «El que cree que tener un montón de juguetes produce satisfacción, ya está muerto».

Conozco gente rica y gente pobre que tanto los unos como los otros están en el extremo de la escala de la satisfacción. Algunos son muy felices, y algunos muy desdichados. El dinero parece no ser la medida para la felicidad. Sinceramente puedo decir que en lo que a mí respecta, nunca ninguna suma de dinero me ha dado satisfacción o amor. Solo si permito que Dios provea para mis necesidad y me capacite cada día con su amor, gozo, paz y contentamiento tendré verdadera felicidad a pesar de mis circunstancias.

No obstante, nuestra tendencia natural es esperar satisfacción (una carga personal de batería) de amigos y seres amados o de lo que nuestro trabajo puede comprar, donde vivimos o el lugar que visitamos y las cosas que poseemos. Y eso, inevitablemente nos va a decepcionar, dejándonos frustrados y furiosos.

## Formas prácticas para acercarme a Dios

He hablado extensamente sobre mi crisis veinte años atrás y lo que precipitó mi sentido de alejamiento de Dios, y cómo la ira había estorbado mi relación con Dios.

Cubrir en detalle los siguientes veinte años de mi vida, especialmente cómo Dios se ha hecho real a mí, requeriría otro libro, un libro que escribí hace algunos años y que se titulaba *Gozo que perdura*.[7] Pero puedo resumir las dos principales lecciones que he aprendido y que han hecho mi peregrinaje espiritual más que valioso. Estas dos verdades fueron plantadas por primera vez en mi corazón durante mis años en la universidad. Pero no fue sino en los años de mi crisis de mediana edad que echaron raíces hasta llegar a ser la esencia de mi fe en Dios. En realidad, estas dos verdades han llegado a ser el centro en cada área de mi vida. Son el suelo que nutre mi matrimonio, las relaciones con mi familia y amigos, y mi trabajo. Pero no llegaron a ser personalizadas sino hasta después de mi desaliento.

Estas verdades son captadas en este rápido resumen de toda la ley bíblica: «Ama a Dios con todo tu corazón, y ama a los demás como te amas a ti mismo».[8]

### *¿Podemos realmente amar a Dios?*

Cuando siendo muchacho leía los diez mandamientos, me preguntaba: *¿Realmente qué quiere decir eso? ¿Amar a Dios?* Era desconcertante incluso decirlo en alta voz. Usted puede amar a su esposa, a su novia, pescar, jugar golf, ¿pero cómo se ama a Dios? Eso parece algo etéreo, demasiado extraño. Pero fue una verdad salvavidas que yo recordé en mi depresión, y a partir de ahí empezó a tener sentido. Ciertamente, yo no sé cómo es que lo hace Dios, pero de alguna manera se hace real a aquellos que lo buscan de todo corazón. Trataré de explicar esto en la forma en que he llegado a entenderlo.

Llegué a darme cuenta que la palabra *amor* es una *acción verbal* que indica que usted está haciendo algo para alguien debido a que ese alguien tiene mucha importancia para usted. Está estrechamente relacionado a una palabra que he usado ampliamente en mis seminarios, en mis escritos y en consejería, la palabra *honrar.*

*Honrar* a alguien significa que usted decide ver a una persona como algo muy valioso. A sus ojos, es «un campeón de todos los pesos», el mejor, el de los más altos valores posible. *Deshonrar*, por el otro lado, es cuando usted considera a alguien como vapor de la tetera; como algo que desaparece y se va con muy pequeño valor. (Más sobre este concepto en el capítulo 8).

Esta palabra *honrar* me ha ayudado a acercarme a Dios. Al haber establecido a Dios como el más alto valor de mi vida, Dios en forma milagrosa me ha alcanzado y en varias maneras se ha hecho real a mí. No entiendo más esto de lo que entiendo como trabajan las computadoras, de todos modos, empiezo a «mecanografiar»... Y en mi vida espiritual aun sigo honrando y creyendo, y Dios continúa haciéndome conocer su presencia.

Permítame ilustrar lo que quiero decir con «hacer a Dios el más alto valor de mi vida». Imagínese que usted y su cónyuge asisten junto con miles de fanáticos a un concierto para escuchar a su cantante favorita, Crystal Gayle. Mientras está ahí sentado esperando que comience el concierto, piensa cómo, durante toda su vida, ha querido saludar a Crystal y pedirle un autógrafo.

Usted permanece sentado aproximadamente en la fila cincuenta, y una vez que el concierto comienza, usted y miles de otras personas escuchan por horas, sencillamente fascinado. Varias veces agradece mentalmente al amigo que le regaló la entrada, y se siente especialmente favorecido porque este amigo le cedió su asiento.

Y Crystal, usted tiene todos sus discos, y ahora está gritando y aplaudiendo y atesorando este tiempo con ella. Ella tiene un tremendo valor para usted, y usted la está *honrando* con su presencia y entusiasmo. Esto es lo que significa la palabra.

Ahora, vamos un poco más lejos. Déjeme decirle que justo antes que el concierto concluya, un ujier en traje de gala se acerca y señala al número de su asiento, M-52. Un anunciador dice: «¿Podría la persona en el asiento M-52 ponerse de pie y seguir al ujier cuando finalice el concierto? El amigo que le regaló la entrada escribió a

Crystal y le dijo lo mucho que a usted le gusta su música. A ella le gustaría reunirse con usted en el salón verde después del concierto».

Claro. Su corazón casi explota. Está como loco. Durante el resto del concierto no deja de pensar: *Esto no puede ser posible. Es demasiado bueno para ser verdad.* A causa de su excitación, ni siquiera escucha la última canción.

El concierto concluye, y usted pregunta al ujier: «¿Es esto verdad?»

¡Y él conoce su nombre! «Crystal recibió la carta que hablaba de usted», le dice el ujier, repitiendo lo que había dicho el anunciador.

Así es que usted va al salón verde y se reúne con ella. Le pregunta por usted y le agradece que sea un gran admirador suyo, y los dos se hacen rápidamente amigos. Incluso la invita a ella y a todo su equipo a comer. Luego, para su asombro, ella le dice que le gustaría verle a usted y a su esposa al día siguiente para pasar la tarde juntos. Al final del día, y como para culminarlo todo, ella dice que les va a pagar dos semanas de vacaciones con ella porque realmente disfruta su compañía. Y después de algunos meses, usted llega a conocerla; ella llega a ser uno de los amigos cercanos de su familia, y usted se limita a mover la cabeza maravillado por su buena fortuna.

Algo así es lo que me ocurrió a mí en mi experiencia con Dios. Yo era como un fanático que tenía a Dios como mi ídolo. Lo había valorado desde que estaba en la universidad. Nada era más importante para mí que Él y mi relación con Él. Pero ciertamente no estaba dispuesto a hacer lo que creía que esperaba de mí: que lo amara a Él y a los demás como me amaba a mí mismo. Me quedaba corto respecto de esta exigencia. Necesitaba no únicamente su perdón, sino también su fuerza. Pero al tener el honor tan grande de su compañía, me sentía cerca de Él y lo amaba aun cuando no estuviera plenamente consciente de ello.

He aprendido que al honrar a Dios, aprendo a amar a Dios. Al ir tras Dios, lo he encontrado. Al poner a un lado la ira que me mantenía alejado de Él, soy llevado a su presencia; estoy en condiciones de sentirlo en mi espíritu.

Tengo cientos de ejemplos de cómo Él se ha hecho evidente a mí. Muchos tienen que ver con seguridad interior, paz, bienestar y sabiduría, en medio de la crisis, un gozo rejuvenecedor y un *deseo creciente* de amar a los demás. No tuve que esforzarme con estas cosas: parecía que se me daban sin que mediara el más mínimo esfuerzo de mi parte.

Todo lo que tuve que hacer fue acercarme a Él y honrarlo. Al honrarlo, llegué a conocerlo y a confiar en Él.

Esta satisfacción vino cuando yo, en fe, experimenté el cumplimiento de promesas bíblicas tales como: «Mi Dios, pues, suplirá, todo lo que os falta, conforme a sus riquezas en gloria en Cristo Jesús».[9] ¡Dios puede suplir todas las cosas que necesite! Esta es una tremenda promesa, especialmente cuando por años muchas de mis necesidades emocionales han estado insatisfechas, mi trabajo había sido tanto frustrante como gratificante, y yo me preguntaba cómo habría de proveer para mi familia en los meses siguientes. Pero cuando llegué a conocer a Dios mejor, llegué a confiar más en Él, y llegué a descubrir que Él es tan bueno como su palabra. Vez tras vez y en formas muy prácticas, Él ha provisto milagrosamente para mis más profundas necesidades.

### *¿Podemos amar a otros?*

Al recuperarme de mi crisis, esta nueva conciencia de que Dios estaba haciéndose cargo de mí, me permitió gastar más tiempo y energía en pensar en las necesidades de otros. Fue como: «Muy bien, se está preocupando por mí, entonces ahora puedo hacer más por atender a las necesidades de los que me rodean». Esta actitud me permitió concentrarme más abiertamente en la *segunda verdad*. Recuerde, el resumen del mandamiento fue: «Ama a Dios con todo tu corazón, y ama a los demás como te amas a ti mismo».

Cuando ya no me sentí más distanciado de Dios, pude amar mejor a otros (y a mí). Cuando empecé a aumentar mi valor por los demás, respetándolos, mi deseo por ayudarlos también aumentó. Se ha dicho: «Donde está tu tesoro, allí estará también tu corazón».[10] Al atesorar a la gente, las amé. No tenía que esforzarme por amarlas; sencillamente surgió a partir de respetarlos más.

## Pasos específicos y prácticos

Me gustaría presentar algunos pasos que yo doy cada día para mantener mi relación con Dios. Esto no es un juego rígido de procedimientos, sino solo algunas ideas que me ayudan en forma práctica.

Reconozco que la creación de Dios no puede finalmente darme la clase de satisfacción que solo Dios puede dar. Por eso uso mis emociones negativas naturales para recordarme que debo dejar que Él sea la fuente de poder para mí. Cada vez que me siento temeroso, preocupado, o enojado porque alguien o algo me ha fallado en mis expectativas, *lo admito ante Dios.* (Esta es otra manera de decir que confieso mi error de buscar satisfacción en las personas o en las cosas que el dinero puede comprar.) Por ejemplo, si estoy enojado, digo: «Señor, estoy agradecido que ahora mismo estoy enojado. Porque esto me muestra lo fácil que es esperar que tu creación cargue mis baterías. También me muestra que para mi realización, y debido a que no he estado mirándote a ti, he estado buscando en el lugar equivocado. No te he honrado como la fuente de mi poder y vida».

Luego, digo a Dios: «Ahora mismo me voy a tomar el tiempo para sacar de mi compartimiento de baterías eso que no es Dios». En otras palabras, hago una decisión consciente que voy a dejar de confiar en las personas o en mi trabajo para mi realización. No voy a seguir esperando que ellos me provean la felicidad, el contentamiento, y el amor.

Luego, digo a Dios: «Ahora te invito a tomar posesión plena de mi compartimiento de baterías». Me realíneo con Dios, reconociendo que solo Él nunca me decepcionará. Empiezo a mirar a Él, y solo a Él, como mi fuente de energía y gozo. Y cuando estoy consciente de cómo «he errado el blanco» al actuar en una forma no amorosa, busco su perdón. Esto mantiene nuestras relaciones abiertas.

Finalmente, y esta es la parte más difícil, le digo a Dios: «Te honro a ti y a tus maneras que están más allá de mi comprensión. Señor, estoy dispuesto a esperar hasta que tú "cargues mis baterías". Sé que puede pasar un tiempo antes que esté satisfecho con lo que tú provees, en vez de esperar secretamente que mi esposa, mi casa o mi trabajo suplan para mis necesidades. Quiero que tú seas la fuente de mi vida, la fuente de mis fuerzas, mi poder para amar a los demás como debería hacerlo».[11]

He descubierto que al orar en esta manera consistente y sinceramente, Dios ha sido fiel en revelarse a mí. Si nosotros estamos poniendo a alguien o algo que no sea Dios en nuestro compartimiento de baterías, esperando que las personas o el trabajo o cosas nos den energía y nos hagan felices, nos vamos a desilusionar, y a desilusionar con mucha frecuencia. Estas personas y estas cosas sencillamente no pueden tomar el lugar de Dios. **La realidad es que siempre van a ser menos de lo que esperamos.**

¿Puede imaginarse cómo sería tener a dos personas en un matrimonio que ambos descansen mayormente en Dios para llenar su «compartimiento de felicidad»? Ambos tratarían de superar al otro en atender a sus necesidades mutuas. Estarían siguiendo lo que Jesús llamó el más grande de los mandamientos: Amor a Dios con todo el corazón, y, en segundo término, al prójimo como a sí mismo. No conozco nada mejor.

## Atender a las advertencias para evitar el desastre

Nuestra jornada espiritual pone fin a la parte 1 de este libro. Hemos visto cómo nuestras decisiones en cinco áreas principales pueden marcar la diferencia entre chocar con un témpano o tomar una ruta que pueda llevarnos al más profundo y satisfactorio amor por la vida que derive en un amor por nuestro cónyuge. Tenemos que decidirnos a:

- Ir más allá de las iras no resueltas y aprender a perdonar;
- Buscar los más altos valores en todas nuestras pruebas;
- Obtener fuerzas de más de una o dos áreas de la vida;
- Reclamar y respetar en amor las líneas de propiedad personal; y
- Permitir a un Dios amoroso suplir nuestras necesidades para capacitarnos a amar durante toda la vida.

En la parte dos vamos a concentrarnos en ocho de mis formas favoritas para enriquecer las relaciones, especialmente con su cónyuge. Puede hacer algunos pocos ajustes en su propia vida que pueden transformar su matrimonio. Aun si su cónyuge no está dispuesto a viajar esta ruta con ustedes, su matrimonio puede ser grandemente influenciado para bien. Y la base de la parte dos es esa segunda verdad que ha transformado mi vida: Ama a tu prójimo como a ti mismo.

## Principios del amor para toda la vida

38. El amor para toda la vida descansa en Dios como su fuente permanente de poder.
39. El amor para toda la vida no pide lo imposible de un amor verdadero: «Sé mi fuente de poder».
40. El amor para toda la vida sabe que el «poder» no está en las posiciones.
41. El amor para toda la vida da a Dios el más alto valor en la vida.
42. El amor para toda la vida admite sus fallas y pide indulgencia.

# Parte II

## Principios para que el amor no se apague: Cómo estar siempre enamorado de su cónyuge

¿Busca el secreto de envejecer al lado de su pareja? Después de cincuenta años de matrimonio, ¿mantiene usted la esperanza de seguir sonriendo cuando él llega a la puerta? ¿Seguir buscando su mano en el cine? ¿Aún acurrucáŕsele en el sofa o entre las sábanas?

Quédese sintonizado. La parte dos enfoca las intrincadas relaciones personales, especialmente del matrimonio. ¿Cómo se aprende a balancear lo que a usted le hace feliz con las cosas que satisfacen las necesidades de su pareja? ¿Cómo dos personas mantienen las energía para vivir y el entusiasmo por el otro? Desde el ABC de la comunicación eficiente hasta la XYZ de las buenas relaciones sexuales, el próximo capítulo presenta principios para constituir un matrimonio sólido que se definen en los votos hechos el día de la boda: amarse y cuidarse hasta que la muerte nos separe. Unidos para siempre en amor.

Recuerde que estos principios de amor eterno funcionan si ambas partes se proponen vivir los principios del amor eterno que se presentaron en la parte una. Dos personas en paz con ellos mismos tienen más energías para estar en paz con el otro. Piense en las posibilidades: vivir con una pareja que disfrute tanto el jardín de su vida, mientras usted está en el suyo, que cuando están juntos, sobreabunde. Personalmente disfruto el escenario, porque esta es la clase de relación que mi esposa y yo cultivamos y desarrollamos en nuestro jardín del amor.

Veo un escenario completamente diferente en un esposo que tira la puerta al amor-de-por-vida. Por ejemplo, un esposo que está regando una ira contenida a cualquiera quizás no le sea posible las palabras o hechos amorosos de su cónyuge. ¿Por qué? Porque la ira repela el amor y mantiene a los demás a distancia.

Habiendo dicho esto, le aseguro que hay esperanza para casi cualquier relación aunque una de las partes esté tomando responsabilidades por su propio contentamiento, escapando del juego de la culpa, y eligiendo seguir con el amor en las relaciones. Por último, el amor de por vida, un amor perdurable para el otro, está basado en las decisiones que hagamos, escogiendo nuestras reacciones a las circunstancias y a las personas. Cada uno de nosotros tiene que ser responsable.

Insto a las parejas a leer juntos la parte dos, si es posible en voz alta para cada uno, pausando aquí y allá para discutir una idea o su aplicación. Si su pareja se resiste a la idea de mejorar las relaciones, recuerde que hasta los pequeños cambios que usted pueda hacer motivarán grandes cambios en su matrimonio.

La parte dos presenta las herramientas que mejor trabajan para renovar mi propio matrimonio y los otros miles a los que he podido ayudar. Aquí está cómo estas «herramientas» se usan en esta segunda parte del libro:

- El capítulo ocho muestra cinco señales que indican una relación saludable y los síntomas de relaciones que no son saludables.
- El capítulo nueve expone siete formas de enriquecer su comunicación, haciendo posible que usted y su cónyuge entiendan el significado y sentimiento de las emociones del otro. Aquí verá cómo ir más allá del nivel de la superficie de las comunicaciones y llegar a un nivel más profundo de la intimidad. Esta es la llave para mantener un matrimonio con amor, y una comunicación importante.
- El capítulo diez muestra cómo una persona puede hacerse más querida, entendiendo y trabajando para sacar lo mejor de sus tendencias naturales de la personalidad.
- El capítulo once muestra algunas luces adicionales en las cinco formas en que usted y su cónyuge son diferentes. Una de estas áreas es un tópico fascinante de las diferencias de los géneros. ¿Cómo puede sacar lo mejor de su pareja enloquecedora?

- El capítulo doce es un gran tributo a las mujeres en general. He aquí cómo leer el manual del matrimonio innato en la mujer. Por intuición la mujer sabe qué pequeños pasos se pueden tomar para mejorar el matrimonio. Para mi esto es una perspicacia espectacular.
- El capítulo trece describe cómo los conflictos normales de la vida cotidiana pueden fortalecer sus relaciones. En lugar de destruirte, pueden probar ser hasta beneficiosos. Verá cómo reducir la frecuencia de los conflictos y usarlos para enriquecer su intimidad.
- El capítulo catorce revela que el buen sexo tiene cuatro elementos igualmente importantes, y sólo uno de ellos es el físico.
- El capítulo quince explica el modo más poderoso que conozco para hacer en su matrimonio la prueba del divorcio. Usted puede llamar el concepto: «Sin depósito ni devolución».
- Finalmente, el capítulo 16 describe la mejor clase de amor, la clase que le puede ofrecer más satisfacción que recibir amor del otro.

Lo invito a leer cuidadosamente la parte dos: «Principios del amor eterno», y discutirlo usando las herramientas que puedan ser de mayor utilidad para el momento. Más tarde, repase este libro a medida que se presenten nuevos desafíos.

Y a medida que lea, sepa que muchos de estos principios enriquecerán todas sus relaciones tanto en el trabajo como en la casa, especialmente las relaciones con un potencial de explosivos con los niños y los adolescentes.

Aquí, a mediados de este libro, le presento este desafío: Haga su meta el amor eterno, tenga paciencia y vigile cómo se desarrollan los frutos de su matrimonio.

# 8

# Cinco signos vitales de un matrimonio saludable

*El amor es un poder activo en el hombre; un poder que traspasa las paredes que separan al hombre de sus congéneres, que lo une con los demás; el amor lo hace superar el sentido de aislamiento y separación, y que sin embargo le permite ser él mismo, y retener su integridad. La envidia, los celos, las ambiciones, cualquier tipo de codicias son pasiones; el amor es una acción, la práctica de un poder humano, el cual se puede únicamente ejercer en libertad y nunca como resultado de una obligación.*

Erick Fromm[1]

*¿Son mis relaciones saludables?* Quizás usted sepa de alguien a quien el consejero le haya hecho esta pregunta. O quizás se la han hecho a usted. ¿Cuál es el sentido de la pregunta? ¿Qué quiere decir *saludable* en términos de una relación?

He aquí lo que he aprendido sobre lo que quiere decir saludable. Es una relación donde cada persona se siente valorada, respetada y amada. Cada persona está relativamente contenta con la vida y está creciendo hacia la madurez.

En cada relación, especialmente dentro del matrimonio, hay al menos cinco indicadores o signos vitales generalmente aceptados, de la salud de esas relaciones.[2] En este capítulo echaremos una mirada a esas señales. Para hacer que el amor dure para siempre, los socios en el matrimonio deben aprender a leer los signos vitales de su relación.

## Síntomas de enfermedad

Si podemos identificar los signos de salud, también podemos ver los síntomas que indican que «algo no anda bien». En la historia de Jack y Sherry vamos a ver algunos de estos síntomas. Hubo un momento en que todos sus signos vitales eran negativos. Su matrimonio se veía como un caso terminal.

Unos diez años antes, después de varios años de matrimonio, Sherry se sintió tan hastiada con el cauce que tomaron las cosas que le pareció que el matrimonio estaba terminado.

«¡Hasta aquí llegamos!», dijo. «¡No pienso seguir exponiéndome a este sube y baja emocional!» Y empacando algunas de sus cosas, se fue de la casa. «No tenía mamá a cuya casa correr», explica, «así es que me fui a nuestra casa-bote y me encerré allí».

En un sentido, esa casa-bote simbolizaba la raíz del problema de la pareja. El padre de Jack, un alcohólico, nunca había durado mucho tiempo en un trabajo. «Estaba hasta la coronilla ser la antítesis de eso», dice Jack, quien llegó a ser un clásico adicto al trabajo, dedicando largas horas a levantar un negocio exitoso para poder proveer seguridad financiera y comodidad a su propia familia. Una de esas comodidades era la casa-bote. Él disfrutaba este y otros juguetes «lujosos», costeados con sus largos días de trabajo. Y *suponía* que Sherry lo disfrutaba tanto como él.

Ella seguramente la habría disfrutado y lo que representaba, pero aquello no era capaz de satisfacer su inquietud interior. ¿Qué era lo que Sherry quería? En su mente ella se imaginaba y deseaba un matrimonio amoroso. Central en esa imagen era un esposo que apartara tiempo para ella, conversara con ella, y se preocupara de ella. Ninguna casa, por confortable que fuera, ni un lujoso yate podrían ocupar el lugar de la presencia y atención de un esposo amoroso.

La frustración de Sherry se hizo más grande cuando se dio cuenta que Jack a lo menos estaba consciente de su insatisfacción. Queriendo ser un mejor marido, Jack accedió a asistir a conferencias para matrimonios y a buscar consejo profesional. Incluso se unieron a un pequeño grupo dedicado a dar apoyo a los matrimonios miembros. Así, pudo oir algunas consejos, tales como un recordatorio de que necesitaban pasar más tiempo juntos, prometer a Sherry que las cosas iban a mejorar, portarse bien por un tiempo... y luego volver a sus viejas costumbres de adicto al trabajo. Sherry, que nunca había tenido una gran relación ni había confiado en su papá, sintió cómo el resentimiento aumentaba dentro de ella.

Cuando aquello llegó a su límite, Sherry se sintió como si estuviera viviendo en una sequía interminable. Hacía meses que no llovía en su vida. Hasta que un día cayeron algunas gotas. *¡Ah, esto es tan refrescante!* Ella quería que aquellas pocas gotas se transformaran en lluvia, pero nunca tuvo muchas esperanzas que así fuera. *No, no, algo va a ocurrir y él fallará de nuevo.* Aquellos pensamientos negativos le impedían disfrutar incluso de las pocas gotas que caían sobre ella. Luego, suficientemente segura que Jack volvería a fallar, se encontró de nuevo en una sequía emocional.

El interés de Jack de jugar tenis llegó a ser un particular motivo de disgusto. Él acostumbraba jugar para aliviar las tensiones, algo que realmente necesitaba después de largas horas de trabajo. Pero para Sherry, el tenis era un intruso que venía a competir con ella por la atención de su esposo. Y cuando él apartaba algún tiempo en su agenda para jugar y no para ella, sus celos aumentaban.

El resentimiento de Sherry fue aumentando con los años. Le era difícil expresar a Jack sus pensamientos y sentimientos. Cuando había tratado de hacerlo, él no la dejaba hablar. «¡Por qué, si tú tienes todo lo mejor!», le insistía él. «¿De qué te quejas? ¡Nunca habíamos estado mejor!» Y sus necesidades emocionales seguían insatisfechas, sus sentimientos obviados.

La tensión y la presión aumentaron hasta que Sherry decidió que ya no podía soportar más y corrió hasta la casa-bote. Al darse cuenta que se había ido de la casa, su hijo Jim fue tras ella. Golpeando la puerta, le dijo:

—Mamá, solo quiero orar contigo.

Ella no quiso abrirle y dejarlo entrar. «Sabía que si Jim oraba por mí, empezaría a llorar y cedería como me había ocurrido con Jack». Así es que le dijo a Jim:

—No, no quiero que oremos ahora. No quiero que estés ahí. Necesito estar sola algún tiempo.

Jim respetó su deseo y volvió a casa. Pero entonces llegó Bob, un miembro de su pequeño grupo. Él había sido un hijo muy parecido a Sherry y, además, ella siempre había estado dispuesta a conversar con él en las reuniones del grupo. Cuando golpeó a la puerta y se identificó, ella se mantuvo firme.

—¡Vete! No quiero hablar.

—Sherry, no voy a tratar de hacerte cambiar de opinión —le dijo—, solo quiero estar aquí y asegurarme que estás bien.

—¡No! ¡No puedo verte! —insistió ella—. ¡Vete de aquí!

Y eso, pensó, sería el fin de todo. Nada más se dijo y ella supuso que Bob se había ido.

Media hora después, Sherry necesitó usar el baño, lo que significaba que tendría que salir de la casa-bote. Corría el mes de febrero y hacía un frío que calaba los huesos: siete grados sobre cero en la escala Farenheit, por cuya razón ese día el agua de la casa-bote había sido cortada. Sherry abrió la puerta para salir, ¡y ahí estaba Bob sentado, sin abrigo, temblando y empezando a ponerse azul! Nunca se llegó a ir.

Sherry no lo podía creer. Y en su preocupación por Bob, se olvidó de su necesidad de ir al baño. Lo llevó adentro y le dio una frazada. Empezaron a hablar y algunos minutos después ella estaba vertía afuera todas sus frustraciones y resentimientos. Le contó a Bob todas las cosas estúpidas que hizo Jack. Bob se limitaba a escuchar. No criticaba a nadie, no defendía a nadie, no contradecía sus sentimientos. Simplemente le dio el regalo de un oído atento.

A medida que Sherry hablaba, sucedió algo maravilloso. Al haber alguien que la escuchara, comprendiera su frustración y «destapara» sus sentimientos nocivos, todo aquello pareció ir saliendo a medida que hablaba. Finalmente, ya no pudo recordar ninguna otra cosa negativa atribuible a Jack. Así es que se sentó, en silencio. *¿Qué es esto?* pensó, a medida que sentía un sutil vuelco en su espíritu. Al vaciarse de aquellas confusas emociones negativas, había descubierto un residuo de sentimientos positivos. Recordó unas pocas cosas buenas que Jack había venido haciendo, y los pequeños pero esperanzadores cambios que había tenido. Vio que él había estado tratando, a su manera, de revertir sus hábitos de toda una vida para ser más la clase de cónyuge que ella necesitaba. Estaba lejos de ser perfecto, pero se estaba *esforzando* por mejorar. Sintió un nuevo aprecio por él y, sin llegar a entenderlo totalmente, una fresca esperanza para su matrimonio.

En aproximadamente una hora, sus sentimientos hacia Jack y el potencial para su matrimonio habían cambiado. Después de hablar con Bob un poco más, Sherry dijo:

—Pienso que, después de todo, quizás todavía haya esperanza para nosotros. Voy a trabajar para intentarlo.

Desde entonces, Jack y Sherry han experimentado la normal

sacudida relacional que cualquiera pareja puede esperar. Pero su retiro en la casa-bote fue un verdadero punto de regreso y yo he visto su matrimonio crecer y florecer hasta el presente. Son una verdadera inspiración para mí y para otros.

Antes de este día decisivo, su matrimonio exhibía las dos características o síntomas más comunes de relaciones inadecuadas:

(1) *Demasiada distancia* entre la pareja, y (2) *Demasiado control* ejercido por una persona. Cuando *ambos* están presentes en la misma relación, como lo estaban en el caso de Jack y Sherry, el desastre es casi inevitable.

Demasiada distancia puede producirse cuando el esposo y la esposa no están hablando lo suficiente como para que ambos se sientan «conectados». A menudo, una de las personas es demasiado callada, incapaz de compartir sentimientos profundos o simplemente dejando a la otra persona fuera de su vida privada. A menudo, una pareja está demasiado ocupada para permanecer en contacto emocionalmente; a uno de ellos, el trabajo lo mantiene demasiado tiempo fuera de casa. Si aun una persona se percata de este «distanciamiento», el resentimiento puede esparcirse como un cáncer.

En una situación de excesivo control, uno de los esposos es dominado por el otro, escogiendo dónde va a vivir la pareja, ir a la iglesia, salir de vacaciones, haciendo decisiones cada día, y así por el estilo. La persona controlada puede perder el sentido de identidad personal y finalmente no saber con claridad lo que quiere o quién, realmente, es. Estas barreras personales pueden ser violadas hasta el punto que la persona llegue a sentirse como si estuviera comprimida en una pequeña caja. Y en esa pequeña caja, pronto se comprime la ira.

A menos que se reconozcan y entiendan, estos problemas de distancia y control pueden inculcarse profundamente en un matrimonio. Eso es exactamente lo que ocurrió con Jack y Sherry. Jack falló en entender que su naturaleza controladora creaba distancia entre él y Sherry, quien aprendió a no analizar sus sentimientos negativos; en lugar de eso, los enterró. Hasta la crisis de la casa-bote, ninguno de ellos había reconocido las señales de advertencia de un problema potencialmente fatal para su matrimonio.

Vamos a volver de los signos de enfermedad a los de salud en una relación. Para ver cómo funcionan varias de estas señales, continuaremos refiriéndonos a Jack y Sherry y su «nueva» relación. (Agradezco a mi amigo y profesor de Sicología, el Dr. Rod Cooper por sus aportes en este análisis.)

## Signo vital 1: Todos se sienten seguros de pensar por sí mismos

En cualquiera relación saludable, las personas tienen la libertad de pensar por ellas mismas. Piense en una situación conversacional. Si una esposa dice algo así como: «¡Esa es una idea estúpida!» o «¡Solo haz lo que te digo y no preguntes nada!» el cónyuge pronto va a aprender que no es seguro pensar por sí mismo. Hasta hace poco tiempo las personas regañadas aprendían a restar importancia a sus pensamientos o a incrementar su resentimiento, o ambos.

En el caso de Jack y Sherry, él en forma persistente daba a entender que si ella no veía las cosas como él las veía, entonces había un problema en ella. Si ella decía que él estaba trabajando demasiadas horas, él le decía que no estaba reconociendo el sacrificio que estaba haciendo por el bienestar financiero de la familia. Si ella reclamaba que él estaba dando más importancia al tenis que a pasar tiempo con ella, él insistía que ella no quería reconocer su necesidad de recreación para aliviar las presiones de su trabajo. En resumen, lo que él comunicaba era que el *pensamiento* de ella debía tener algún problema.

Por el otro lado, en una relación saludable, alentamos a la otra persona a pensar. Queremos que nuestros hijos comuniquen sus planes, hagan preguntas, y luego aprendan a tomar sus propias decisiones. Queremos que nuestras esposas usen su creatividad e inteligencia para complementar la nuestra. Como alguien ha dicho del matrimonio, si los dos pensamos exactamente igual, uno de los dos está de más.

Tengo que admitir con vergüenza, que en los primeros años de nuestro matrimonio, yo era un poco insensible respecto al proceso de pensamiento de mi esposa. Creía en muchos estereotipos acerca de la manera de pensar «emocional» de las mujeres; y a veces, desechaba sus ideas debido a mi deseo de que todo fuera «perfectamente lógico». Estúpidamente asumía que mi manera de pensar era superior.

Ahora, después de estar casado por más de treinta años, he aprendido no solo a escuchar las ideas de Norma sobre cualquier cosa, sino también a aprovecharme lo más que puedo de su pensamiento. Esto se debe a que muy a menudo veo cómo su proceso de pensamiento lógico e intuitivo hace maravillas y me mantiene alejado de los problemas.

## Signo vital 2: Todos son alentados a hablar y a saber que sus palabras serán apreciadas

En una buena relación, la persona no solo tiene la libertad de pensar, sino también es alentada a hablar, a expresarse. Cuando usted habla, la otra persona: su esposa, sus padres, sus amigos, su jefe o quien sea, escucha y con la actitud de que lo que usted está tratando de decir es muy apreciado, aun si ustedes dos están en desacuerdo.

(Por favor, comprenda que no estoy diciendo que está bien hablar en forma irrespetuosa. Con la libertad viene la responsabilidad, y cada cosa que digamos debería honrar a quienes están dirigidas nuestras palabras. Aun las opiniones fuertes pueden ser expuestas en una forma clara pero respetuosa.)

Desafortunadamente, en una gran cantidad de hogares, las esposas y los hijos parecieran estar destinados a ser vistos pero no oídos. O quizás cuando hablan, son constantemente interrumpidos. O saben que ciertos temas son tabúes y son tocados solo con riesgo. Ser impedidos de expresarse puede producir mucho resentimiento oculto y destructivo.

Cualquiera que haya sido la comunicación que se usó en el hogar de su infancia, ese será el patrón de comunicación que usted tenderá a usar como adulto. Si cuando niño no se le permitió hablar, tenderá a no dar esa libertad a su esposa y a sus hijos. Si por el contrario, fue animado a hablar, usted probablemente dará a otros el mismo derecho.

¿Tuvo usted unos padres distantes y controladores? ¿Se le prohibió hablar con sinceridad? ¿Fueron las palabras «te amo» raras veces oídas? Si ahora usted se sorprende repitiendo ese mismo patrón malsano, tengo una recomendación que ha dado buenos resultados en muchos de mis clientes. Vaya a su esposo o esposa (o a sus hijos o amigos cercanos) y dígales: «Me gustaría hablar más contigo y escuchar lo que te gustaría decirme, pero no me crié así, de modo que no me resulta natural. En realidad, es duro para mí. Pero quisiera romper con ese hábito, con ese lastre generacional. *¿Querrías ayudarme?*» Cuando las personas que amamos empiezan a ayudarnos a que los amemos más, por lo general son más tolerantes con nuestras costumbres y nos perdonan.

Como esposo y papá, he pedido mucha ayuda. He tenido que

hacerlo, debido a que tan pronto como me digo que nunca más voy a brincar sobre Norma o los niños y no permitirles expresarse, me vuelvo y otra vez lo estoy haciendo. A ellos les ayuda entender por qué a veces reacciono en la forma que lo hice, y me ayuda a mí a saber que ellos siguieron considerándome responsable. También nos da base para volver a pedir perdón cuando volvemos a resbalar.

En el caso de Jack y Sherry, él aprendió un patrón muy perjudicial de su padre alcohólico; a su vez, Jack era un experto en impedir que Sherry se expresara. Seguramente usted recordará que su arma era la vergüenza: «¿Cómo puedes quejarte? Mira cuán bien te ha ido!» Entonces Sherry guardaba silencio y se enfurecía y se frustraba más y más hasta que finalmente no pudo aguantar más y salió huyendo.

Cada vez que veo a unos padres ejerciendo un control perjudicial sobre sus hijos, no pienso *¡Qué gente terrible!* sino que por lo general pienso: *Me pregunto qué clase de padres tendrían*. Casi siempre, los hábitos negativos de su paternidad pueden ser trazados hacia el pasado, hasta la forma en que fueron criados.[3] Basados en investigaciones presentadas en su libro *Family Therapy* [Terapia familiar], los Goldenberg han llegado a la conclusión que las habilidades para comunicarse que aprendemos cuando niños tienden a ser las que usamos cuando adultos. De nuevo, es el efecto generacional: Lo que nos dan cuando niños, tendemos a dar a nuestros cónyuges y a nuestros hijos.

La evidencia que nos alienta en estos días es que el tirón de nuestro pasado puede ser roto. Y como lo he sugerido más arriba, una de las mejores maneras de ejecutar esta acción es pensando que tendremos que dar cuentas a nuestros seres queridos.

Para comunicar aceptación de las palabras de otras personas, recomiendo un toque comedido. Cada vez que esté escuchando a su esposa o a sus hijos, recuerde poner su brazo alrededor de ellos o una mano en sus hombros. Ese toque delicado les estará diciendo que usted los ama, que ellos son importantes para usted, y que lo que están diciendo es algo que vale la pena.

También es importante el contacto visual, especialmente con los niños. Cuando hacemos el esfuerzo de poner a un lado cualquiera cosa que estemos haciendo y los miramos a los ojos, ellos saben que tienen toda nuestra atención. Pero si tratamos de hablar al mismo tiempo que estamos haciendo otra cosa, ellos saben que en verdad no los estamos escuchando.

Un amigo cuenta de una vez que estaba leyendo el periódico y su pequeña hijita le quería hablar.

—Papito, ¿me estás escuchando? —le preguntó.

—Uh, huh –respondió él, continuando con la lectura.

Después de eso, su hija se acercó a él, le tomó la cara con ambas manos, y le volvió la cabeza de modo que él no tenía alternativa sino mirarla directamente a los ojos.

—Mírame cuando te estoy hablando, papito —le exigió.

Ella sabía cómo estar segura que tenía la atención de su papá. ¿Pero por qué esperar hasta que alguien haga una súplica tan desesperada? ¿Por qué no hacer contacto visual por su propia iniciativa y mostrar a esa persona, joven o vieja, respeto?

El lenguaje corporal también puede comunicar interés y aceptación. Inclínese hacia la persona que le está hablando; afirmaciones ocasionales con la cabeza son algunas de las señales sutiles de un escuchar activo que alienta a la persona a hablar.

## Signo vital 3: Todos disfrutan de un sentido de seguridad y valor al compartir sus sentimientos

En una relación sana, usted no solo sabe que su pensamiento y sus palabras son apreciadas, sino que también tiene la libertad de compartir sus sentimientos, sabiendo que serán respetados. Por el otro lado, en una situación insana, cualquier intento de compartir sentimientos puede chocar con una afirmación demoledora: «¡Déjate de niñerías!» «¡Despierta a la realidad!» «¡Estás haciendo una montaña de un lunar!» «¡Déjame tranquilo!»

Recientemente estaba con un matrimonio que preparaba su automóvil para un viaje durante el cual dejarían a su hijo de edad de secundaria con algunos amigos. Nunca habían pasado mucho tiempo separados de su hijo y la esposa expresaba algunos sentimientos de pesar por dejarlo solo.

—¿Quién va a prepararle su almuerzo por la mañana? —decía—. ¿Quién va a servirle algo de comer cuando vuelva a casa de la práctica de fútbol?

—¡Vamos, despierta! —respondió el marido—. ¡Vamos a estar fuera de casa solo algunos días. No puedo creer que estés haciendo un gran problema de esto!

Siendo amigo de la pareja, puse mi brazo alrededor de los hombros de la esposa. Mientras miraba a su esposo para asegurarme que me estaba poniendo atención, pregunté a ella:

—¿Cómo te sientes por lo que te acaba de decir tu esposo?

—Me hizo sentir como tonta y como si mis sentimientos no tuvieran importancia —respondió ella, con la mirada fija en el suelo.

—¿Preferirías no hacer el viaje? —le preguntó él, desconcertado.

—No, quiero ir —replicó ella—, pero lo apreciaría más si me dejaras decir lo que siento sin criticarme.

Entonces puse mi otra mano alrededor del hombro de él y le pregunté:

—¿Oíste lo que dijo ella?

—Sí. Sí lo oí —dijo con una mirada tímida.

¿Cree usted que él se dio cuenta cuando hizo ese comentario desagradable a su esposa? ¡No! Él no tenía idea que estaba controlándola a través de menospreciar sus sentimientos. Él era como tantos que podemos fallar en darnos cuenta de lo que estamos haciendo, a menos que se nos señale.

He estado en ese mismo lugar más veces de las que quisiera recordar. Norma expresaba sus sentimientos y yo replicaba con sarcasmo: «¡No lo puedo creer! ¡Otra vez estamos con las sensiblerías!» Ella se ponía a llorar, y yo daba vuelta los ojos en señal de frustración y hacía todo lo posible por salir rápido de eso para hacer «cosas más importantes». Durante mucho tiempo en nuestra vida matrimonial, no me di cuenta cuán perjudicial era esa clase de reacción. Pero al aprender la lección, le he dado a ella más libertad para compartir sus sentimientos, y ella ha desarrollado un sentido de confianza al hacerlo.

Debido a que mi tendencia a restarle importancia a sus sentimientos está tan arraigada debido a mi trasfondo y personalidad, esto probablemente será siempre un área problemática. Hace algunos años, cuando nuestros niños ya estaban atendiendo a sus propias necesidades y por primera vez teníamos un poco de dinero extra, le dije a Norma:

—Tenemos el resto de nuestras vidas juntos. ¿Qué es lo que más quisieras que te regalara, que pudiera hacerte decir: «Este es el mejor regalo que pudiste haberme dado; esto es lo que necesito más que cualquiera otra cosa?»

Sin dudarlo un segundo, me respondió:

—Quiero que seas amable y gentil conmigo, que entiendas mis sentimientos y me escuches, que no me sermonees y no seas tan duro conmigo.

Como puede ver, todavía estoy haciendo un montón de cosas que aprendí de mi padre y que fueron algo tan natural para mí, considerando mi estilo de personalidad. Pero, entonces, le dije:

—Si eso es lo que quieres, eso es, precisamente, lo que quiero aprender a darte.

Y desde entonces, me he propuesto ser la persona en la que confía al expresar sus sentimientos. Sigo aprendiendo y todavía cometo errores, pero al mismo tiempo sé que he progresado bastante.

En otro de mis libros cuento la historia de la ocasión en que Norma le arrancó parte del techo a nuestra mini casa rodante cuando quiso entrar al garage después de haber ido de compras. Si por ese tiempo hubiera seguido actuando como mi padre, habría salido disparado como él lo había hecho una vez que tuve un accidente con su automóvil. En los primeros años de nuestro matrimonio, era capaz de decir algo así como: «¡Qué estupidez! ¿No te fijas por donde andas?»

Pero gracias a que había venido aprendiendo y progresando un poquito en esta área, sabía que Norma se sentía lo suficientemente mal como para que necesitara una regañada mía. (También sabía que les había contado el percance a los vecinos de enfrente, y ellos seguramente estaban esperando ver cómo iba a reaccionar yo.) Ella necesitaba de mí que entendiera cómo se sentía y le hiciera saber que para mí aquello estaba lejos de ser el fin del mundo. Así es que puse mis brazos alrededor de ella y le dije que la amaba muchísimo más que al camper. Dentro de un par de horas, ya habíamos reparado el techo.

¿Cuán confiado se siente usted al expresar sus sentimientos a su esposa? ¿Cuán segura se siente ella con usted? ¿Cuán confiado se siente usted con sus hijos, vecinos, hermanos de la iglesia, compañeros del trabajo, y estos con usted? Esta libertad de compartir sentimientos es uno de los indicadores más claros de la salud de una relación.

## Signo vital 4: Todos se sienten significativamente conectados

¿Cuáles son las mejores formas de saber si usted está «conectado» a sus seres amados? Usted lo está si comparten regularmente sus sentimientos más profundos unos a otros; cuando están felices de verse al final de un largo día; cuando disfrutan el estar juntos y hacer cosas juntos. Lo opuesto de esto es una situación donde una de las partes es indiferente, quizás un adicto al trabajo, o un controlador. La indiferencia y el control crean distancia más que conexión.

El deseo de estar conectado es una necesidad humana básica. Es tan fuerte que cuando las personas sienten que no lo están, son especialmente propensos a desarrollar adicciones. El dolor de relaciones vacías es tan grande que buscan alguna manera de subsanar el sentimiento de vacío, suplirlo con algún placer adormecedor. Así, consiguen ese sentido de conexión que buscan no a través de relaciones sanas, sino mediante alguna substancia adictiva dañina. O comida. Pam Smith, una nutricionista reconocida nacionalmente, hace notar que algunos de los comedores compulsivos «comen "para llenar los vacíos" en sus vidas». La comida llega a ser un amigo y compañero que siempre está ahí, no importa la circunstancia. Cuando nos sentimos solos, comer parece llenar la soledad. Pero puede ser sustituida por amor, atención y trato afectuoso.[4]

Pensemos nuevamente en Jack y Sherry. Debido a que el padre alcohólico fue incapaz de conectarse con sus hijos, Jack tampoco sabía cómo conectarse. (De mi experiencia, es evidente que el alcoholismo desconecta a las personas.) Y debido a que Sherry a su vez había tenido una pobre relación con su padre, Jack dice: «Algunas de las suspicacias y falta de confianza en mí no venían por lo que yo estaba haciendo, sino por los recuerdos de su padre». De modo que ni Sherry ni Jack sabían cómo conectarse. ¡No es de extrañarse que hayan tenido una relación conflictiva por tanto tiempo!

Recuerde, además, que los enojos no resueltos también desconectan a las personas. Hace a una persona querer alejarse, no estar cerca de nadie. Si su esposa odia a sus padres, le va a costar mucho conectarse con usted. Las iras escondidas sabotean una gran cantidad de relaciones, y esa es una de las razones por lo que es tan importante que luchemos con nuestra ira en la manera correcta, a través de perdonar y buscar perlas, como ya lo vimos anteriormente.

¿Cuál es la mejor manera de establecer conexión con los demás? A través de comunicar experiencias, tener conversaciones íntimas, toques físicos intencionados y, una de las mejores que he descubierto, compartir las crisis. Cuando Norma y yo miramos hacia atrás, hacia lo que ha sido nuestro matrimonio, ambos nos damos cuenta que compartir un determinado tipo de experiencia fue la clave para que nuestra familia se «conectara». Es decir, nos dimos tiempo para una gran cantidad de actividades familiares al aire libre. Hicimos de todo, desde esquiar en la nieve hasta esquiar en el agua. Pero de todo lo que hicimos, lo mejor para nuestra conexión emocional fue nuestras salidas a acampar.

Acampar crea un tipo de crisis, afortunadamente menor, en cada salida. Y nosotros descubrimos, por problemas y por error, que cada vez que una familia experimenta una crisis en común, si las personas pueden superar la inevitable rabia que la acompaña, se van a sentir más cerca el uno del otro después que el polvo se haya asentado. ¡Al final de dos semanas de zancudos, lluvia, y sacos de dormir fríos, los campistas o se sienten más cerca o están furiosos los unos con los otros! Pero tan pronto como el enojo se apacigua y se experimenta el perdón, la crisis compartida ha llevado a cada uno más cerca del otro.

Volvemos al caso de Jack y Sherry: Como parte de su consiguiente esfuerzo por desarrollar un sentido de conexión más saludable, programaron más actividades juntos. Recientemente fueron a un lago a andar en bote y se detuvieron en un punto remoto de la ribera para un picnic. Cuando iniciaron el regreso hasta el embarcadero donde los esperaba su automóvil y su casa móvil, cayó la noche. De pronto, mientras bogaban en la oscuridad, chocaron contra un bote sin luces. Su propio bote saltó más de dos metros en el aire. Milagrosamente nadie resultó herido. Pero todo el día, desde la romántica comida hasta la cuasi tragedia en el bote, se transformó en una experiencia que los acercó más cuando semanas después, recordaban y contaban la historia.

Unos pocos meses más tarde, Jack y Sherry se fueron a visitar unas cavernas en Arkansas. Mientras caminaban por la profunda y larga cueva, Sherry resbaló y cayó de cabeza unos cuatro metros. Quedó bastante herida y necesitó dos meses para recuperarse. Pero esta experiencia, también, al Jack rescatarla y cuidarla y atenderla en su recuperación, multiplicó sus sentimientos de amorosa cercanía.

*No estoy* sugiriendo que son necesarias salidas peligrosas para permanecer conectados, pero lo animo a que planee actividades regulares que tengan el potencial de que algunas cosas pequeñas salgan mal. Luego, observe cómo esas pequeñas crisis traen tanto a usted como a su cónyuge un más profundo sentido de cercanía. Ni siquiera necesita ir afuera: las crisis y las conexiones pueden ocurrir en su departamento o en el patio de la casa. La clave es pasar por las crisis juntos sea cómo y cuándo ocurran.

La conexión es saludable. La falta de conexión, o el distanciamiento, es algo perjudicial. ¿Cómo siente su conexión a su esposa, a sus hijos y a otros miembros de su familia? O mejor aún, ¿cuánta distancia ha puesto entre usted y sus seres amados? Así como Jack y

Sherry, usted puede planear actividades que haya descubierto que le traen a usted y a sus amados a una conexión más estrecha.

## Signo vital 5: Respetar las «líneas límites» individuales de todos

El quinto signo vital de una buena relación es el respeto por la «línea límite» individual de unos y otros. Esto lo vimos en detalle en un capítulo anterior, así es que aquí no quiero decir mucho. Pero respetar y proteger los límites de los demás es determinante para la salud del individuo y unas buenas relaciones.

Permítame darle un par de nuevos cuadros hablados para ilustrar la importancia de esto. Una de las funciones primarias de la piel del cuerpo es proteger los órganos internos de la persona. Si usted se corta, puede contraer alguna enfermedad e infección que amenace a todo el cuerpo. Piense ahora en la línea límite de su cónyuge como una suerte de piel que cubre su personalidad y sentimientos. Violarla puede provocar una grieta que lleve a una infección emocional, especialmente ira, que amenace a cada área de la vida de la persona.

O piense en la línea límite de un ser amado como un frágil huevo de petirrojo. Si usted lo cuida y alimenta, llegará a ver un hermoso y saludable pajarillo. Pero si se descuida y lo aplasta, el pajarito que crece adentro puede llegar a morir.

## Honra: La base más importante de buena salud

El honrar es para cualquier relación amorosa lo que el diamante es para la joyería. Para los antiguos griegos, algo de «honor» hacía pensar en algo «pesado o de peso». El oro, por ejemplo, era algo honroso, porque era pesado y de valor. Y la palabra *deshonra* realmente quiere decir «neblina» ligera de peso.[5]

Si honramos a alguien, para nosotros esa persona tiene peso, como el «campeón mundial de peso pesado». Esa persona es valiosa para nosotros. La honra tiene tanto peso e importancia en las relaciones que la he tratado al menos brevemente en cada libro que he escrito. Este es el tema en los dieciocho videos sobre el matrimonio que ofrecemos a través de nuestras presentaciones de televisión nacional.

Cuando honramos a alguien estamos dando a esa persona la más alta posición de respeto en nuestras vidas. La honra va de la mano con el amor, y es un verbo cuya definición es hacer lo mejor para alguien que apreciamos.

¿Cuál es la relación entre honra y amor? Primero honramos,

exaltamos el valor de a alguien, y luego sentimos el deseo de amar y hacer lo mejor para esa persona. Amor es honra puesta en acción sin importar el costo.

La honra nos provee de la energía que necesitamos para seguir amando. Si su buena voluntad está languideciendo, respire hondo y llene sus pulmones con honra.

Considere esta vieja verdad: Donde está tu tesoro, allí estará tu corazón.[6] Cuando tenemos algo en alta estima, como el trabajo, el automóvil, un amigo, un juguete, un rifle, o un abrigo, nos gozamos de cuidarlo para no perderlo o se dañe. Nos gusta «estar con eso». He descubierto que mientras más aumento el valor de mi cónyuge y de mi familia, más fácil me es amarlos. Quiero estar con ellos, y siento como si estuviera «enamorado» de ellos. El *sentimiento* de amor es simplemente un reflejo de mi nivel de honra hacia ellos. ¿Así, cómo recuperar los sentimientos perdidos de amor? Decidiéndome a aumentar el valor de esa persona que tengo en mente.

Hay un pequeño truco para honrar a alguien. Usted se puede sentir como si estuviera mostrando honra y haciendo un favor a alguien, pero sus intenciones pueden ser erradas, si no está escuchando y comunicando bien. (Tenga esto presente. El tema del siguiente capítulo es la comunicación.)

Hace poco, aunque tenía las mejores intenciones de honrar a mi cónyuge, lo que realmente comuniqué fue deshonra. Además de ser la dueña de casa, Norma maneja día tras día los negocios de nuestra compañía. Se levanta a las cinco cada mañana para tener tiempo de hacer todo, lo que me hizo pensar que estaba perdiendo energía a causa de su exceso de trabajo. Además, ella hacía nuestros informes financieros manualmente y sin la ayuda de una computadora, pero yo no estaba recibiendo cierta información que creía que necesitaba.

Entonces pensé matar dos pájaros de un solo tiro al sugerirle que consiguiera alguna ayuda contable. Eso la aliviaría de la carga del trabajo y me proporcionaría a mí la información que necesitaba. Una buena idea, ¿verdad? Así lo pensaba cuando se lo propuse.

Había solo un problema en mi plan para ayudar a Norma: No era lo que ella quería o necesitaba. «Gary», me dijo, «si crees que es lo que me hará feliz, quiere decir que no me has estado escuchando. Me gusta lo que hago. Me gusta atender los detalles financieros aun cuando llegue a tomarme el día entero. Es más, lo mejor para mí sería si nuestros tres hijos [que están todos casados ahora] pudieran llamar a una conferencia familiar y me pidieran que ordene sus finanzas y les determine sus presupuestos».

Y tenía razón. Debía recordar cuánto disfruta ella trabajar con números. Realmente no necesitaba que alguna otra persona se hiciera cargo de su trabajo. Luego me dio un cuadro hablado que hizo que las cosas quedaran claras como el cristal. «Lo que estás tratando de hacer por mí», dijo, «es como si te sugiriera que buscaras a otra persona que escribiera tus libros (el contenido, las historias, que escogiera las palabras y todo lo demás) debido a que estás trabajando demasiado». Como a mí me gusta comunicar los conocimientos que he adquirido a la mayor cantidad de personas posible y los libros son un gran medio para hacerlo, entendí de inmediato lo que estaba hablando. Aunque aliviara mi carga, no dejaría que nadie hiciera mi trabajo.

Como dije, comencé aquello con la mejor intención. Pero debido a que no pregunté a Norma lo que ella quería y qué era lo mejor para ella, sino que asumí que lo sabía, terminé fracasando en honrarla. En lugar de darle más energía y satisfacción, mi idea pudo haber sacado energía de ella.

Sin embargo, en un sentido, la estaba honrando. Había hecho la sugerencia de conseguirle ayuda porque considero que ella es valiosa. Pero si yo la aprecio y respeto, necesito preguntarle lo que quiere y luego escucharla cuidadosamente. No puedo hacer decisiones que la afecten sin primero saber su parecer y obtener su aprobación. Ella es una persona especial y única, y doy fe de que es esto que digo cuando la escucho y la comprendo.

Si usted considera los principios presentados en la parte 1, podrá ver que el honor, o el respeto, y el amor para toda la vida por su cónyuge crecen mejor cuando tiene un gran respeto por usted mismo. Cuando se tiene en alta estima, puede más fácilmente y con más energía —con mayor enfoque, claridad y conocimiento— hacer las cosas que ayuden a su cónyuge a sentirse apreciado.

Muchas de las cosas que ya hemos analizado en este libro le ayudarán a valorarse en una forma más sana. Por ejemplo, sacar de su vida la rabia aumentará su sentido de autoestima. Buscar perlas siempre puede elevar su conciencia de beneficios personales. Al trabajar en equilibrar sus expectativas con su realidad en el huerto de su vida, estará mejor capacitado para amar a su cónyuge y a sus hijos. Esto, a su vez, los honra y hace que usted se sienta más digno como persona. Y como lo podrá ver en un capítulo más adelante, aceptar y apreciar su personalidad única, así como la de su cónyuge, es aun otra forma de valorarse y honrarse los dos.

## Tiempo de comprobación

Como usted, y como Jack y Sherry, quiero que mi matrimonio sea saludable. Quiero que mi familia sea saludable. Quiero que las relaciones de amistad y de trabajo sean saludables. Y saludable significa conceder a otros la libertad de pensar, de hablar, de sentir, y de conectarse con nosotros. Actitudes saludables se expresan a través de la honra y el respeto.

Pero permítame recordarle que todos cometemos errores. Nadie, como esposo o padre, es perfecto, así es que no se maltrate mentalmente o se desmerezca como un fracasado cada vez que falle. Me molesta cuando escucho algunas conferencias sobre las relaciones, y el conferenciante me hace sentir avergonzado o culpable. Todos tenemos problemas en un área o en otra, y todos necesitamos ayudarnos a desarrollar hábitos sanos.

Pero aun cuando fallemos mil veces a lo largo del camino, con la ayuda de otros es posible formar nuevos hábitos. Podemos tomar la decisión de levantarnos cuando caemos. Podemos tomar la decisión de constatar regularmente los signos vitales en nuestro matrimonio y hacer los ajustes necesarios para pasar de una situación malsana a una saludable.

Le sugiero que haga un inventario de su vida a la luz de los cinco signos vitales de unas relaciones saludables analizadas en este capítulo. ¿Dónde está usted? ¿Qué es lo saludable y lo perjudicial en cuanto a la forma en que está haciendo las cosas? Cuando lo haya terminado, únase a mí para romper con esos hábitos de nuestro pasado y comenzar una nueva forma de vida para nosotros, nuestros cónyuges y nuestros hijos. Lancemos una ola de saludable relación que habrá de traer a generaciones a un futuro positivo.

Una gran parte en el lanzamiento de esta revolución relacional es aprender cómo ser un mejor comunicador. El siguiente capítulo tiene que ver con la parte del matrimonio donde las parejas dicen que necesitan más ayuda. Si no sabemos cómo comunicarnos efectivamente, cualquiera relación es arriesgada. Según los doctores Markman, Stanley y Blumberg, un método de comunicación acerca del cual leerá en el siguiente capítulo tiene el potencial de eliminar las cuatro más importantes causas de divorcio.[7] Yo le llamo a eso: «Comunicación por la palabra».

## Por lo general los «después» afectan ahora: Evalúe la forma en que fue criado

Como hemos visto, patrones relacionales inadecuados tienden a transmitirse de generación en generación, a menos que alguien haga un esfuerzo consciente por cambiar el curso de las cosas.

Veamos de nuevo la línea de Abraham Lincoln: «Si primero supiéramos dónde estábamos y hacia dónde nos dirigíamos, podríamos saber mejor qué hacer y cómo hacerlo».

Las diez preguntas en este inventario le ayudarán a juzgar dónde ha estado de modo que podrá juzgar mejor dónde está y dónde estará en términos de la salud relacional.

En una escala de 0 a 10, indique la forma en que fue educado por sus padres (0 = Ninguna; 10 = Todo el tiempo).

***Mis padres eran:***

____ 1. Como dictadores, demandando obediencia

____ 2. Rígidos, enérgicos en cuanto a las leyes estrictas, los valores, las creencias y las expectativas (humillándonos si discrepábamos).

____ 3. Críticos, condenatorios con castigos duros («Yo me sentí abusado emocional, sexual, física, mental, o espiritualmente».)

____ 4. Renuente a hablar de ciertos temas, como relaciones sexuales, religión, política, sentimientos.

____ 5. Desinteresados en escuchar mis pensamientos y sentimientos.

____ 6. Como máquinas ante mis demandas («deberías» y «no deberías».

____ 7. Degradar con expresiones tales como «estúpido», «holgazán», «bueno para nada».

____ 8. Fríos e indiferentes hacia mí.

____ 9. Resistentes a los cambios y a aprender cosas nuevas. (No era fácil estar en desacuerdo con ellos y sentirse «seguro».)

___ 10. Distantes (no amigos cercanos, y pocas veces era invitado por ellos para que hiciéramos cosas juntos).

Puntuación total. Sume los números (0 a 10) de sus diez respuestas.

Mientras más alto su puntuación (lo más cercano a 100), más alto el potencial de haber sido criado en un hogar inadecuado.

Preguntas para pensamientos adicionales: ¿Cuánto de su «vieja carga» todavía lleva usted? ¿Reflejan sus declaraciones su relación con su esposa o con sus hijos? [fin del cuadro]

## Principios del amor para toda la vida

43. El amor para toda la vida es afectado negativamente cuando se pone demasiada distancia entre la pareja y/o demasiado control del uno sobre el otro.
44. El amor para toda la vida permite a los demás a pensar por sí mismos.
45. El amor para toda la vida alienta la conversación, a escuchar bien, y a valorar las palabras de los demás.
46. El amor para toda la vida no teme pedir ayuda para romper con los malos hábitos aprendidos en la infancia.
47. El amor para toda la vida no subestima los sentimientos de los demás.
48. El amor para toda la vida hace que un verdadero amor se sienta seguro.
49. El amor para toda la vida busca formas de conectarse con un amor verdadero.
50. El amor para toda la vida florece en crisis pequeñas que, cuando se recuerdan, provocan risas.
51. El amor para toda la vida valora altamente un amor verdadero. «¡Para mí, tú eres importante!»
52. El amor para toda la vida es honra puesta en acción sin importar el costo.

# 9

# Exigencia número uno: mejor comunicación

*Las pequeñas conversaciones de todos los días pueden ser un camino genuino hacia el contacto, una forma de llegar a conocer a alguien, un preludio a un intercambio más profundo, un acercamiento sencillo y natural. Pero, admitámoslo, también son usadas a menudo como una forma de evitar el contacto personal. Es como la introducción de algo que resulta tan larga que no deja que la obra comience. Nos permite ser amistosos e interesados con las personas sin tocar temas que pudieran llevarnos a entrar en un diálogo real.*

Paul Tournier[1]

En la mayoría de los seminarios matrimoniales, pido a varios cientos de parejas que mencionen una cosa que, por sobre cualquiera otra, creen que podría mejorar su matrimonio. Sin excepción, en más de veinte años y con más de trescientas mil personas, la respuesta ha llegado fuerte y clara: «¡Necesitamos una mejor comunicación!»

La calidad de nuestra comunicación afecta cada área de cada relación que tengamos. Revise los signos vitales de una relación. La comunicación efectiva está en el corazón de todas. Incluso influencia nuestra salud física. La comunicación efectiva reduce las oportunidades de que la ira se acumule adentro. Y, como vimos en el capítulo dos, la ira no resuelta puede tener efectos desastrosos en la salud de la persona. Aprendamos cómo ser mejores comunicadores y todos ganaremos.

¿Por qué tan alta prioridad a la comunicación? Porque una buena comunicación es la clave de lo que todos los que nos casamos básicamente queremos... amar y ser amados. Queremos compartir nuestras vidas con alguien que nos ame incondicionalmente. Queremos llegar a viejos con un cónyuge que nos haya valorado, comprendido, y ayudado a sentirnos seguros al expresar nuestros más profundos sentimientos y necesidades. Queremos hacer que el amor dure para siempre. Y esta clase de relación amorosa es más frecuentemente alcanzada por las parejas que han aprendido cómo lograr los más profundos niveles de intimidad verbal.

## Comunicación: ¿A qué nivel?

Investigadores matrimoniales nos han ayudado a entender que hay cinco niveles de intimidad en la comunidad, yendo de lo superficial a lo significativo.[2] Mientras más a menudo un esposo y su esposa alcancen y se queden en el cuarto y quinto niveles, más satisfactorio será su matrimonio.

Cuando nos comunicamos en el primer nivel, hablamos en clichés: «¿Cómo te fue hoy? Bien. ¡Qué bueno! ¿Qué tal andan las cosas?» Piense en esto. ¿Tiene un gran significado una conversación en este nivel? Una pregunta así: «¿Cómo te va?», puede ser más que un cliché, sobre todo en el matrimonio, pero a menudo se hace como algo superficial y rutinario, como la haría el empleado de una tienda al que nunca ha visto antes. Algunas parejas que tienen miedo de los problemas, pasan un montón de tiempo en este nivel «seguro».

En el segundo nivel de la comunicación expresamos *hechos, solo información*. «Oye, hay bastante humedad en el ambiente, ¿no te parece?» «Cuidado, que están trabajando en ese camino». «¿Oíste lo último sobre el Presidente?» Como en el nivel uno, en este la comunicación es bastante superficial, y sigue siendo relativamente segura. No son muchos los conflictos matrimoniales que se inician en este nivel.

En el tercer nivel, expresamos nuestras *opiniones*. Aquí es donde la comunicación se siente un poco menos segura y empiezan a aparecer los conflictos. «¿Cómo alguien podría votar por fulano de tal? No tiene ninguna experiencia». Si nos sentimos inseguros en nuestro matrimonio, tendemos a evitar este nivel. Aunque la mayoría de las parejas llegan a este nivel, gran parte de nuestra conversación, incluso con la familia, rara vez va más allá, hasta los niveles más profundos.

El cuarto nivel es cuando decimos lo que estamos *sintiendo*. «Realmente me sentí herido por lo que me dijo mi padre anoche por teléfono». Expresarse de esta manera puede asustar un poco, pero podemos alcanzar los niveles más profundos de amar y ser amados solo cuando tomamos el riesgo de que mal entiendan o ridiculicen nuestros sentimientos. Es más, una de las preguntas más positivas que podemos hacer es: «¿Cómo te sientes en este momento?»

El quinto nivel es donde revelamos nuestras necesidades. «Lo único que quiero es que me escuches por unos minutos», quizás diga usted después de saber que un buen amigo está gravemente enfermo. Al arriesgarnos a este nivel de intimidad verbal, tenemos que sentirnos seguros en la relación. Veamos cómo una pareja con un matrimonio sólido y buenas habilidades de comunicación enfrentan con soltura este nivel.

Supongamos, por ejemplo, que una conversación empieza en el tercer nivel con el esposo diciéndole a su esposa: «¡Estás empapada! ¿Por qué nunca recuerdas poner el paraguas en el auto?» Esa es una opinión de que su esposa debe tener un paraguas a mano.

Ella responde en el cuarto nivel, y dice: «¿Sabes cómo me siento hoy? Me siento como si en el trabajo alguien hubiera estado parado sobre mis pies. ¡Ha sido un día duro! Y con ese comentario, también te has parado sobre mis pies!»

Al instante, él sabe cómo se siente su esposa. Con esta pregunta, puede animarla a pasar al quinto nivel: «¿Qué necesitas esta noche? ¿Qué hace falta para que te sientas como si alguien te diera un masaje y suavizara tus pies? ¿Qué puedo hacer?»

Ella puede responder, diciendo: «¿Recuerdas esa película que estábamos planeando ir a ver? Realmente no me siento dispuesta a ir a verla esta noche. ¡Estoy molida! Me hace falta un abrazo, y solo quiere hablar y estar contigo. Pero primero, quisiera estar sola por un momento, para relajarme y recuperar la calma». Estas son necesidades y su expresión es el más profundo nivel de intimidad verbal.

Si el ambiente es realmente seguro y saludable, él puede decir: «Está bien. Lo haremos así. Me gustaría ir a ver la película, pero no tiene que ser esta noche. Podemos ir mañana. ¿Qué te parece?» Esa es una relación de satisfacción mutua, donde se comunican las necesidades de ambas personas y éstas tienen la flexibilidad de dar y tomar.

Una meta como pareja matrimonial debería ser llegar más fácil y frecuentemente a los más satisfactorios niveles de comunicación cuarto y quinto. Pero, de nuevo, la clave para una profunda intimidad verbal es sentirse seguro y expresar los sentimientos y necesidades y sentir que nuestros sentimientos y necesidades son considerados importantes por nuestro cónyuge. Saber autocontrolarse para escuchar atentamente sin irritarse o malinterpretar mantiene abiertas las líneas. La advertencia que yo intercalaría aquí es que necesitamos hablar en amor, midiendo cuidadosamente nuestras palabras, y solo haciendo exigencias a las que razonablemente podamos esperar que nuestro cónyuge responda favorablemente.

Unos diez años atrás, un buen amigo mío trajo a colación el asunto del peso de su esposa. Dijo que él necesitaba realmente que ella perdiera algunos kilos. Aquello tenía perfecto sentido para él y parecía razonable porque ambos habían venido hablando sobre algunas maneras de mejorar su matrimonio. Pero su esposa no estaba en condiciones de responder positivamente a su exigencia de quinto nivel. Ella se sentía herida y frustrada porque todos sus intentos anteriores por perder peso habían terminado en fracaso. Se sentía atrapada. Quería complacer a su esposo en este sentido, pero no podía.

Lo que ella quería de su esposo era que le diera ánimo, y no sentirse rechazada, que era lo que sentía. Por algún tiempo, había estado tratando de encontrar razones subyacentes para su condición de sobrepeso. Llegó a la conclusión de que algunas probablemente eran hereditarias, mientras otras fueron adquiridas. Pero no podía hacer que los varios intentos por controlar sus hábitos de comida resultaran exitosos, y la exigencia de su esposo parecía aumentar el problema. Así es que de nuevo, mi advertencia es que deje que su respeto regule cuándo y cómo su comunicación alcanzará el quinto nivel de intimidad verbal. Compartir necesidades que requieran un gran cambio de parte de su cónyuge puede ser doloroso y resultar en un debilitamiento de la relación.

Echemos ahora una mirada a cinco métodos de comunicación efectivos que pueden enriquecer un matrimonio y ayudar a pasar a los niveles más profundos de intimidad más frecuentemente y con mayor facilidad. A través de los años, Norma y yo, y nuestros hijos, hemos intentado muchos métodos de comunicación y considero que estos cinco son mis favoritos. Para ayudarlos a que les guste, les he dado nombres o títulos que los relacionan con comer en un restaurante.

## La comunicación verbal

Los Dres. Markman y Stanley informan que el primer tipo que yo menciono es la clave para superar las cuatro principales razones de divorcio.[3] Para mí, es el método definitivamente mejor que he aprendido. Mi esposa y yo lo usamos como pareja y con nuestra familia, y nuestra compañía, como organización, se beneficia de él. Hace ya algunos años, el Dr. Dallas Demitt de Phoenix, experto en comunicación, me enseñó este método.

Llamo a este primer método comunicación por medio del habla. Permítame explicarle. He llegado conduciendo mi vehículo hasta un restaurante de comida rápida y me aproximo al micrófono. Estoy listo para ordenar para toda la familia. El empleado me dice a través del intercomunicador:

—Bienvenido al Café Buena Vida. ¿Me permite tomar su orden, señor?

—Cómo no —le digo—, queremos tres hamburguesas, una de ellas con queso, tres Coca Colas de dieta, una Pepsi, tres raciones de papas fritas y una de cebollas.

Y dirigiéndome a mi familia pregunto:

—¿Eso es todo, mi gente?

—Sí —responden todos.

—Tenemos tres hamburguesas con queso, una hamburguesa sin queso, tres Cocas, una Pepsi, tres raciones de papa y una de cebollas —nos dice el empleado por el intercomunicador.

—No —le digo—. Son tres hamburguesas, una sola con queso, tres Coca Colas de dieta, una Pepsi, tres raciones de papas fritas y una de cebollas.

—Muy bien, creo que ya lo tengo —responde el empleado—. Son tres hamburguesas, una con queso, tres Coca Colas de dieta, una Pepsi, tres raciones de papas fritas y una de cebollas.

—¡Exactamente! —respondo—. Gracias.

—Avance, por favor —dice.

Entonces avanzo hasta la ventana, me entregan el pedido, compruebo que todo está bien y digo:

—¡Esto no es lo que pedí! —y comienzo de nuevo.

¿Ha tenido alguna experiencia frustrante en un lugar de comida rápida? Todos la hemos tenido, supongo. Y esto ilustra la mejor forma de comunicar lo que tenemos en mente. Comunicación por medio del habla es cuando usted le dice algo a alguien, y espera que repitan exactamente lo que dijo. Si la otra persona lo escucha bien, si le puede decir exactamente lo que usted acaba de decir sin perder de algún modo el sentido, usted responde: «Sí, usted me entendió». Si no es así, usted dice: «No, eso no fue lo que dije», y repite su mensaje hasta que se capta correctamente. Una vez que la otra persona da muestras de haber entendido lo que quiso comunicar, usted sabe que se ha comunicado.

Este método puede ser especialmente efectivo cuando usted está comunicando sentimientos o necesidades. Un accidente que tuvo lugar en los primeros años de nuestro matrimonio muestra cómo la comunicación verbal pudo habernos ayudado a Norma y a mí a evitar un malentendido. Una mañana temprano yo estaba trotando, y mientras corría, mi mente vagaba por una serie de áreas. Entonces pensé: *¿Por qué no hago hoy algo amoroso por Norma?* Usted sabe, fue uno de esos pensamientos que vienen a la mente de un hombre en raras ocasiones. Como quiera que sea, empecé a preguntarme qué podría hacer por ella. Entonces se me ocurrió: *Más tarde vamos a ir a acampar. Y a ella le encanta desayunar con Helen. Yo podría preparar el casa móvil mientras ellas van a desayunar. Luego, cuando Norma vuelva a casa, podemos salir.*

Ahora, lean esto con cuidado: ¿No les parece que la idea parecía algo amoroso y comedido de mi parte? ¿Sí? Así me parecía a mí también. No veía nada malo en la proposición. Así es que cuando volví a casa, le dije a Norma:

—Oye, tengo una sorpresa para ti.

—¿De qué se trata? —preguntó.

—¿Qué te parece si te vas a desayunar con Helen mientras preparo la casa móvil y entonces, cuando vuelvas del desayuno, todo está listo para salir? —le dije entusiasmadísimo—. ¿Qué te parece la idea?

Para mi sorpresa, Norma no se mostró muy entusiasmada. Entonces pensé: *¡Un momento! ¿Dónde está lo malo?*

¿Saben lo que ella pensaba? Debido a que su personalidad la hace asegurarse de que todo esté «bien», pensó que yo había planeado una forma original para mantenerla fuera de la casa mientras preparaba la casa móvil «a mi manera». Pero eso no era lo que yo estaba pensando. A mí no me interesaba que las cosas se acomodaran de esta o de aquella otra manera dentro del camper. Su reacción me irritó. Así es que me puse sarcástico:

—Muy bien, tú preparas la casa móvil y yo voy a ir a tomar desayuno con Helen.

¿Ha experimentado alguna vez lo que se siente cuando hace algo que le parece una expresión de cariño y la persona lo crucifica por eso?

Bueno, esos sentimientos negativos nunca habrían ocurrido si Norma hubiera usado la comunicación a través de la palabra. En lugar de suponer que yo tenía un propósito oculto, pudo haber repetido mi mensaje, más o menos así: «Bien, déjame ver si te he entendido. Tú estás diciendo que quieres preparar la casa móvil. Y quieres que mientras tanto, yo vaya a desayunar con Helen. Y cuando regrese, ya está todo hecho, ¿verdad?»

Yo le habría dicho: «Sí, eso es exactamente», porque eso era lo que había dicho y querido decir.

Luego, quizás ella pudo haberme pedido que confirmara los sentimientos y las necesidades detrás de las palabras. «¿Pero realmente estás diciendo que quieres que esté fuera de casa para que tú prepares la casa móvil a tu manera?»

Yo, entonces, le habría dicho: «No. No es eso lo que he querido decir. (Esa no era la orden que había puesto.) Lo que estoy tratando es hacerte la vida un poco más fácil y permitirte un buen tiempo con Helen». En tal situación, pude haberme estado moviendo entre los niveles cuarto y quinto de la comunicación. En este nivel de intimidad, yo valoraba sus sentimientos mientras ella valoraba mi necesidad de ser servicial.

Este método de comunicación tomarse el tiempo para repetir lo que creímos haber oído, o lo que creemos que es el sentido real detrás de las palabras, elimina muchos episodios innecesariamente hostiles. Puede practicarlo con su cónyuge, sus hijos, sus compañeros de trabajo, y le aseguro que quedará maravillado con los resultados. Se entenderán mucho mejor unos a otros y se sentirán mucho mejor en sus relaciones.

Hace poco estuve con una pareja, quienes en más de veinte años de matrimonio nunca habían intentado la comunicación verbal. Cuando los tuve a ambos sentados juntos, empezamos a practicarlo. De inmediato quedaron complacidos con los resultados. Al principio, confirmaron que la retroalimentación parecía difícil. Pero persistieron. Es el mejor método que yo conozco para enriquecer la comunicación... con quienquiera.

## Prepare un menú para el matrimonio o para la familia

Mi segunda técnica favorita para una comunicación efectiva comprende hacer una lista de las «comidas» más importantes en el menú de su matrimonio. Puede ser algo así como *constitución matrimonial o de la familia.* ¿Le suena como algo rutinario? Siga leyendo para ver los resultados.

¿Qué es una constitución matrimonial o familiar? Es una lista de las cosas más importantes que usted y sus seres queridos quieren que caractericen su relación cada día. Complementa sus sentimientos y necesidades, y establece pautas para su familia en la misma forma en que una constitución federal fija pautas para una nación. Cuando usted lee el menú en un restaurante, sabe qué tipo de restaurante es. Se puede decir lo mismo de una constitución matrimonial.

Mi esposa y yo escribimos nuestra propia constitución para nuestras relaciones, y conducimos nuestra vida de acuerdo con ella. Nos sentimos muy cómodos con este sistema, porque cada uno sabe que nuestros sentimientos y necesidades más importantes, difíciles para una comunicación íntima, son comprendidos y están escritos. Esta constitución se ha ido desarrollando con el paso de los años y hoy la lista está compuesta por ocho asuntos; sin embargo, la suya podría tener tres, cinco, diez... lo que se requiera en su situación particular.

Para darle una idea de algunos de los asuntos que deberían incluirse en una constitución, permítame mencionar los nuestros.[4] Nuestra lista está compuesta de ocho asuntos importantes para nuestra vida juntos:

- **Respeto.** Lo más grande en nuestra relación y en nuestra función paternal es que nos respetemos unos a otros. El respeto es una trama que corre a través de toda nuestra constitución. Es el fundamento, la base de todo lo que hacemos, incluyendo nuestra comunicación. Recuerde, he definido el respeto como «atribuir altos valores, importancia y méritos a alguien o a algo». Cuando tenemos a alguien en alta estima, estamos respetando a esa persona. Nosotros hemos seguido descubriendo que nuestros sentimientos permanentes los unos por los otros siguen a nuestro respeto por el otro.

- **Rasgos de personalidad.** Queremos entender los rasgos de la personalidad de unos y otros y apreciarlos, especialmente cuando son muy diferentes a los nuestros.

- **Eliminar la ira.** Queremos mantener fuera de nuestra casa la ira no resuelta. Así es que escribimos un párrafo corto que describa cómo contender con ella. Se ajusta a nosotros y nuestras personalidades. En resumen, simplemente tratamos de revolver, si es posible, nuestros sentimientos de dolor, frustración o temor antes del día de mañana. Nos escuchamos con cuidado los unos a los otros y cuando es necesario, pedimos perdón o perdonamos. (Los capítulos 2 y 3 muestran cómo reducir los niveles de rabia, y usted puede escribir su propio párrafo basado en lo aprendido allí. Véase también el capítulo 13, sobre la solución de conflictos.)

- **Tocar.** Deseamos mucho toques tiernos y significativos. ¿Cuántas veces al día su cónyuge, particularmente su esposa, necesita que se le toque? Cuando hace poco estábamos poniendo al día nuestra constitución, pregunté a Norma: «¿Cuán a menudo?» Una respuesta escrita a esa pregunta es únicamente una guía; sin embargo, el tocar no debería llegar a ser un acto mecánico. Recuerde que cada persona es diferente. Quizás usted necesite veinte toques afirmativos al día. Otra persona puede necesitar únicamente cinco. Y cada día, la necesidad puede variar.
- **Comunicación.** También queremos tener una comunicación regular y saludable. ¿Cuánto y qué tipo de comunicación necesitamos? Eso queda establecido en nuestra constitución.
- **Experiencias unificantes.** También damos alta prioridad a las experiencias unificantes, haciendo cosas divertidas juntos.
- **Finanzas.** ¿Qué podemos decir sobre nuestros gastos, ofrendas, ahorros y otros asuntos financieros? También tenemos esto bien definido en nuestra constitución.
- **Asuntos espirituales.** Nuestra vida espiritual es una parte vital en nuestro matrimonio. Por eso nuestra constitución establece lo que acordamos sobre esto.

Una constitución familiar impele a la pareja a los niveles de intimidad cuatro y cinco. Pero también es el mejor método que yo conozco para entrenar y disciplinar a los niños. Al entrar en mayores detalles sobre como una constitución ayuda a un matrimonio más satisfactoriamente, permítame mostrarle la forma en que funciona también para los niños.

### *Una constitución trae unidad*

Primero, una constitución lleva a una pareja o a una familia a la unidad. Hay una fuerza y una firmeza impresionantes cuando usted está unido en un curso de acción en el cual todos creen y al cual todos se comprometen. Cuando una joven pareja escribe una constitución, es tanto del esposo como de la esposa. Cuando una familia prepara una, también los niños tienen derecho de propiedad sobre ella. Déjeme ilustrar esto con mi propia experiencia familiar.

Nuestra constitución fue preparada con la ayuda de los hijos. Eso quiere decir que las reglas que contiene eran realmente reglas familiares y no simplemente un código impuesto por mamá y papá. Esto hizo que los muchachos llegaran a sentirse muy comprometidos con la propuesta total. Y entonces, por más de tres años, cada noche cuando nos sentábamos a cenar, teníamos una reunión donde revisábamos nuestra constitución, la cual estaba impresa y colgaba de la pared. Sencillamente había que leerla y ver cómo había sido el día de cada uno de nosotros.

Por ese tiempo, nuestra constitución incluía una media docena de exigencias para los niños, similares a estos: «¿Cómo obedecen a mamá y a papá en cosas tales como cuando les dicen que no salgan a la calle?» Incluimos algo sobre limpiar el cuarto, tareas domésticas, modales, y respeto. (Si tuviera que volver a hacerlo, pondría respeto en primer lugar, y todos los otros como subpuntos de aquel.)

Finalmente, nuestros hijos coincidieron en tres cualidades de carácter que tenían que tener en algún grado antes de enamorarse. (Debido a que muchas personas han preguntado acerca de esas tres cualidades, las he incluido en el apéndice.) Luego, cuando se acercaran a la edad en que estuvieran listos para enamorarse, preguntarían: «¿Puedo enamorarme? ¿Puedo enamorarme?»

Norma y yo solíamos responder: «Bueno, recuerda tu decisión de que esas tres condiciones deben estar presentes».

Y ellos quizás responderían: «Oh, sí». Nuestra constitución nos eximía de una larga argumentación en ese aspecto.

De igual manera, una constitución ayuda a mantener a todos unidos ante las consecuencias que surjan cuando se violen las reglas de la familia. Así como en los menús de los restaurantes se dice: «No se atenderá a quienes se presenten sin camisa y sin zapatos», así una familia tiene reglas que deben cumplirse.

Digamos que una de las cosas que contiene la constitución de su matrimonio es: «Dedicaremos a lo menos veinte minutos diarios a una conversación significativa». Y esta semana le corresponde a usted ser el iniciador. Pero cuando ya usted está listo para irse a la cama, todavía no ha cumplido con su parte. Entonces es cuando su esposa le dice: «Se suponía que hicieras esto antes de las diez de la noche, pero veo que lo olvidaste».

Una vez que ha sido sorprendido, vienen las consecuencias. Usted puede seleccionar una de varias penas por violar la constitución. Pueden ser cosas que aunque realistas son levemente dolorosas y las hará efectivas. Por ejemplo, puede aceptar no ver su programa favorito de televisión, hacer algunas tareas domésticas adicionales, hacer algo que a su esposa agrade pero a usted no, y así por el estilo.

Como esta constitución la preparamos cuando nuestros niños eran pequeños, les pedimos que hicieran una lista de unas cincuenta cosas que estarían dispuestos a perder por veinticuatro horas si violaban una de las reglas. Luego, les dije:

—¿Están todos de acuerdo con eso?

—Sí —dijeron y firmaron.

Recuerdo cuando Greg dijo, mientras trabajábamos con las consecuencias:

—Si violamos la primera regla, sin cena durante un mes.

Usted sabe cómo algunos niños pueden ser duros con ellos más que lo que podrían ser sus padres.

—¿Sin cena durante un mes? —dije—. Eso suena un poco duro. No creo que haría eso con alguno de ustedes. Quizás deberíamos hablar de no cenar por una noche.

—Muy bien —dijo—. Ese castigo es muy leve, pero supongo que estará bien.

¿Se imagina quién fue el primero en violar esa ley, precisamente? Greg, por supuesto. Así es que mientras nosotros disfrutábamos de la cena, él estaba en el cuarto de al lado tragando saliva. Durante todo el tiempo, Norma estuvo inquieta, hasta que finalmente, dijo:

—¿Saben? Este castigo es más para mí que para él. Soy la única que estoy sufriendo. No creo que esta sea una buena consecuencia.

—A mí tampoco me gusta —le dije—. Me hace sentir muy mal.

Estuvimos de acuerdo en que si no nos gustaba la forma en que actuaba una de las consecuencias, tendríamos inmediatamente una reunión y la revisaríamos. De modo que les dije a los niños que estaban en la mesa:

—¿Les gusta este castigo?

—No, no nos gusta —respondieron.

Luego le pregunté a Greg, que seguía en el cuarto contiguo:

—Greg, ¿te gusta este castigo?

—Para nada. ¡Lo odio! —gritó desde allá.

—Ven entonces a la cocina —le dije, y durante la comida analizamos diferentes castigos para que cumpliera esa noche. No era que se iba a quedar sin disciplina, pero revisamos la constitución allí mismo. Eso es ser flexible, lo cual se traduce en algo bueno. Demasiado control, o mucha rigidez, por el otro lado, es perjudicial.

## *Una constitución recuerda lo que es importante*

Una constitución de relaciones también ayuda a concentrarse en y a mantener el compromiso a sus valores más importantes. Nosotros colgábamos nuestra constitución en la pared de la cocina de modo que quedara a la vista todos los días. Nos recordaba que los valores que todos habíamos acordado eran fundamentales para nosotros.

Como dije antes, nuestro valor más alto es el respeto. Cuando nuestros niños eran pequeños, podíamos ir por toda la ciudad con ellos, y yo de repente podía decirles: «¿Cuál es la cosa más grande en la vida?» Y ellos podrían haber contestado: «Sabemos que es el respeto, papá. No nos sigas preguntando eso. Es el respeto». Pero hoy en día mis hijos, todos jóvenes adultos, están de acuerdo en que el respeto es su valor más alto.

## *Un acta de constitución como agente de policía*

Una constitución escrita es vital por una tercera razón: Llega a ser el agente policía en su hogar. Cuando la tiene por escrito, no hay discusión sobre cuáles son las reglas y quién acepta qué, porque usted no tiene que depender de la memoria de nadie. En el matrimonio, por ejemplo, no es extraño en una pareja disgustarse y sentirse un poco alejados el uno del otro por un breve tiempo, pero usted no querrá que esa situación se prolongue indefinidamente, y romper el hielo después de un disgusto nunca ha sido fácil. Una constitución marital puede ayudar a que retorne el calor de la relación si contiene un artículo que diga más o menos así: «Nosotros, la familia Smith, por este medio prometemos que exploraremos y analizaremos cualquiera ofensa, dentro de las siguientes veinticuatro horas de que haya ocurrido». Quizás quiera añadir dos o tres subpuntos para ayudar a clarificar la forma en que las cosas se van a resolver, pero asegúrese que sean fáciles de recordar; caso contrario, serán de poca ayuda.

Con nuestros niños, recuerdo una noche cuando Michael tendría unos cuatro años de edad. Estábamos revisando la lista en nuestra constitución y llegamos a la regla relacionada con el deber de los niños de mantener sus cuartos ordenados.

—Mike —dijimos—, ¿cómo está tu cuarto hoy día?

—¡Fabuloso! —dijo (para Mike, todo era fabuloso)—. Mi cuarto está impecable.

—Mike —dijo Norma—, solo antes de la cena fui a tu cuarto y vi que no estaba ordenado.

—Sé que lo ordené, mamá —dijo convencido.

—¿Por qué no le damos un vistazo? —sugirió ella.

Así es que nos levantamos todos y entramos al cuarto. ¡Era una batahola!

—Me pareció que lo había ordenado —dijo.

Volvimos a la mesa, revisamos la constitución y la consecuencia por no haber ordenado el cuarto era sin televisión durante veinticuatro horas. Cuando vio eso, Kari dijo:

—Mike, ¿sabes qué noche es hoy? ¡Esta es la noche de «La casa de la pradera»!

—¡Ah, no! ¡De todos los días, ser hoy precisamente cuando no arreglé mi cuarto! —respondió él y guardó silencio por un momento para luego añadir—: Bueno, no me preocupa. De todos modos, ¡hay mucha sexualidad en ese programa!

Esperábamos que él no supiera de qué estaba hablando, pero usted puede ver cómo la constitución sirvió como el agente de policía haciendo cumplir la ley en ese caso. Norma y yo nos sentimos libres para abrazarlo y decirle:

—Dios te bendiga. Te amamos, pero esta noche no habrá televisión.

Esa constitución nos salvó una vez tras otra. Casi no tenía ni que pensar en nalgadas porque ella era el policía y estaba por escrito, allí, frente a todos nosotros.

Para que la constitución haga la parte de su trabajo con efectividad, de nuevo, la clave es flexibilidad. Parejas en una relación sana se sienten seguros de introducir todos los cambios que sean necesarios. Y especialmente los padres necesitan ser flexibles. Cuando Greg tendría unos diez o doce años, podía venir y decir,

—¿Saben? No me gusta esta idea de la constitución. Ustedes la iniciaron cuando era muy pequeño. Creo que se están aprovechando de nosotros los niños y me parece que debemos cambiarla.

—¿Quieres cambiar alguna parte específica? —quizás le decía yo.

—Sí, me gustaría cambiar parte de ella.

—¿Cuál parte?

—Bueno, no sé, pero voy a pensar un poco en eso.

¿Y saben qué? Nunca venía con nada. Solo el hecho de saber que éramos flexibles era suficiente para convencerle de que las reglas eran justas.

## Intente el menú «coma-todo-lo-que-pueda»

Un tercer método efectivo de comunicación es lo que yo llamo un menú coma-todo-lo-que-pueda. Por supuesto, puede usarlo en el matrimonio, pero también en su función de padres, en la amistad, o en cualquiera otra relación. Es como darle a alguien una poderosa inyección de energía, o darle a alguien una comida gigantesca. He aquí cómo resultó con los Smalley: Escogíamos a uno de los miembros de la familia y luego durante sesenta segundos todos lo acribillábamos con alabanzas. Le decíamos todo lo positivo que se nos viniera a la mente. Después de sesenta segundos, la persona quedaba «harta».

Para la persona alabada, aquello sencillamente era abrumador. Usted pudo haber estado sentado allí y decir: «Ah, qué bien. Muchas gracias. Muy bien. Lo creo. Ah, es muy bueno». Es divertido y muy enriquecedor.

Recuerdo haber entrevistado hace algunos años a docenas de mujeres a las que pregunté: «¿Cuán a menudo necesita que su marido la alabe?» Y me sorprendió escuchar muchas veces: «Tan a menudo como él quiera hacerlo». Casi todas las mujeres dijeron: «No tengo límite para las alabanzas».

Por aquellas entrevistas y otras evidencias, he llegado a la conclusión que no necesitamos preocuparnos por alabar demasiado a una persona. Algunos dicen: «Si los alabamos mucho, se hinflarán; se van a poner muy engreídos». Pero precisamente lo cierto es lo contrario. Si la gente no es alabada y no siente que es valiosa, entonces es cuando se manifiestan las ínfulas. Usted realmente no puede exagerar la genuina alabanza, porque la mayoría de nosotros no damos todo lo que debiéramos.

## Haga que su cónyuge padezca sed

Lo que yo llamo el *principio de la sal* es un método de comunicación mediante el cual usted puede estar seguro de conseguir toda la atención de la persona con la cual quiere hablar. Este cuarto método es muy apropiado cuando usted quiere decir: «Hola. ¿Me escuchan? ¿Hay alguien en casa?» Lo recomiendo especialmente a las esposas, ya que continuamente estoy escuchando quejas de ellas de que sus esposos no las escuchan. (Me he encontrado con que para muchos hombres es naturalmente más difícil conectarse verbalmente que las mujeres.)

Usando el principio de la sal, usted no va a intentar exponer algo a una persona, a menos que tenga toda la atención de ella. Para lograr la atención a ese grado, hay que excitar su interés hasta que esté «sediento».

¿Conoce el viejo adagio que dice que se puede llevar a un caballo hasta el agua, pero no se le puede obligar a que beba? Bueno, esto no es verdad. Si usted pone una cantidad de sal en el heno antes de llevarlo al agua, probablemente irá sediento, y beberá tan rápido como pueda. Y una esposa o un esposo harán lo mismo con su cónyuge. No estoy hablando de manipulación. Yo veo la manipulación como un recurso egoísta, algo que se hace para lograr que las cosas sean como uno quiere. El principio de la sal podría usarse para manipular, pero no se hará si la guía es el respeto y usted está tratando de comunicarse para el beneficio de la relación.

Observe cómo mi esposa logró en cierta ocasión mi atención y me motivó a escucharla: Ella tenía un deseo, o una necesidad, que quería contármela. Quería que pasara más tiempo con nuestros hijos. Entonces vino y me dijo:

—Hoy hablé con el profesor de Greg. Me informó que al niño no le va muy bien en lectura y escritura. Me dijo además que parte del problema es que Greg aun no ha desarrollado suficientemente bien la coordinación mano-ojo. Y eso es un asunto serio —con la palabra *serio* llenó la conversación de sal. Y luego dijo—: En el futuro nos podría significar un costo económico bastante alto.

—Una gran cantidad de dinero en el futuro —repetí yo, preocupado.

—Sí —dijo ella—, porque posiblemente tengamos que contratar profesores particulares. Por eso, lo mejor es tratarlo ahora.

(Eso equivalía a un kilogramo de sal.)

—¿Qué tenemos que hacer? —le pregunté, mientras aumentaba la sed.

—He estado pensando en eso —continuó ella—, y creo que sería bueno, si te parece, empezar a jugar con él juegos apropiados para ver si puede desarrollar esa coordinación mano-ojo.

—¿Podría ser fútbol?

—Sí.

Pensé: *¡Ajá! Ahorrar dinero en el futuro y ayudar a mi hijo. ¿Dónde está la bola?* Y comencé a jugar con él sin más tardanza. En la secundaria, Greg fue un recibidor en el equipo de fútbol (no porque haya jugado conmigo, por supuesto), y hasta ahora es un gran lector, un buen escritor y tiene muy buena ortografía. Pero nótese que antes que Norma me pidiera que jugara con él, cautivó mi interés.

Este principio de la sal puede ser eficaz en casi todas las relaciones, aun cuando la persona se dé cuenta que está siendo usado. Vea si la siguiente historia no desarrolla «sed» en usted.

Por allá por los años de 1800, Peter Cartwright era un evangelista que se movilizaba a lomo de caballo. Cuando llegaba a un pueblo, se echaban a circular las noticias: Llegó el predicador. Esta noche habrá reunión. Un día, él y su caballo estaban exhaustos. Aunque aquel no era un lugar donde proyectara detenerse aunque allí había una congregación leal, «estacionó» su caballo y entró a una posada, en realidad un salón de baile, para conseguir algo de comer. Una orquesta estaba tocando. La clientela estaba bailando y haciendo ruido. Al ver aquello, Cartwright pensó: *Me pregunto si habrá una forma en que pudiera dar mi mensaje a esta gente.* ¿Pero cómo conseguir en un bar que la gente te escuche, sobre todo si eres un predicador?

Estaba sentado con la cabeza gacha y pensando en eso, cuando sintió que una mano amiga se posaba en la suya. Alzó la mirada y vio a una hermosa mujer.

—¿Bailaría conmigo la siguiente pieza? —le preguntó.

—Sería un honor –le dijo, y los dos salieron a la pista de baile.

Antes que la música comenzara, Cartwright le dijo algo a la mujer. En un instante, ella cayó sobre sus rodillas, confesando una fe nueva en Dios. Otros en el salón también escucharon las palabras del predicador y varios de ellos, incluso algunos de la orquesta, caminaron hasta donde estaba Cartwright agradeciéndole y a Dios, por cambiar sus vidas.

Ahora, si usted es como la mayoría de las personas, seguramente querrá conocer el final de la historia. Se está poniendo más y más sediento. ¿Qué habrá dicho Cartwright que hizo un impacto tan grande entre la clientela del salón? Para mí es sorprendente cómo, una sencilla historia como esta, puede crear una sed de oir más. Pero desafortunadamente, yo estoy en el mismo bote con ustedes. Porque la persona que me contó la historia no me contó el final. Si lo conocía, no lo dijo. Como yo, usted tendrá que imaginarse lo que Cartwright pudo haber dicho.

Si quiere, rumie la historia para no olvidar el poder del principio de la sal.

¿Se ha encontrado alguna vez diciéndole a su esposa: «¡Te he dicho lo mismo cientos de veces! Nunca pareces recordar»? Quizás su nivel de interés no haya estado lo suficientemente alto. Esa es la clave. Trate de echar un poco de sal en la avena. Lo más probable es que ella diga algo así como: «¡Sí! Cuéntame eso. Dime cómo te sientes. Lo que necesitas». A lo mejor usted piense que tal cosa nunca va a ocurrir con su esposa o su esposo, pero yo lo he visto funcionar vez tras vez.

## Dé un nombre creativo a sus recetas

Un quinto y poderoso método de comunicación tiene que ver con el uso de *cuadros hablados emocionales*. La mayoría de nosotros los usamos. Los poetas pueden llamarlos metáforas o símiles.

¿Ha estado alguna vez en un restaurante donde una hamburguesa no era, precisamente, una hamburguesa, sino un rodillo al vapor? O lee en una revista donde a una receta de atún con tallarines a la cacerola se le llama «Pescado al gusano»? (Quizás no.) Un cocinero le está dando un cuadro hablado.

En una relación, los cuadros hablados pueden actuar de la manera siguiente: Cuando se encuentra con una persona que parece un poco abstraída, quizás usted diga: «Esa persona parece que está más perdida que una aguja en un pajar». Si ha tenido un día verdaderamente duro en el trabajo, quizás llegue a casa y le diga a su esposa: «Me siento como si hubiera corrido sobre una rodillo». Un poco antes en este capítulo, usamos el ejemplo de una esposa diciéndole a su esposo: «Me siento como si estuvieras parado sobre mis pies».

Esos son simples cuadros hablados que ayudan a una persona a entender rápidamente lo que otra está pensando y sintiendo. ¿Por qué este método es tan eficaz? Nos ayuda «a meternos dentro de los zapatos de la otra persona» y experimentar algo emocionalmente cercano a lo que ella siente. Pueden llevarnos y mantenernos en los niveles cuatro y cinco de intimidad.

Déjeme darle otro ejemplo de cómo un cuadro hablado puede ayudar a una pareja a entrar en los niveles íntimos de comunicación. Un matrimonio amigo mío tienen una relación muy buena. Pero el esposo tiene un hábito que realmente incomoda a su esposa. Cuando tienen un desacuerdo, él no pierde la compostura y le grita a ella, sino que adopta un tono doctoral de voz que a ella la hace sentir como si él pensara que ella es una tontita. Él ni siquiera se daba cuenta, pero eso la incomodaba terriblemente cada vez que ocurría.

Finalmente, ella decidió usar un cuadro hablado para que él se diera cuenta de su hábito y de la forma en que ella se sentía. La siguiente vez que él le habló en esa forma, ella interrumpió la conversación y le dijo: «¿Te das cuenta lo que veo cuando ocurre esto? Te veo haciendo crujir los dientes y dictando una conferencia como si yo fuera una estúpida y no pudiera entender de otra manera. *Me siento como una niñita que es reprendida por su papito*».

«¿De veras?», le dijo él. «No tenía idea que estaba haciendo eso, ni que te estaba haciendo sentir de esa manera. Pero ahora que lo mencionas, puedo ver por qué reaccionabas así. De veras lo siento».

Y desde ese día, aunque la esposa dice que a veces necesita recordarle: «¿Vas a volver a lo mismo otra vez?», él ha tratado de ser mucho más cuidadoso sobre cómo le habla en momentos de conflicto. Su cuadro hablado le ayudó para ver y sentir claramente, en unas pocas palabras, cuán irrespetuoso fue con su manera de hablar.

Los cuadros hablados son muy eficaces. Solo uno es mejor que miles de palabras sin imágenes. Más veces de las que puedo recordar he visto cómo un cuadro hablado detiene y cambia a personas, tales como el esposo. Si deseara más ejemplos, el Dr. John Trent y yo hemos producido más de trescientos cuadros que cualquiera puede usar en cualquiera relación.[5]

Mi hijo Greg usa uno relacionado conmigo que le sigue dando resultados. En un capítulo anterior, describí el gran momento cuando por primera vez se levantó para dirigirse a una gran audiencia y cuando iba por la mitad olvidó su conferencia. Se sintió morir. Ninguno de nosotros lo olvidará jamás. Pero ahora, él simplemente me dice: «Papá, cuando tú dices o haces esto o aquello, me siento como cuando olvidé mi conferencia». E instantáneamente recapacito y, si es necesario, me disculpo con él.

Una variación efectiva en un cuadro hablado emocional se ubica en una escala de cero (muy bajo) a diez (muy alto) para establecer cómo se siente o qué necesita en un área en particular. Los hombres especialmente reconocen cómo este procedimiento clarifica cualquiera situación de relación. Y como otros tipos de cuadros hablados, permite que inmediatamente su pareja sepa cómo se siente usted. Por ejemplo, usted puede decir: «En una escala de cero a diez, esta necesidad se ubica en un ocho». Obviamente, esa sería una necesidad urgente. «Yo la ubicaría en el nivel tres», podría indicar una necesidad que no es tan urgente.

Este sistema de clasificar realmente ayuda cuando una pareja desea un fuerte crecimiento en sus relaciones matrimoniales o cuando la relación está sufriendo. En cualquier caso, esposo y esposa se pueden preguntar el uno al otro: «Cero a diez, ¿dónde estamos hoy en nuestra comunicación... toque, nivel de enojo?» Luego pueden seguir con la pregunta de oro: «¿Qué necesitamos hacer hoy y por las siguientes semanas (o quizás durante más tiempo) para hacer que cada área de nuestro matrimonio se aproxime más al diez?» Aun en medio de una crisis con Norma, yo le pregunté hacia dónde nos estaba llevando esa disputa, hacia cero o hacia diez, y qué era necesario para resolverla.

## En busca de lo mejor

Hay muchos otros medios efectivos de comunicación, pero los cinco que he presentado en este capítulo son mis favoritos. Mi familia y yo los hemos usado todos, como lo han hecho muchas personas a las que he aconsejado y a quienes he hablado en mis seminarios. Sé que estos métodos funcionan.

Inténtelo, practíquelos y mejore sus habilidades de comunicación. Recuerde que su meta es ir de alguna manera, desde los primeros tres niveles superficiales de comunicación verbal y llegar hasta el más íntimo nivel cuatro, donde descubre lo que su cónyuge siente, y finalmente hasta el nivel cinco, donde descubre lo que necesita. Mientras más hace esto, más saludable serán su matrimonio y todas sus relaciones. En realidad, ¡adquirirán vida! No se conforme con menos. Procure el amor que durará para siempre.

La comunicación puede ser un desafío particular si usted y su cónyuge tienen tipos básicos de personalidad diferentes, lo que generalmente es el caso. Pero una comprensión de los tipos de temperamentos conduce a una comunicación más efectiva. El siguiente capítulo, acerca de los tipos de temperamento, puede ayudar a entender por qué su cónyuge se comporta en una forma determinada. Da ideas sobre por qué los dos, de cuando en cuando, se complican la vida mutuamente. También verá cómo haciendo pequeños ajustes para moderar los extremos en su estilo de personalidad puede rápidamente mejorar sus relaciones.

## Principios del amor para toda la vida

53. El amor para toda la vida se construye sobre una comunicación que llega al corazón de lo que ambas personas sienten y necesitan.
54. El amor para toda la vida corre el riesgo de preguntar: «¿Qué estás sintiendo en este momento?»

55. El amor para toda la vida prospera con la flexibilidad.
56. El amor para toda la vida mide cuidadosamente las palabras y solo hace exigencias que están dentro de lo razonable.
57. El amor para toda la vida repite la comunicación que ha oído y pregunta: «¿Habré entendido bien tu mensaje y los motivos?»
58. El amor para toda la vida clarifica las prioridades y establece pautas para las relaciones de modo de eliminar las conjeturas innecesarias y ayudar a equiparar las expectativas con la realidad. A esto se le puede llamar una constitución familiar.
59. El amor para toda la vida busca puntos de acuerdo.
60. El amor para toda la vida crea, mediante la comunicación, sed y un interés por «cuéntame más».
61. El amor para toda la vida acostumbra a comunicarse mediante cuadros hablados vívidos para facilitar que un amor verdadero entienda sentimientos y necesidades.

# 10

# Comprensión de los tipos de personalidad: Clave para la amabilidad

*Casi sin excepción, nuestras debilidades son simplemente a un extremo.*

John Trent

Todos nosotros somos una mezcla de cuatro tipos básicos de personalidad, pero la mayoría tenemos uno o dos estilos dominantes. Nuestras mezclas individuales nos hacen únicos, como las huellas digitales. Y una de las mejores formas de mejorar nuestras relaciones es equilibrar cualquiera de nuestros rasgos que negligente o inconscientemente hemos llevado a un extremo. Si usted ya está familiarizado con una o más categorizaciones de tipos de personalidad, siga conmigo. En este capítulo presento un curso breve sobre cómo podemos neutralizar los extremos que nos hacen menos amables de lo que quisiéramos ser.

Muchos cónyuges desdichados son como Sam, a quien está a punto de conocer. Se crean problemas simplemente porque no ven que los puntos más importantes de su personalidad llevados un poco fuera de balance pueden transformarse en el mayor problema cuando tiene que ver con las relaciones.

La mezcla básica de las tendencias de la personalidad de un individuo parecen ser naturales o innatas. Pero a medida que vamos entrando en edad, podemos ir adoptando el hábito de llevar uno o más de nuestros rasgos a un extremo que puede perjudicar nuestro matrimonio y causar daño a los demás. Realmente es difícil amar a algunas personas que llevan sus virtudes naturales a un límite.

Entender por qué las personas se comportan de cierta manera es una gran ayuda para superar la rabia o los conflictos. Y de igual manera, el entender mejor las motivaciones y acciones que surgen de nuestras personalidades básicas puede ayudarnos a lograr satisfacción marital y personal. Sam no tenía esa auto comprensión ni ese auto control lo cual estuvo a punto de costarle su matrimonio.

## El rey león

Un día, de esto hace algunos años, cuando todavía daba consejería con regularidad, Sam llamó a mi oficina. Cuando mi secretaria me avisó, diciéndome que había una persona en el teléfono que insistía en hablar directamente conmigo, de inmediato sospeché con qué tipo de personalidad tendríamos que vérnosla. Y cuando la secretaria me pasó la llamada, entró la voz de Sam como una tromba, casi como si fueran ladridos.

—Me llamo Sam, y mi esposa está a punto de abandonarme —dijo, yendo directamente al grano—. Soy un miserable depresivo. Necesito verlo, y tiene que ser *hoy*, de ser posible.

—Lo siento —le respondí—, mi agenda está repleta para las dos siguientes semanas. Pero lo podré ver después.

—Usted parece no entender —dijo en un tono autoritario—. Tengo que verlo. Llegaré en un par de horas. Iré a su casa, o lo veré antes, pero no puedo tener un no como respuesta.

Enfrentado a esta personalidad agresiva y al hecho que realmente tenía mi agenda llena, decidí tratar algo que nunca había usado antes.

—Sam —le dije, tranquilamente, pero pareciendo agresivo también—, tengo que decirle que usted es una de las personas más impulsivas con las que jamás he tratado. No sé el porqué su esposa lo va a abandonar y, por cierto, no la justifico, pero tengo una gran sospecha de que conozco sus motivos.

Se produjo un silencio que pareció durar un largo minuto. Al final, Sam replicó:

—Lo llamaré más tarde —y colgó.

Pasados unos pocos días, y después de haber tenido tiempo de calmarse, Sam volvió a llamar, diciendo:

—Nunca nadie me ha hablado en la forma que lo hizo usted, pero era exactamente lo que necesitaba oír. Soy demasiado impertinente con mi esposa y con otros. Controlo demasiado. ¿Podría ayudarme a superar esa tendencia?

Sam llegó a ser uno de mis clientes en consejería, y a medida que lo fui conociendo junto con su trasfondo y sus circunstancias presentes, establecimos que su conducta dominante era simplemente un resultado de su personalidad básica. No era que tuviera una rabia interior ni que alguien hubiera violado seriamente su «línea de propiedad». Lo que pasaba era que tenía un tipo de personalidad que yo llamo estilo *león* (más de esto en breve). Sin entender y ni siquiera darse cuenta de su temperamento natural, había dejado que se le fuera de las manos y su esposa estaba sufriendo los pésimos y tristes resultados.

## ¿Conoce usted el tipo?

Todos nosotros tenemos distintas personalidades (no solo los leones agresivos) y todos podemos, sin saberlo, llevar nuestras características innatas a un extremo tan peligroso que podemos incluso llegar a causar estragos en un matrimonio.

A finales de 1970, Tim LaHaye y Florence Littauer me ayudaron a entender, a través de sus libros y de sus conferencias, que hay cuatro tipos básicos de personalidad.[1] Y mientras todos nosotros reflejamos una combinación de estilos, por lo general uno o dos de estos estilos dominan una personalidad. LaHaye siente que las esposas tienden a entender el estilo de personalidad de sus esposos mejor que los esposos entienden las de sus esposas. Pero en todos los años que han pasado desde que empecé a hablar de diferencias de personalidades, he visto muchísimos esposos y esposas que no entienden a su cónyuge, provocando un inmenso daño generacional.

Luego, a mediados de 1980, logré un mayor conocimiento de un inventario de personalidad: un recurso para aprender cuál es su tipo de personalidad que me dio mi querido amigo el Dr. John Trent. Se llama Performax. Gracias al toque personal del Dr. Trent y a la avanzada comprensión de estilos de personalidades, pudimos escribir nuestro propio inventario y probarlo en miles de personas. Y en 1990, escribimos un libro sobre el asunto, titulado *El amor tiene dos caras*. El Dr. Trent todavía imparte un seminario excelente sobre cómo entender la forma en que nuestra personalidad afecta nuestro matrimonio y sobre todo las habilidades de paternidad.[2]

Hoy día se pueden encontrar inventariadas más de treinta diferentes personalidades, y usted tiene algunas de ellas. Pero debido a que en esta área el auto-conocimiento es vital, si usted no ha hecho un inventario de personalidad en los últimos seis meses, lo invito a ir al final de este capítulo y hacer un inventario. Por lo general, las personas se mantienen por la mayor parte de sus vidas, pero retomar un inventario puede mostrarles si tienen un mayor equilibrio ahora que la última vez. Va a descubrir que hacer la evaluación es cosa rápida. Los resultados los puede ver con facilidad y claramente.

También puede alentar a su cónyuge a hacerse este inventario. Una palabra de advertencia: Use el inventario para fortalecer sus relaciones, no como un recurso para criticar o como algo para lanzárselo a su cónyuge en el rostro.

El Dr. Trent y yo usamos el sistema de describir los cuatro tipos de personalidad recurriendo para ello a cuatro animales que captan los rasgos comunes de cada estilo.

Primero están aquellos a quienes llamamos *leones*. Nuestro amigo Sam, con cuya historia comencé este capítulo, es un león clásico. Estas personas son como leones en la selva. Por lo general, son los líderes en el trabajo, en los grupos comunitarios, o en la iglesia. Toman decisiones, orientan y solucionan los problemas. Crean grandes edificios y organizaciones, y dirigen ejércitos, pero por lo general no son grandes conversadores.

Luego vienen las *nutrias*. Si alguna vez ha visto una nutria retozando en el agua, entenderá por qué elegimos a este animal para describir a las personas que son básicamente divertidas y juguetonas. Las nutrias humanas son esencialmente fiestas a punto de comenzar. Tienden a ser los animadores y enlaces (¡les encanta hablar!) y son altamente creativos. También son buenos para motivar a otros.

Luego tenemos a aquellas personas que son las más sensibles y afectuosas en el mundo; los llamamos los *perros perdigueros*. Como esta raza especial de perros, estas personas son increíblemente amorosas, alentadoras y leales. Se mantienen unidos a algo o a alguien para siempre. Estas son personas que se compran todas las tarjetas de saludo. Me gusta llamarlos los extremos nerviosos de nuestra sociedad. Son insuperables en escuchar y en dar ánimo.

Finalmente, tenemos los *castores*, que son aquellas personas que viven haciendo cosas según las reglas. Estas personas tienden a ser grandes trabajadores, y son los que por lo general leen los manuales de instrucciones. (Manuales que probablemente fueron escritos también por castores.) Son excelentes para proveer control de calidad en una oficina o en una fábrica, y son brillantes en situaciones que exigen exactitud. También son los banqueros y contables de este mundo. También les gustan las cosas de calidad. No quieren tener nada que ver con baratijas.

Quizás ya tenga una idea del tipo de su personalidad básica y de su cónyuge, producto de algún estudio previo o por estas breves descripciones. Los cuatro animales ilustran los cuatro estilos en una forma que es fácil entender.

Pero recuerde, los mismos rasgos que hacen a cada tipo de persona única e importante, a menudo pueden llevarse a un extremo, y cuando esto ocurre se crea una gran cantidad de infelicidad para todos los que tienen que ver con la persona. Es posible nacer con una o más de estas características, y aun así también es posible que controlemos esas características. ¿Quiere un matrimonio feliz? Esfuércese conscientemente por llegar a ser más consciente de sus tendencias naturales. Busque un balance saludable, controlando cualquier área extrema y problemática. Concéntrese en las cualidades de sus características dominantes y aprenda a cultivar las de sus áreas menos dominantes. Vamos a echar una mirada a cómo usted puede suavizar los extremos en los rasgos dominantes de su personalidad.

## Cómo domar al león

Los leones que llevan demasiado lejos sus fuertes y decisivas cualidades de liderazgo pueden llegar a ser tiranos, hiperagresivos, personas dominantes que avasallan a quienquiera que se cruce en su camino. Están acostumbrados a conseguir lo que quieren, y a veces no son muy diplomáticos en cómo lo logran.

Estos rasgos pueden comenzar a una edad muy temprana. A los tres años de edad, Steve era un león; su padre no. Un día, papá entró al baño para una ducha rápida. En cuanto terminó, y mientras todavía se estaba secando, Steve le exigió:

—Quiero que me saques la bicicleta del garaje.

—En un minuto —le dijo papá—. En cuanto termine aquí.

Eso no fue suficientemente rápido para Steve.

—La quiero ahora —insistió.

—Tendrás que esperar unos minutos —le dijo papá—. Tengo que terminar de secarme y vestirme.

Pero Steve siguió insistiendo y no estaba dispuesto a recibir un no por respuesta. Finalmente, papá decidió que era más fácil darse por vencido que seguir discutiendo. Así es que tomó la bata que colgaba de una percha detrás de la puerta del baño y aún sin amarrársela, corrió a abrir la puerta del garage.

Desafortunadamente, cuando papá comenzaba a abrir la puerta, un extremo de la bata se enganchó en el pestillo. Mientras seguía alzando la puerta hasta arriba, su bata se fue con la puerta hasta que quedó sobre su cabeza. Y allí estaba papá, de pie, frente a la calle, brazos en el aire, totalmente desnudo. Ese día, tanto papá como el hijo aprendieron una lección importante acerca de lo que puede ocurrir cuando los leones exigen y siempre consiguen lo que quieren.

Bobby tenía seis años y era un león como su padre. Una mañana, mientras su mamá lo llevaba a la escuela, él le dijo:

—Mami, ¿dónde están todos los idiotas?

Su madre se sorprendió con la pregunta.

—¿Dónde aprendiste a hablar así? —le preguntó.

—Ayer, cuando papá me llevaba a la escuela —dijo con toda inocencia—, vimos a seis idiotas conduciendo.

Sam, el esposo-león cuya esposa lo había abandonado, tenía mucho de lo que Steve y el papá de Bobby tenían. Había caído en el hábito de exigir a todos lo que quería. Decir que era exagerado en controlar la vida de su esposa es decir poco.

Al trabajar con él, sin embargo, llegó a ser más consciente de su tendencias y aprendió a controlar esa inclinación natural. Realmente volvió a aprender cómo enamorar a su esposa, y, poco a poco, ella pudo ver sus esfuerzos de ser más suave y menos exigente con ella. Su deseo de respetar a su esposa le llevó a un cambio en sus actitudes. Todo no pasó de la noche a la mañana, pero después de observarlo durante varios meses, ella decidió volver a su lado. Vi que todo eso no le había sido fácil a Sam, debido a que nuestras tendencias naturales están tan arraigadas, pero finalmente ella empezó de nuevo a confiar en él. Sí, ella estaba preocupada de que él pudiera volver a sus antiguas costumbres, pero respondió mientras él ponía freno a su tendencia de controlar y exigir y lo *balanceó con algunas delicadas cualidades que recuperó.*

Muchos leones necesitan hacer una decisión consciente para disminuir su control sobre los demás. Otra vez, esto no va a ser fácil, y tomará algún tiempo, como lo muestra el caso de Sam, pero puede y debe intentarse. Y una de las mejores maneras de soltar su garra sobre los demás es buscar las mejores cualidades del perro perdiguero y practicarlas usando esas mismas habilidades.

También los leones deberían aprender que la comunicación efectiva toma tiempo. Necesitan comenzar con calma y analizar las decisiones con otros, y no simplemente lanzarse a la carga solos. Para un león, ese es un secreto para convivir con los demás y hacer que los demás se sientan bien con ellos.

## Para tranquilizar las nutrias

También las simpáticas nutrias pueden llevar sus tendencias naturales bastante lejos. Yo mismo, como una nutria reconocida, soy un maestro en meterme en dificultades. El darme cuenta que yo era un cien por ciento responsable de mis decisiones y que necesitaba conseguir ayuda en algunos de estos rasgos que me creaban a mí y a los demás, fue un gran momento en mi vida.

Nosotros las nutrias siempre estamos listos para aprovecharnos de las oportunidades. Nuestra actitud es: «¡Oye, esto será divertido! ¡Vamos, intentémoslo!» No siempre pensamos con cuidado en las implicaciones de la situación. Con ejemplos de mi propia vida le podría dar toda clase de casos que ilustren esto, pero hay un incidente en particular que sigue firme en mi memoria.

No mucho tiempo atrás, Norma y yo estábamos en Escocia, celebrando nuestro treinta aniversario de casados y pasando un lindo tiempo. Mientras estábamos allí, Norma decidió teñirse el cabello usando una tintura café/rojizo oscuro. Al día siguiente, algunos amigos volarían desde los Estados Unidos para reunirse con nosotros y Norma, que también tiene algo de nutria en ella, me sugirió:

—¿Por qué no te tiñes el pelo tú también? Así, cuando mañana vayamos al aeropuerto a recibirlos, veremos si te reconocen sin tu pelo gris.

—¡Grandiosa idea! —le dije, sin pensarlo un segundo. Así, Norma me tiñó el pelo, y al día siguiente todos disfrutamos la payasada. Fue una verdadera «nutriada».

Sin embargo, lo divertido no había terminado. Poco después de regresar a casa, se me invitó a hablar en una importante universidad ante varios miles de estudiantes. Por todo el recinto universitario se habían puesto carteles promoviendo el encuentro, y en ellos aparecía yo con mi pelo de color gris natural. Podrá entender, entonces, por qué no me quería aparecer, y dar explicaciones, con mi pelo café rojizo.

Cuando intenté quitarme el color, me di cuenta que era un problema. La caja donde venía el tinte decía que saldría después de unas veinte lavadas, pero después de veinte champúes, mi pelo seguía luciendo igual. Probé Tide, limpiador de Amway y todo lo que me recomendaron. Nada sirvió.

Finalmente, terminé yendo a ver al estilista de Norma para pedirle que intentara quitarme aquello de la cabeza. El proceso tomó varias horas, durante las cuales me quemaron el cuero cabelludo y el color de mi pelo cambió varias veces. En un momento se veía anaranjado, pero yo no lo sabía, así es que le pregunté al peluquero si ya había terminado porque Norma quería que fuéramos a almorzar afuera.

—Seguro —me dijo—, pueden ir a McDonald. ¡Usted luce exactamente como Ronald McDonald!

Bueno, decidí que no era el momento de salir a la calle, ni tampoco cuando se puso de color amarillo. Por fin, el estilista logró devolverle más o menos mi color normal; es decir, como el pelo de la dama de ochenta que se ha teñido gris azulado. Pero pude hablar en esa universidad sin problemas. Al momento de escribir esto, sin embargo, si se fija bien, usted podrá ver a lo menos cuatro colores diferentes de pelo en mi cabeza. ¡Solo una nutria podía meterse en tamaño lío!

Las nutrias también gustan de desafiar la autoridad. Hasta donde logramos entender, las leyes fueron hechas para otras personas. El menú de un restaurante, por ejemplo, no es más que un grupo de sugerencias para nosotros. Norma ordenará respetuosamente el número cinco del menú, pero yo preguntaré al mesero si puedo tener esta parte del número cinco, la mitad del número tres y otra parte del número ocho. «¿Por qué no puedes ordenar según los números?», preguntará Norma, frustrada.

«¡Porque eso no es divertido!», es mi respuesta habitual.

Como una nutria que sale de compras, y que es parlanchina, también me encanta regatear. Eso puede irritar a mi esposa, o puede meter a alguien como yo en toda clase de problemas. Hace algunos años, durante una severa tormenta invernal, tuve que ir a dictar una conferencia a Wichita, Kansas. Cuando llegué, procedente del soleado y tibio Phoenix, me di cuenta que había olvidado llevar mi abrigo.

«Bueno, vamos a conseguirte uno nuevo», me dijo un miembro del equipo. Nuestro hospedador nos habló de un depósito de fábrica con una gran selección de abrigos, así es que fuimos allá.

Un depósito de fábrica está hecho a la medida de regateadores como yo. En cuanto entramos en la tienda, vi un hermoso sobretodo azul marino que *me gustó*. La etiqueta en la manga tenía el precio original, $450, pero estaba rebajado a $129. Aquella era una verdadera ganga, pero la nutria en mí decidió ver si podía rebajar el precio un poquito más.

—Verán cómo me lo llevo por $99 —fanfarroneé ante mis amigos. Me dirigí al vendedor y le dije:

—Discúlpeme, me gustaría hablar con el administrador.

Un par de minutos después, llegó un hombre de más edad y se identificó como el administrador de la tienda.

Intercambiamos frases de cortesía, y luego entré a negociar.

—Me gustaría comprar este sobretodo. Pero vea la condición en que se encuentra. Le falta un botón (estaba en uno de los bolsillos), y luce como si alguien ya lo hubiera usado. No parece nuevo.

El administrador suspiró. Obviamente no estaba divirtiéndose con el jueguito como me divertía yo.

Pero como me encontraba lejos de casa y no me preocupaba encontrarme con alguien que me conociera, insistí en pedir rebaja.

—¿Qué le parece $99 por él, considerando su condición?

—Normalmente no hacemos esto —replicó el administrador cortésmente—. Pero se lo dejaré en $99, señor *Smalley*. Mi familia está viendo sus videos.

¡Me había reconocido! ¡Estaba desconcertado! Le aseguro que desde aquella experiencia, nunca más he vuelto a insistir en rebajar los precios.

Como lo dije antes, algunos de los mayores problemas en mi matrimonio y las más grandes insatisfacciones de mi vida han venido a través de mi boca, por hablar demasiado o demasiado rápido sin pensar en lo que iba a decir. A la nutria que hay en mí le encanta decir cosas en forma espontánea, atacar verbalmente cuando está bajo tensión, o hablar sobre los problemas de la gente sin su autorización, lo que a veces ha causado profundo dolor a otras personas y también a mí.

Para enfrentar esas tendencias, yo y todas las nutrias como yo necesitamos *desarrollar algunos rasgos de perros perdigueros y de castores*, tales como sensibilidad para con los sentimientos de los demás y pesar las consecuencias de nuestras palabras o acciones antes de lanzarnos a algo. Mi promesa de nunca molestar a nadie en mis seminarios es una muestra de mi crecimiento en esta área.

Si usted tiene una cantidad de tendencias de nutria, ¿qué es lo que hace que lo meta en problemas o irrite a las personas más cercanas a usted? Para alcanzar un mejor equilibrio, usted debería considerar la posibilidad de adoptar algunos de los rasgos de uno de los siguientes dos tipos de personalidad.

## Desarrolle espinazo de perro perdiguero

¡Gracias a Dios por los perros perdigueros! Su amor y lealtad son una bendición para todos nosotros. Pero ellos también pueden llevar sus rasgos innatos a un extremo perjudicial.

Mi esposa, Norma, es básicamente un perro perdiguero, y nuestra familia se ha enriquecido por eso. Pero hay ocasiones cuando necesita un mejor equilibrio. Por ejemplo, ella ama y siente tan profundamente, su empatía por la familia es tan grande, que cuando uno de nuestros hijos o yo está disgustado o desanimado, ella misma puede sentirse disgustada y desanimada. Eso significa que sus emociones también están siendo controladas por otros, y ella está aprendiendo a asumir mayor responsabilidad por sí misma y no simplemente reflejar lo que sus seres amados están sintiendo. Su *preocupación* de perdiguero es maravillosa, pero necesita recordar que ella *no* es responsable por mi felicidad y la de sus hijos. Ella es responsable solo por la suya propia. Esta es una verdad que los perdigueros necesitan aprender.

A veces, la sensibilidad de Norma hacia los demás frustra a la nutria que hay en mí. Recuerdo la vez hace poco cuando asistimos a un concierto cerca de casa. Norma, una verdadera fanática, estaba especialmente emocionada de ver a este cantante popular. Teníamos la posibilidad de conseguir buenos asientos cerca del escenario levantado para el grandioso concierto.

Disfruté enormemente aquella noche, y pude ver que Norma también estaba feliz. Pero entonces, cuando el concierto se acercaba a su fin, mi naturaleza de nutria se hizo sentir. Me acerqué a ella y le dije:

—Vamos a escabullirnos durante el último número y así nos libraremos del tránsito. ¡A las simpáticas nutrias no les gusta quedarse atascadas en el lugar de estacionamiento!

Norma, sin embargo, no estaba en la misma longitud de onda.

—¡No! —me dijo, enfáticamente.

—¿Por qué no? —le pregunté, realmente sorprendido.

Su respuesta fue perro perdiguero puro. No quería perturbar la actuación.

—Ella me ha mirado varias veces esta noche y me ha sonreído, así es que se dará cuenta de nuestra salida y podría herir sus sentimientos si nos ve yéndonos antes que termine.

Me limité a mirar al cielo.

Por sus muchos años de experiencia conmigo, Norma sabe cuánto nutria soy yo, y por lo general, se sabe manejar con mis arranques. Pero si cree que alguien se va a sentir herido en sus sentimientos por mi sugerencia, bueno, eso ya es otra historia, y puede mantenerse firme con todas sus fuerzas. Jamás he visto a nadie tan terco como un perro perdiguero protegiendo los sentimientos de alguien más. En esta situación, y como la conozco muy bien y no quise que ambos perdiéramos la alegría, no insistí en que saliéramos antes sino que cortésmente esperé hasta que el concierto hubo terminado.

A menudo, los perros perdigueros son también indecisos. Esta es la razón por qué es raro encontrar a dos perros perdigueros casados el uno con el otro. Ninguno de los dos podría tomar la decisión de casarse. A menudo, un perro perdiguero se casará con un león. Al perdiguero le gusta la disposición del león a guiar, y al león le gusta la disposición del perdiguero de escuchar y seguir. Puede ser una buena pareja si ambos mantienen sus tendencias naturales bajo control. Pero esta combinación es la que más a menudo he visto en mi oficina buscando consejos. Pueden hacer un gran matrimonio, en la medida que crezcan en ser tolerantes y perdonadores y se auto controlen, y por lo general, estas cualidades vienen como resultado de comprenderse ellos mismos y uno al otro.

Los perros perdigueros también pueden estar tan ansiosos de complacer a otros que les cuesta decir que no. El resultado puede ser un exceso de compromisos, cansancio y dedicar demasiado tiempo y esfuerzo en cosas que no son realmente prioritarias.

Si usted es un perro perdiguero y este es su problema, quizás necesite *equilibrar su personalidad añadiendo un poco de tendencias de león y de nutria*. Le sugiero, por ejemplo, que practique seriamente decir que no. Al principio le puede resultar difícil, pero mientras más practique, mejor se va a sentir y más va a disfrutar el sentimiento de libertad y control sobre su propia vida. Así es que párese frente a un espejo y diga en voz alta con varias diferentes inflexiones de voz: «No. No. No». Probablemente no se siente confortable haciéndolo, pero siga practicándolo con su esposa u otro amigo. Es una de las habilidades más sencillas que pueda desarrollar pero que más le ayudarán.

Esta habilidad, la de decir no, puede ayudarle a fijar las fronteras esenciales para su propio bienestar, como lo vimos en el capítulo seis.

Y puede equilibrar algo de las conductas extremas de león o de nutria que hieren o dañan a otros, especialmente la sensibilidad del perro perdiguero. A veces la gente dice o hace cosas que sin intención ofenden a otros; no se dan cuenta del efecto de sus palabras. Pero un perro perdiguero dispuesto a unir sentimientos y luego decir no puede hacer que otros, leones o nutrias, se percaten del dolor que pueden estar causando.

Aun otra característica de los perros perdigueros es que cuando están bajo presión, hacen la cosa más maravillosa: retardan el paso de lo que sea que están haciendo e incluso pueden negar que las cosas sean tan malas como son. Solo darse cuenta de esta tendencia ayudará a los perros perdigueros a superarla, como una decisión consciente para desarrollar algo de la determinación del león para conservar la iniciativa y algo del compromiso del castor para lograr hacer el trabajo.

## Hay que tratar al castor con paciencia

Los castores son los mejores para manejar los detalles e incluso ver las necesidades que deben atenderse. Ellos parecen ser capaces de distinguir la basura más pequeña en la esquina del cuarto. El cuarto puede lucir bien para cualquiera, pero no para algunos castores si no está impecable.

Los castores demasiado rígidos y organizados pueden hacer la vida incómoda para otros. Tomemos a Bonnie, por ejemplo. Ella era soltera, pero si su esposo o esposa es un castor empedernido, va a simpatizar con el amigo de Bonnie:

Bonnie tenía muchas cosas buenas cuando vino a visitarme buscando ayuda. Una mujer atractiva al final de los veinte años, tenía un empleo bastante bueno en un banco. Pero aun así, no era feliz y andaba en busca de respuestas.

—Continuamente tengo problemas con mis amistades —me dijo.

—Descríbame esas dificultades.

—Me parece que mi amistad solo llega hasta un punto y luego mis amigos la rechazan.

—¿Qué quiere decir con eso de que la rechazan?

—Bueno, todo parece ir muy bien hasta que empiezo a hacer sugerencias...

—¿Qué clase de sugerencias?

Bonnie miró desconcertada, pero respiró hondo y me dijo:

—Mi amiga Arlene es un buen ejemplo. Realmente la aprecio

como amiga, pero me incomoda cuando voy a su apartamento y veo la loza sucia en el lavaplatos y la ropa que ha lavado sin doblar. En lugar de criticarla, le ofrezco mi ayuda para ordenar sus cosas, pero ella siempre parece ofenderse cuando lo hago.

—¿No puede sencillamente disfrutar el tiempo cuando va a visitar a Arlene, sin preocuparse del asunto de las tareas domésticas inconclusas? —le pregunté. Pero antes que ella me contestara, ya sabía la respuesta.

—Para serle sincera —me dijo, mirándome a los ojos con una mezcla de decisión y resignación—, no, no puedo.

—¿Sabe por qué no puede?

—¿Por qué?

—Porque eso es una parte importante de su personalidad. Usted se esfuerza por terminar sus trabajos y hacerlos bien. Por el otro lado, se frustra cuando las cosas quedan inconclusas.

—Exactamente —me dijo.

Bonnie es un típico castor, pero su deseo natural por la pulcritud y por ver los trabajos terminados la llevaron a un extremo tal que estaba alejando a todas sus amistades. Como resultado, se sentía rechazada y sola. Los mismos rasgos que la ayudaron en su carrera, estaban arruinando su vida social. Y este mismo rasgo puede poner una tensión innecesaria en un matrimonio.

Le expliqué los cuatro tipos de personalidades y ella inmediatamente reconoció el suyo. Entonces le pregunté:

—¿Y cuál es el tipo de personalidad de Arlene?

—Basada en lo que conozco de ella, creo que es una nutria —dijo después de meditar por un segundo.

—Estoy de acuerdo con usted —le dije—, y por eso sería bueno para ambas continuar cultivando su amistad. Ustedes realmente pueden ayudarse mutuamente a crecer.

—¿Cómo? —me preguntó con una mirada de sorpresa.

—Quizás Arlene necesita a alguien como usted que la ayude a aprender la importancia de las cosas terminadas. Solo recuerde no presionarla ni ofrecerle su ayuda, excepto si ella la desea o, mejor aún, si la pide.

Sonrió y movió la cabeza en señal de haber entendido.

—Y Arlene puede ayudarle a usted —señalé—. Como una nutria, ella sabe cómo relajarse y divertirse. Usted necesita a alguien como ella para hacerle recordar que no debe tomarse tan en serio.

—Me parece una excelente idea —dijo.

Poco después de eso, Bonnie y Arlene se hicieron mutuamente la evaluación-inventario de personalidad, lo que confirmó lo que Bonnie y yo ya habíamos establecido. Intercambiaron opiniones sobre el asunto y se rieron de lo lindo, y su nuevo entendimiento les permitió ser también más sinceras la una con la otra. Efectivamente, podían ayudarse mutuamente a crecer y a desarrollar un mejor equilibrio.

Si usted es un castor como Bonnie, seguramente que está teniendo dificultades en cuanto a decidir cuánto, de cada estilo de personalidad, tiene. Después de todo, *debe* estar seguro. Pero su enfoque en cuanto a hacer las cosas bien, si se lleva demasiado lejos, puede causar daño. Por ejemplo, me he encontrado con que los castores tienen muchos más problemas de estómago que cualquier otro tipo de personalidad debido a la presión que ponen sobre ellos mismos.

Como Bonnie, entonces, usted necesita *desarrollar algunas características de la nutria y del perro perdiguero*. ¡Relájese y disfrute junto con su cónyuge! No hay problemas en que su guardarropa esté un poco desordenado ahora, y también después. Y también está bien si su familia y otros seres queridos suyos no hacen las cosas exactamente como las hace usted. Cuide su estómago, su matrimonio, y también su sonrisa.

## Controle sus tendencias naturales

Permítame cerrar este capítulo con un par de sugerencias finales para cada tipo de personalidad. Si usted no sigue ningún otro consejo de este análisis, solo aplicando estos tipos pueden hacer su vida aun más placentera y su matrimonio más perdurable (y más amoroso) al asumir su responsabilidad por temperar sus tendencias naturales. Y si quiere un estudio más profundo sobre el desarrollo de la personalidad, en las notas finales he incluido una lista de recursos.[4]

**Leones**: Sea más suave y más gentil, e incluya a otros cuando haga decisiones.

**Nutrias**: Piense antes de hablar, y piense en las consecuencias antes de actuar.

**Perros perdigueros**: Practique decir no y tomar decisiones firmes.

**Castores**: Aprenda a relajarse, y no espere que los demás hagan las cosas como usted las hace.

Entienda que no estoy sugiriendo que neutralice su temperamento dominante. He descubierto que si trata de ser demasiado diferente de su tendencia natural, de la personalidad con la cual nació, va a usar infructuosamente o va a desperdiciar una gran cantidad de energía. Pero si se acepta como es y se esfuerza por acentuar los aspectos positivos de ese temperamento mientras modera sus manifestaciones extremas (y si eso lo lleva a elogiarse, aunque vamos a tocar este asunto en el capítulo siguiente), va a descubrir que estará recibiendo energía constantemente.

En este capítulo nos hemos concentrado en las diferentes maneras en que usted puede mejorar su matrimonio al hacer que resulte más fácil vivir. Pero cuando se trata de que dos caracteres únicos comparten la vida: «¿Cómo puedo controlar mis extremos?», es solo la mitad de la ecuación. Otra pregunta es igualmente importante y sus respuestas son como una retribución para un matrimonio feliz. ¿La pregunta? «¿Cómo puedo obtener lo mejor de mi exasperante cónyuge?»

## Inventario de personalidad

### Cómo hacer y calificar el inventario

1. En cada tipo de temperamento haga un círculo sobre los rasgos positivos (en la columna de la izquierda) que le parezcan lo más parecido a usted cuando está en casa. No se califique según se comporta en el trabajo. (Si quiere evaluar sus tendencias «en el trabajo», vuelva a hacer el examen más tarde, teniendo en mente ese u otro ambiente.) Por ahora, ignore la columna de la derecha.
2. Por cada rasgo, añada el número de los rasgos en círculo (columna de la izquierda) y luego duplique ese número. Esa es su «puntuación».
3. Para representar su mezcla de temperamento, anote con un punto grande su puntuación por cada tipo de temperamento en el cuadro. Si quiere, trace una línea para conectar los puntos.

Doy especiales gracias al Dr. John Trent y al Dr. Rod Cooper por sus ideas y ayuda en preparar este inventario.

| **Temperamento del león.** | **Características** |
|---|---|
| Le gusta tener autoridad . . . | Demasiado directo o exigente |
| Asume responsabilidad . . . . | Presiona; puede ir al frente de otros |
| Decidido . . . . . . . . . . . . | Dominante |
| Confiado . . . . . . . . . . . . | Caudillo |
| Firme . . . . . . . . . . . . . | Inflexible |

| | |
|---|---|
| Emprendedor | Se arriesga |
| Competitivo | Sangre fría |
| Le gustan los desafíos | Evita las relaciones |
| Soluciona problemas | Demasiado ocupado |
| Productivo | No importan los sentimientos; ¡hágalo ahora! |
| Duro | Insensible |
| Tiene propósitos | Desbalanceado; adicto al trabajo |
| Toma decisiones | No le importan los deseos de otros |
| Arriesgado | Impulsivo |
| Fuerte de voluntad | Obstinado |
| Independiente; autosuficiente | Evita a la gente; evita pedir ayuda |
| Controlador | Autoritario; déspota |
| Persistente | Inflexible |
| Orientado a la acción | Inconmovible |

*«¡Vamos a hacerlo ahora mismo!»*

**Puntuación del león (duplique el número en el círculo):** ______

| Temperamento de la nutria | Características |
|---|---|
| Entusiasta | Déspota |
| Se arriesga | Peligroso y disparatado |
| Visionario | Soñador |
| Motivador | Manipulador |
| Vigoroso | Impaciente |
| Hablador | Ataca bajo presión |
| Promotor | Exagerado |
| Amistoso; fácil relacionarse | Superficial en sus relaciones |
| Disfruta de la popularidad | Exhibicionista |
| Le gusta divertirse | Demasiado petulante; poco serio |
| Le gusta la variedad | Demasiado irregular |
| Espontáneo | No se concentra |
| Le gustan los cambios | Le falta continuidad |
| Creativo; busca nuevas ideas | Poco realista; evita detalle |
| Orientado a grupos | Aburre con sus «procesos» |
| Optimista | No ve los detalles |
| Toma la iniciativa | Presiona |
| Risa contagiosa | Detestable |
| Inspirador | Falso |

*«¡Confía en mí! ¡Esto funcionará!»*

**Puntuación de la nutria** (duplique el número en el círculo): ______

| **Perro perdiguero** | **Características** |
|---|---|
| Sensible a los sentimientos | Fácil de herir |
| Leal | Desperdicia oportunidades |
| Tranquilo; hasta desfallecer | Pierde el entusiasmo |
| No exige | Débil; derrotista |
| Evita la confrontación | Anhela intimidad sincera |
| Gusta de la rutina | Se mantiene en ruta |
| No le gustan los cambios | Le falta espontaneidad |
| Cálido y amistoso | Pocos amigos profundos |
| Se da por vencido | Codependiente |
| Servicial | Indeciso |
| Humor cauteloso | Demasiado cauteloso |
| Adaptable | Pierde identidad |
| Simpático | Lleva los sufrimientos de otros |
| Precavido | Pueden aprovecharse de él |
| Educador | Gran escuchador |
| Paciente | Se complica por los demás |
| Tolerante | Convicciones débiles |
| Bueno para escuchar | Atraído por los que sufren |
| Pacificador | Guarda sus heridas personales |

*«¡Vamos a dejar las cosas como están!»*

**Puntuación de los perros perdigueros**
(duplique el número en el círculo): ____________________

| **Temperamento del castor** | **Características** |
|---|---|
| Lee todas las instrucciones | Temeroso de violar las reglas |
| Puntual | Demasiado crítico |
| Consistente | Falto de espontaneidad |
| Controlado | Demasiado serio |
| Reservado | Insípido |
| Predecible | Falto de variedad |
| Práctico | No dado a las aventuras |
| Metódico | Rígido |
| Veraz | Estricto |
| Concienzudo | Inflexible |
| Perfeccionista | Controlador |
| Juicioso | Negativo a nuevas oportunidades |
| Detallista | Raramente finaliza un proyecto |
| Analítico | Pierde visión global |
| Inquisitivo | Asfixiante |

Preciso . . . . . . . . . . . . . . . Estricto
Persistente . . . . . . . . . . . . Agresivo
Sistematizado . . . . . . . . . . Aburrido
Sensitivo . . . . . . . . . . . . . . Terco
*«¿Cómo se hizo esto en el pasado?»*

**Puntuación del castor** (duplique el número en el círculo): ______

| | L | O | GR | B | |
|---|---|---|---|---|---|
| 40 | | | | | 40 |
| 35 | | | | | 35 |
| 30 | | | | | 30 |
| 25 | | | | | 25 |
| 20 | | | | | 20 |
| 15 | | | | | 15 |
| 10 | | | | | 10 |
| 5 | | | | | 5 |
| 0 | | | | | 0 |

¿Cómo resultó? Recuerde, este no es un examen para aprobar o reprobar. Es una evaluación que simplemente muestra sus tendencias y rasgos. Al mirar su puntuación, podrá ver una mezcla de las cuatro categorías. No hay problemas. O podría ver dos categorías significativamente más altas que las otras. O puede tener una categoría sobresaliendo como cabeza y hombros sobre las otras tres. Ningún patrón es «correcto».

Note ahora la columna de la extrema derecha por cada una de las características que ha encerrado en un círculo. Esto *podría* indicar cómo su rasgo positivo es percibido por su familia o amigos.

## Principios del amor para toda la vida

62. El amor para toda la vida entiende cómo los tipos de personalidad influencian las dinámicas interpersonales.
63. El amor para toda la vida no está temeroso de mirar adentro

y preguntar: «¿Qué características mías hacen a otros irritarse más?

64. El amor para toda la vida controla los extremos temperamentales y cultiva las virtudes de las características menos dominantes. «Para ti, mi verdadero amor, voy a controlarme y a buscar el equilibrio».
65. El amor para toda la vida sabe que la comunicación que vale la pena toma tiempo.
66. El amor para toda la vida no arremete, haciendo decisiones unilaterales.
67. El amor para toda la vida mide las consecuencias de palabras y acciones y no pierde el control cuando está bajo tensión.
68. El amor para toda la vida no se desespera por decir que sí a todo lo que se le pide.
69. El amor para toda la vida sabe que la vida nunca será perfecta.
70. El amor para toda la vida no siente la necesidad de «arreglar» cada cosa relacionada con todo el mundo.
71. El amor para toda la vida se esfuerza por alcanzar el auto control pero conoce la gracia del auto perdón.
72. El amor para toda la vida sabe que el temperamento natural no necesita controlar la temperatura de la vida. Yo puedo ajustar mi control.

# 11

# Extraer lo mejor de su cónyuge exasperante

*Muchas mujeres deberían aprender de los hombres a aceptar algunos conflictos y diferencias sin verlo como una amenaza a su intimidad, y muchos hombres deberían aprender de las mujeres a aceptar la interdependencia sin verlo como una amenaza a su libertad.*

Deborah Tannen[1]

Confío en que algunos de mis lectores recuerden esa vieja canción, con una línea inolvidable: «Tú dices to-ma-té, y yo digo to-ma-te». Esa simple frase puede describir la hermosa, y hasta exasperante, diferencia entre usted y su cónyuge. Cuando eran novios, a lo mejor lo intrigaron y lo atrajeron aquellas fascinantes cualidades. Pero ahora, después de vivir en la misma casa por veinte años, o incluso dos años, la fascinación se ha tornado en frustración; las características seductoras ahora se llaman idiosincrasia. Ahora usted puede apreciar el cuadro hablado más drástico que es el título de un libro muy vendido: *Los hombres son de Marte, las mujeres son de Venus*.

Si usted y su cónyuge son tan diferentes el uno del otro, ¿cómo mantienen su energía para amar? Esto es lo que veremos en este capítulo. De nuevo, una comprensión de los problemas es la base para progresar en las relaciones.

Para ilustrar las diferencias entre Norma y yo, diferencias que van más allá de nuestros temperamentos naturales dominantes, permítame ir con usted a través de una experiencia de traslado que tuvimos no hace mucho.

Nos encontrábamos manejando un domingo por la tarde, y ambos empezamos a ensalzar las virtudes de otro estado a miles de kilómetros de nuestra casa, en Phoenix. Después de un momento, ella dijo:

—¿Por qué no nos vamos a vivir allá? Quiero decir, ¿por qué permanecer aquí en Arizona cuando a ambos nos gustaría mucho más vivir allá?

—¡Magnífica idea! —le dije.

Hasta aquí, todo iba bien; estábamos de acuerdo en la idea general. Pero pronto, entraron en juego una serie de diferencias básicas entre nosotros. En el momento que dijimos que nos gustaría irnos a vivir allá, ya yo estaba listo para empacar, cargar el vehículo y echarnos a la carretera. Cuando decido hacer algo, me gusta hacerlo ¡ya! Es más en dos meses a partir de aquel día, yo ya estaba viviendo en el medio oeste.

Norma, por el otro lado, es más lenta y cautelosa para moverse. Antes de hacer algo, piensa en todas las ramificaciones y planea cada detalle. Eso le toma otros ocho meses para cerrar el negocio, vender la casa, hacer los arreglos para cambiar de dirección, y completar el traslado.

Antes que ella se fuera a vivir al este, habíamos comprado una pequeña finca y habíamos empezado a remodelar la casa para satisfacer nuestras necesidades y deseos. Ella había volado tres veces para inspeccionar los planes de construcción y hacer cambios, pero cuando llegó a vivir, los trabajos de remodelación estaban solo por la mitad. Recuerdo una conversación que tuvimos poco antes de su llegada. Entramos a la casa y yo, con mucha anticipación, le pregunté,

—¿Crees que captamos bien tu idea en cuanto a lo que querías con la cocina?

Ella echó una mirada y dijo:

—No me gusta lo que hicieron. Creí que había explicado cómo lo quería, y eso no es lo que yo les dije.

—Sí —contesté—, tratamos de acercarnos lo más posible a lo que tú querías. ¿Pero no te parece que luce bonita?

Bueno, era obvio por la expresión de su rostro que no estaba del todo complacida.

—Tendré que irme por un tiempo y pensar —dijo.

—Pero tú necesitas permanecer aquí —insistí—. Lo vamos a resolver.

—No. Tengo que irme —insistió—. Tengo que estar sola. Cuando iba a subir a su automóvil, insistí en que se quedara porque al día siguiente había que hacer algunas decisiones. Las últimas palabras se las dije gritando porque el auto ya iba alejándose:

—¡Quédate! No hay peligro. ¡Soy un consejero matrimonial!

Definitivamente, aquel fue un tiempo de mucha tensión para nosotros. Con mi naturaleza extrovertida, quería que estuviéramos juntos y juntos hiciéramos lo que había que hacer. Pero Norma, mucho más introvertida, necesitaba estar sola para pensar. Un poco más adelante, volveré a referirme a las diferencias entre los extrovertidos y los introvertidos.

Pero la historia continúa. Una tarde en que nos encontrábamos caminando por la pequeña finca (nos habíamos instalado allí aunque la remodelación aun no había sido terminada), ella dijo,

—¿No crees que sería lindo que algún día tuviéramos aquí algunos animales, como gallinas y pavos y a lo mejor un pequeño corderito?

—Es una gran idea —le dije—. ¿Por qué no los tenemos ya?

—¿Podemos?

—Por supuesto —dije con la más absoluta seguridad—. Por aquí hay una granja que vende animales... creo. ¿Vamos?

Impulsivamente, salté a la camioneta, sin hacer provisión alguna para traer los animales a casa. Asumía que los granjeros tendrían cajas, o algo así. Encontramos un lugar, compramos unos pocos pavos, gallinas, gallinas de Guinea, y un precioso cabrito de pocos días, y los pusimos todos en un encierro improvisado en la parte de atrás del vehículo. En realidad, tuvimos que poner el cabrito en la cabina con nosotros. Norma lo sostuvo en sus brazos durante todo el camino de vuelta a casa. Y, por supuesto, mientras viajábamos, le puso nombre a cada animal.

Para no decir más, no teníamos idea cómo atender y proteger nuestras «mascotas». No bien hubimos llegado a casa, el cabrito se escapó... y se fue. A Norma le afectó mucho la pérdida de su recién bautizado amigo, pero yo simplemente me encogí de hombros y dije: «Bueno, ya regresará cuando tenga hambre, ¿no lo crees?» Pronto, todos los animales que habíamos comprado se habían salido por los huecos del encierro improvisado. Logramos atrapar a la mayoría.

Pero entonces descubrimos que teníamos vecinos: zorros, coyotes y perros salvajes, que de pronto hicieron sentir su presencia. Rápidamente empezaron a perseguir a nuestras aves al punto que si éstas no se subían a los árboles para pasar la noche, al día siguiente ya no estarían. Norma estaba muy preocupada. Pero yo lo tomé con calma.

«¡Pobres animales! Creo que vamos a tener que construirles un corral».

Recuerdo el día cuando andábamos paseando por entre los árboles con nuestros nuevos perros. Sueltos y vagando por ahí, volvieron de pronto arrastrando los restos del pavo. «¡Ese es Carl!», exclamó Norma, horrorizada.

«¡Oh, ese es Carl!», repetí con mucho menos dolor.

Afortunadamente, algunos de nuestros animales han sobrevivido hasta ahora. Norma los ama. Yo los tolero. Somos diferentes en ese sentido y, como toda la historia lo ilustra, también en muchas otras cosas. Eso da fe de lo únicas que son nuestras personalidades, nuestras tendencias extraintrovertidas y las principales diferencias de ser hombre y mujer. Una vez que nos casamos, durante varios años aquellas y otras diferencias fueron motivo de molestia para ambos. Pero gradualmente, con nueva comprensión, aprendimos a apreciar la singularidad del otro.

## Perspectivas cambiadas

Parte de mi propósito en este capítulo es hacer que usted vea desde una perspectiva nueva y positiva, las diferencias de su cónyuge exasperante. ¿Imposible dice usted? Piense en esta elocuente historia de la secretaria de una iglesia y un tejano rico. Vea cuán rápidamente se cambia de punto de vista.

El tejano llamó a la oficina de la iglesia a mitad de semana y dijo a la secretaria:

—Hola. Quisiera hablar con el cerdo jefe de esa porqueriza.

—¿Perdón? —dijo la secretaria, sorprendida.

—¡Ya me escuchó, señorita! —le dijo el tejano—. Quiero hablar con el cerdo jefe de esa porqueriza.

—¿Se estará refiriendo por casualidad a nuestro pastor principal? —preguntó la secretaria.

—Así lo llaman ustedes —respondió—. Pero yo lo llamo el cerdo jefe de esa porqueriza.

—Está bien, señor —dijo la secretaria, inflexible—. Lo siento, pero en estos momentos no está en el edificio. ¿Quiere dejarle un mensaje?

—Sí. Estuve en su iglesia el domingo pasado y quedé realmente impresionado. Me di cuenta que están realizando una campaña para reunir fondos para construir un edificio y me gustaría, si es que puedo, donarles un millón de dólares.

La secretaria tragó saliva y respondió:

—Señor, me parece que ese viejo cerdo mayor viene entrando en este momento.

Toda su perspectiva acerca del tejano cambió cuando de pronto vio algo de valor en él.

Quizás todavía no lo haya visto, pero hay un gran valor en la singularidad de su cónyuge. Por esto es que las tendencias naturales que pueden ser fundamentalmente diferentes de las suyas pueden **enriquecerlo** a usted y a su matrimonio.

En este capítulo veremos cinco áreas que hacen diferentes a las personas. Consideraremos brevemente cómo el temperamento natural, el orden de nacimiento y la historia personal pueden afectar nuestras relaciones, especialmente nuestro matrimonio. Luego veremos más específicamente dos áreas adicionales: las diferencias entre los extrovertidos y los introvertidos y entre el hombre y la mujer.

## El empujón de sesenta segundos

A medida que aprende a *entender* las diferencias entre usted y su cónyuge, puede desarrollar aprecio por las cualidades que él tiene y de las que usted carece. Exprese ese aprecio, y podrá obtener lo mejor de él. Intente elogiar a su esposa y vea lo que ocurre. La alabanza es como un golpe de adrenalina que energiza a una persona. Da un empujón rápido, de sesenta segundos, a cualquiera relación. El Dr. John Gottman dice que los matrimonios donde los esposos siguen enamorados disfrutan de una dosis regular de *cinco experiencias positivas por una negativa.*[2] El elogio produce una experiencia muy positiva en cualquier matrimonio.

¿Cómo vitalizar, motivar, sacar lo mejor, de su cónyuge? Déle el regalo del *elogio*. Piense en esto. Cuando alguien le reconoce algún *atributo*, como por ejemplo, ser una persona precavida, ¿no le hace eso sentirse instantáneamente mejor? Cuando se le reconoce alguna *acción*, como por ejemplo preparar una deliciosa comida, no le hace sentir deseos de hacer más de lo mismo? Se requieren únicamente un par de palabras para elogiar a su cónyuge, solo unos pocos segundos, pero el impacto puede ser monumental.

Lo opuesto al elogio es la crítica. Piense cómo lo hace sentir la crítica. Si usted es como muchas personas con las que hablo, la crítica hace un hueco en sus emociones y a través de ese hueco se le escapa la energía. Y junto con la energía, desaparecen muchas de sus motivaciones para tratar de hacer las cosas mejor. Recuerde el concepto según lo analizamos en el capítulo 5: Mientras más esperamos de cualquiera área de la vida, más energía perdemos. La crítica hace que nos sintamos menos que cualquiera. No hemos alcanzado las expectativas de esa persona o las propias nuestras, debido a que esperábamos ser agradables o aceptables a los demás.

La crítica no siempre es vociferante; puede ser sutil, como la esposa que se despierta cada mañana dándole a su esposo una lista de mi amor-haz («mi amor, haz esto; mi amor, haz aquello»), sin que medie un abrazo, una sonrisa o ni siquiera un buenos días. Y en la noche, nada de muchas gracias. Ella le dice día tras día: «No me sentiré feliz a menos que estés haciendo algo. Y ni siquiera cuando estás haciendo algo me siento feliz». Es fácil imaginarse cómo se sentirá ese tipo con tal crítica implícita y tal falta de amor y aprecio.

Pero, por el otro lado, el elogio le da energías porque ayuda a satisfacer dos de nuestras más fundamentales necesidades humanas:

(1) una profunda necesidad de sentirse importante, sentir que contamos, que de alguna manera valemos para algo, que somos necesarios; y (2) una gran necesidad de sentir seguridad en nuestras más cercanas relaciones, sentir que pase lo que pase, nos pertenecemos el uno al otro y estaremos allí, juntos.

En cualquier momento podemos dar ese regalo de elogio. No se preocupe de que su cónyuge se pudiera sentir cansado de recibir elogios. Cuando pregunto a la audiencia en mis seminarios: «¿Cuántos quisieran que sus cónyuges los elogien más a menudo?», todos levantan la mano. Esto es algo que nunca será suficiente.

Vamos a mirar ahora a cinco cosas que dan singularidad a cada uno de nosotros, áreas en las cuales podemos buscar cosas naturales para elogiar y darnos energía mutua.

## Elogiar las diferencias de personalidad

Recordará que en el capítulo anterior identificamos los cuatro tipos de personalidad básicos como león, nutria, perro perdiguero y castor. Confío en que usted hizo el examen e identificó uno (o quizás dos) de los cuatro como su tipo dominante. Quizás su cónyuge también haya hecho el examen.

Todos necesitamos ser apreciados y confirmados por las características inherentes en nuestros tipos dominantes: si un león, por su autoridad; si una nutria, por su espontaneidad; si un perro perdiguero, por su amabilidad y firmeza; si un castor, por ser cuidadoso y detallista. Señale la singularidad de su cónyuge en esta área y exprese su reconocimiento que le dará un verdadero golpe de energía.

Aun si el tipo dominante de su cónyuge es el mismo que el suyo, el grado de preponderancia y la mezcla dominante de los cuatro tipos varía entre dos personas.

## Elogiar las diferencias en el orden de nacimiento

Investigaciones muestran que su lugar en el orden de nacimiento dentro de su familia tiene mucho que ver con la forma en que vive y se relaciona con los demás. Si usted fue el primogénito entre varios hijos, por ejemplo, probablemente tenderá a ser del tipo líder, porque aprendió a velar por sus hermanos menores. Los que han nacido segundos son por lo general competidores e inseguros, debido a que tuvieron que probarse a ellos mismos, comparándose con su hermano o hermana mayor. En el lado positivo, los hijos del medio son buenos negociadores y adaptables; aunque a menudo les parece necesitar «ejercer control». Y los terceros o los últimos a menudo son muy sociables, y saben entenderse con la gente.

Difícilmente este análisis rasguñe la superficie de un tópico muy interesante. Pero ¿puede ver las influencias en su esposa del lugar que ocupó en el orden de nacimiento? ¿Son similares o diferentes de las suyas? Sería bueno que hiciera un análisis de las diversas experiencias familiares en relación con el orden en el nacimiento. Éste tema puede llevar a una pareja a esa capa íntima en la comunicación que expresa los sentimientos. ¿Puede, al entender mejor a su cónyuge, buscar características que puedan ser elogiadas? Intente descubrir sus efectos en energizar a su pareja. Si desea conocer más sobre este asunto, le recomiendo *The Bird Order Book* [El libro sobre el orden en el nacimiento], por el Dr. Kevin Leman.[3]

De nuevo, una advertencia contra el uso de estas características como una arma en contra de su cónyuge. Busque el lado positivo.

## Elogiar las diferencias en la historia personal

Todos tenemos una historia personal única. Usted. Su cónyuge. ¿Fue su cónyuge criado por uno solo de los padres? ¿Se crió con varios hermanos y hermanas, solo con hermanas o solo con hermanos? ¿Abusaron de su cónyuge? ¿Creció en un hogar difícil? ¿Fue rechazado cuando pequeño? Todas esas cosas hicieron un impacto permanente y contribuyeron a que su cónyuge sea como es.

Y su historia es diferente de la suya. ¿Cómo estas diferencias pueden acercarlos más el uno al otro?

De nuevo, el respeto y la comunicación son puntos de partida clave. Hable de su pasado: acontecimientos, sentimientos, necesidades resultantes. Busque aspectos positivos para elogiar. ¿Cómo el pasado de su cónyuge enriquece sus relaciones? Suponga, por ejemplo, que su esposa creció con una pareja de hermanos. Como resultado, ella tiene alguna comprensión de cuán importantes son los deportes para la mayoría de los muchachos. Hasta puede que le guste jugar al baloncesto con usted. Por un minuto, métase en sus zapatos. ¿No le haría sentir bien escuchar: «¿Sabes? me siento feliz de tenerte a ti. Tú juegas baloncesto mejor que yo. Y me alegro de que me entiendas y ames mi mundo como yo amo el tuyo»? ¡Música celestial! ¡La energía positiva corre veloz por su sistema! *Sí. Sí.*

También puede asumir el trabajo que soporta su cónyuge y juntos «buscar perlas». Mientras más claramente vea cómo su cónyuge ha aprendido de pasadas heridas y cómo esas heridas lo maduraron, usted puede reforzar el buen resultado con el elogio.

## Elogiar las diferencias extro-introvertido

Como seguramente se percató, en la historia inicial de este capítulo, Norma tiene una gran cantidad de introversiones en ella, aunque es una persona balanceada, mientras yo soy un extrovertido de marca mayor. Lo que quiera que usted sea que su cónyuge lo sepa, lo valore, y lo elogie por eso (y vice versa).

A los extrovertidos les gusta estar con la gente. Aun si he estado con otros todo el día, todavía quiero estar con la gente en la noche, porque interactuar con ellos me genera energía. Pero si son los introvertidos los que han estado con otras personas todo el día, a menudo necesitan pasar un tiempo a solas por la noche. Por ese día, han tenido gente suficiente. La mayor parte del tiempo, Norma viene a casa al final de un día de trabajo (ahora yo me encargo de la casa mientras ella atiende los asuntos de la oficina), y yo quiero pasar un tiempo con ella de inmediato. «No, dame unos minutos para mí sola primero», me dice. Por lo general me molestaba con eso, hasta que entendí sus diferencias básicas conmigo. Ella es mucho más firme que yo, y parte de esa actitud viene de su deseo de estar sola y procesar cosas por sí misma. No tiene que andar corriendo de cosa en cosa y de persona en persona. Yo soy mucho más espontáneo, y me gusta decirle: «Mi amor, te agradezco que me tranquilices con tanta naturalidad».

En mi condición de extrovertido, también soy feliz diciéndole casi todo a casi cualquiera. Les he revelado el balance de nuestra cuenta en el banco a perfectos extraños. (Eso sí que irrita a Norma, así es que he tenido que aprender a refrenarme un poquito.) Pero a los introvertidos como Norma no les gusta divulgar asuntos personales a gente que no conocen bien. Son más bien reservados, a no ser con amigos confiables. Aun hoy día, hay algunas grandes historias de nuestro matrimonio que me gustaría contar en mis libros y seminarios, pero Norma no está preparada para dejar que el mundo sepa de ellos, de modo que... tendrá que esperar.

Además, como un extrovertido, me gusta pensar y planear en voz alta. Me gusta que otros estén conmigo, así puedo tirarles una idea y preguntarles: «¿Qué te parece eso?» Realmente necesito pensar en algo hablando a alguien. Sin embargo, por mucho tiempo, Norma creyó que yo iba a llevar a cabo todo lo que decía en voz alta. De modo que si no le parecían mis ideas, reaccionaba fuertemente. Así, entrábamos en conflicto simplemente porque ella no entendía mi manera de procesar ideas.

A ella, por otro lado, le gusta pensar las cosas a solas por horas o incluso días. Si quiero hablar de un asunto específico con ella, me dice: «Ahora no puedo». Cuando estábamos recién casados, acostumbraba pensar que se tomaría una semana de «pensamiento» antes de hacer algo «espontáneamente», y eso realmente me irritaba. Pero ya no me molesta, porque a lo largo de los años, su estilo más cuidadoso e introvertido me ha librado de muchos problemas.

Acostumbraba a sentirme como uno de esos palomos de barro que se usan en el tiro al blanco. Yo salía volando con una idea nueva y excitante y *¡boom!*, Norma la hacía explotar en el cielo con su escopeta. «¿Por qué siempre me haces eso?», le preguntaba, frustrado. Pero ahora reconozco que es solo por su forma de pensar. ¿Puede imaginarse el problema que habría tenido si hubiera tratado de llevar a cabo todas las ideas que se me han venido a la cabeza? Por eso, ahora la *elogio* por su cautela.

Por su parte, Norma me elogia por mi espontaneidad y evidente creatividad. En el último par de años, hemos llegado a la conclusión que ella es una forjadora de sueños, es decir, que a ella le encanta venir a mí y preguntarme: «¿Qué estás soñando para este año? ¿No te gustaría ayudar a personas solteras, a parejas, o a familias?»

Quizás responda: «Bueno, siempre he querido hacer esto o aquello». Con eso, trato de parecer como la persona de la idea.

Luego, ella quizás diga: «Magnífico, dame eso. Déjame pensar cómo podemos hacer que ocurra».

¡Qué pareja hemos llegado a ser! Y esta diferencia que acostumbraba dividirnos es ahora una de las cosas en nuestra relación por la cual yo estoy más agradecido y más ansioso de elogiarla. Nuestras virtudes se complementan y llegamos a formar un gran equipo.

## Elogiar las diferencias de género

Las primeras cuatro áreas de diferencia que hemos considerado en este capítulo no son específicamente género. Pero ahora quiero que echemos una mirada a algunas de las cosas que las investigaciones señalan como tendientes a distinguir al hombre de la mujer. Estoy consciente de los peligros de los estereotipos, pero mi reticencia a hablar en generalizaciones es compensada por la nueva comprensión que puede surgir si identificamos patrones de conducta de hombres y mujeres que siguen ciertas normas. No todos los hombres ni todas las mujeres calzarán exactamente en las categorías que voy a cubrir en esta sección, pero tanto de las actuales investigaciones como de mis propias observaciones, la mayoría ciertamente calzará. De hecho, encuentro que las generalizaciones son exactas 70 u 80% de las veces, así es que si usted es escéptico, le ruego que acepte mi afirmación generalizada «los hombres hacen esto... las mujeres hacen aquello». Es admirable cómo en los Estados Unidos se está disfrutando de toda la nueva información sobre diferencias de género, y eso es porque suena a verdad.

Por más de veinte años, he estado hablando y escribiendo acerca de las diferencias basadas en el género. Algunas de mis más divertidas anécdotas surgen de estas diferencias. En realidad he dedicado mi vida a estudiar la forma en que hombres y mujeres tienden a ver la vida y a actuar día tras día. Pero si miro algunos años atrás, puedo ver que apenas he rasguñado la superficie de estas vastas diferencias. Especialistas tales como la Dra. Deborah Tannen[4] y el Dr. Bernie Zilbergeld[5] junto con algunos libros bastante conocidos como *Los hombres son de Marte, las mujeres son de Venus*[6] nos están ayudando a descubrir que la mayoría de los hombres y mujeres están en mundos diferentes, y que tendemos a confundirnos y a veces a irritarnos a causa de tales diferencias.

Hay miles de diferencias entre los hombres y las mujeres. Déjeme citar solo un ejemplo científico-médico: En un reciente estudio, monitores del cerebro revelaron fuertes y diferentes géneros en la actividad del cerebro cuando a los sujetos se les dijo que «no pensaran en nada».[7]

Yo podría mencionar muchas diferencias basadas en el género que no necesitan monitores del cerebro para detectarlas. Pero me gustaría resumir cinco de mis favoritas, producto de mi propio estudio y observaciones. A medida que usted comprenda mejor sus recursos complementarios, tendrá más municiones con las cuales disparar *elogios* a su cónyuge. Busque lo positivo; ¡descubra el valor de la variedad! Después de una mirada general a estas diferencias, le voy a dar varias sugerencias específicas sobre cómo elogiar a su cónyuge.

### *Diferencia 1:*
### *A los hombres les gusta contar los hechos*
### *A las mujeres les encanta expresar sentimientos*

Los hombres, incluso en amistades cercanas, tienden a agruparse y contar los hechos. Las mujeres, en el mismo tipo de relaciones, tienden a ser mejores en y más interesadas en contar los sentimientos. Esta, recuerde, no es una regla rígida. Ambos géneros pueden, y por cierto lo hacen, expresar sentimientos y contar los hechos, pero la escala parece inclinarse en favor de hechos para los hombres y emociones para las mujeres.

Una esposa puede que diga: «Mi amor, esta noche tenemos que hablar». Está expresando una necesidad, sin duda basada en un sentimiento de «desconexión» de él.

Y el esposo puede que le responda: «¿Sobre qué?» Él quiere hechos.

«¿Cómo te sientes en tu trabajo?»

Él se rasca la cabeza, se pregunta el origen de la pregunta, y quizás responda: «Me siento bien». Él no está muy pendiente de sus sentimientos ni tan interesado en ellos como ella. Y le parece que su respuesta marca el final de la conversación.

Pero quizás ella cambie de tema y exprese su necesidad de discutir lo relacionado con la fiesta del doceavo cumpleaños de su hija mayor, que tendrá lugar dentro de cuatro meses.

Para él resulta obvio que ella quiere seguir la conversación, pero ahora con un asunto diferente, y quiere saber a dónde quiere llegar ella. Así es que le pregunta, algo intrigado: «¿Cuánto va a durar esta conversación?»

Ella puede sentirse ofendida y sugerir que él ya no la quiere.

Ahora él está totalmente perplejo. ¿Cómo la conversación pudo tomar ese giro? ¿Cómo su pregunta, pidiendo hechos, se transformó en: «Siento que ya no me quieres»?

Este desacuerdo en la orientación hechos/sentimientos no tiene por qué romper una relación. Pero es importante que tanto los hombres como las mujeres entiendan la tendencia del otro. Su cónyuge no quiere, intencionalmente, irritarlo. Por lo general, la conducta que nos entusiasma o nos frustra es solo un reflejo de como es nuestro cónyuge. No se trata de perjudicar el matrimonio sino sencillamente de ser natural y normal.

Recuerden, hombres, estaremos mucho mejor en la medida que somos mejores comunicadores. Den gracias a Dios por sus esposas. ¿Cuándo fue la última vez que usted se detuvo y le agradeció por querer hablar de sus emociones?

### *Diferencia 2:*
### ***Los hombres tienden a ser independientes***
### ***Las mujeres tienden a ser interdependientes***

Una segunda gran diferencia de género es que los hombres tienden a ser independientes, mientras que las mujeres son más interdependientes. Esto se ve claramente en la forma en que los niños y las niñas juegan y se disgustan.

¿Se ha preguntado alguna vez por qué se requieren millones de espermatozoides y solo un óvulo para procrear un bebé? Quizás se deba a que ninguno de estos pequeños corredores se va a detener para preguntar por la dirección.

Pero las mujercitas tienden a formar grupos pequeños, incluso parejas, y jugar juegos donde pueden expresar cosas cara a cara. En otras palabras, ellas buscan la comunidad. La interdependencia femenina se hace evidente en la situación común en que varias mujeres en un grupo se ponen de acuerdo para ir juntas al baño, algo rarísimo entre los hombres.[8] Me doy cuenta que algunos hombres tienen más desarrollado el sentido de comunidad que otros, y algunas mujeres son más independientes que lo normal. La clave es que usted y su esposa logren establecer donde están los dos en esta área y trabajen juntos en una forma de entendimiento, elogiándose el uno al otro más que regañándose mutuamente por las cosas que los hacen únicos.

### *Diferencia 3:*
### ***Los hombres se conectan haciendo cosas juntos***
### ***Las mujeres se conectan hablando juntas***

Esta tercera diferencia (los hombres se conectan haciendo cosas juntos; las mujeres se conectan hablando juntas) está muy relacionada con las dos primeras: hechos/sentimientos e independencia/interdependencia. Un aspecto fascinante de esta diferencia es la forma en que los dos sexos definen la palabra intimidad. En las últimas décadas, las mujeres han jugado el rol más importante en cuanto a definir intimidad para nuestra cultura, con el resultado que muchos hombres han llegado a la conclusión que simplemente no es justo para ellos. Esa definición incluye siempre «hablar y tocar» que es lo que las mujeres quieren cuando dicen buscar más intimidad.

Según las últimas investigaciones, ¿cuál es la definición de intimidad que hacen los hombres? *Hacer algo con otra persona.*[9] Aquí no hay conversación alguna. Una pareja puede estar junta viendo televisión, y el hombre va a pensar que se ha acercado o a intimado, mientras que la esposa está allí sentada, pensando, *¿Cuándo vamos a decir algo?*

En uno de mis más recientes seminarios, una mujer me dijo cómo era que hacía para que esta situación satisficiera su necesidad. «Me he dado cuenta que cuando quería que mi esposo hablara», me dijo, «le sugería que hiciéramos algo juntos, como salir a dar un paseo en auto o caminar. Tan pronto como empezábamos a hacerlo, él empezaba a hablar». Otra mujer para la que esto da buen resultado, dijo que le había dicho a su esposo con ironía: «Me tosté en el juego de béisbol; me helé en el juego de fútbol; me picaron los mosquitos cuando fuimos a pescar. ¿Por qué siempre tienes que hacerlo todo conmigo?»

A la mayoría de los hombres les gusta estar con alguien más. Pero tienden a evitar la compañía si la mujer es crítica o insiste en hablar sin parar, porque esa no es su idea de intimidad.

Vamos a ver cómo esta diferencia, mujeres conectándose a través de las palabras, hombres a través de las acciones, puede afectar una conversación típica.

Durante la cena, después de un duro día de trabajo, la esposa dice:

—¡Odio mi trabajo!

¿Cómo respondería un hombre?

—Entonces, ¿por qué no lo dejas?

—No —dice ella—, es que hay muchas cosas por hacer y no hay suficiente gente.

—Bueno, entonces, dile a tu jefe que contrate a alguien que te ayude.

—Ah, ¿por qué no me escuchas alguna vez? —le dice ella, impacientándose.

Y él, de veras confundido, dice:

—Te estoy escuchando. Si no querías mi opinión, ¿por qué empezaste a hablar de esto?

¿Por qué ninguno de los dos puede entender lo que está pasando? Al comunicar sus sentimientos acerca del trabajo, lo que la esposa está diciendo es realmente: «Me quiero *conectar contigo*. Quiero entrar en comunicación contigo. Y lo hago a través de la conversación. No estoy tratando de resolver nada». Cuando el esposo no sabe reaccionar manteniéndose conectado con su necesidad, ella cree que él no la está escuchando.

Desde la perspectiva del hombre, sin embargo, su reacción es consistente con *su* punto de vista de la intimidad. Él quiere *hacer algo* con ella. Quiere arreglar cosas con ella. En este caso, eso significa ofrecerle una solución lógica a su problema. Sus comentarios son reales y apuntan a ayudarla en su dilema.

Sus comentarios también pueden ser una reacción al temor masculino de ser controlado y perder la independencia. Una conversación centrada en las emociones puede hacerlo sentir incómodo, sin el control adecuado de la situación. Por eso, él trata de mantener el control mediante un ataque verbal sin siquiera darse cuenta lo que le está haciendo.

¿Cómo podemos superar esta falta de entendimiento de unos y otros para desarrollar la conexión que ambos necesitan? Al principio, lo que estoy sugiriendo pudiera parecer poco realista, pero Norma y yo hemos aprendido a manejar situaciones similares en una manera que parece funcionar. Si se quejaba de su trabajo y le sugería que lo dejara, ella podía decirme algo así como: «Veo lo que estás tratando de hacer. Estás haciendo algo conmigo, me estás ayudando, ¿no es cierto? ¿Crees que la solución sea dejar mi trabajo? Es una idea interesante. *Aprecio* el hecho de que eso sea parte de lo que tú eres. Pero esta noche realmente no estoy buscando una solución. Solo quiero hablar y relacionarme contigo. ¿Te parece?»

Con eso, quizás piense: *Ah, veo lo que está ocurriendo. Estaba tratando de ayudarla y al mismo tiempo sentirme importante.* Pero puedo responder diciendo que aprecio la forma en que ella quiere conectarse conmigo; sé que es bueno para ambos. Incluso le podría preguntar directamente: «¿Te sientes en este momento desconectada de mí?» Si ella responde que sí, le puedo preguntar: «¿Qué crees que podemos hacer (o de qué podemos hablar) esta noche para conectarnos mejor?»

Por su parte, ella puede preguntar: «¿Qué se requeriría para que te sintieras importante y de una ayuda para mí? ¿Cómo puedo yo responder cuando me das tus bien intencionadas sugerencias?» Si una esposa elogia los intentos de su esposo de tratar de ser «útil» cuando da consejos no solicitados, puede alentar la relación considerablemente.

En esta forma nos estamos respetando nuestras necesidades diferentes y entendiendo nuestra intimidad.

### *Diferencia 4: Los hombres tienden a competir Las mujeres tienden a cooperar*

Es muy importante que se entienda esta diferencia, porque puede ayudar a explicar por qué un hombre puede iniciar de repente una discusión sobre algo que la esposa no tiene idea que pueda llevarlos a pelear.

¿Por qué los hombres tienden a ser competitivos, mientras que las mujeres tienen a ser más cooperativas? Esto se puede ver en las clases de mascotas que los dos sexos prefieren. La mayoría de los hombres prefieren los perros a los gatos. Piense en esto; los perros no lo involucran a uno en una competencia de voluntades; la mayoría de los perros son leales, obedientes y fáciles de entrenar. Vienen cuando se les llama. Nosotros los hombres queremos ganar y sentir que somos los dueños de la situación.

Las mujeres, en cambio, tienden a preferir los gatos. Cuando usted llama a un gato, este le echa una mirada como diciendo «no moleste» o «voy a ir si quiero y cuando quiera, lo cual será cuando quiera algo de usted». Por lo general, las mujeres están más dispuestas a tolerar a una mascota que quiere hacer lo que se le antoja. ¿Por qué? Porque les gusta estar en armonía todas las veces que les sea posible. Esa actitud tiene que ver con su preocupación por el elemento comunidad.

La competitividad de los hombres se extiende a casi todas las áreas de la vida. Por supuesto que se aplica en el trabajo, donde es vital que un hombre sienta que está haciéndolo bien. Si no se siente así, puede desanimarse y experimentar una pérdida masiva de energía. Esposas, una de las razones por qué nosotros los hombres somos tan quisquillosos respecto a los chistes relacionados con nuestros trabajos es que mucha de nuestra identidad está involucrada en lo que hacemos. (Esta puede ser una razón de por qué muchos hombres se enferman después que se jubilan.)

En los primeros años, de cuando en cuando mi naturaleza competitiva masculina afectaba a mi familia. Cuando los niños eran pequeños y solía jugar con ellos, Norma se disgustaba conmigo porque «no podía» dejarlos ganar. Para mí era muy difícil dejarme ganar.

—No es muy agradable de tu parte ganarles a tus propios hijos —me decía en un tono acusador y a veces hasta llorando.

—Bueno, tienen que aprender que este es un mundo rudo, ¿no te parece? —decía tratando de defenderme.

—No puedo creer que trates a los niños de esa manera —insistía.

Ella veía las cosas desde el punto de vista de «comunidad», en tanto que yo la veía desde la perspectiva del «hombre de posición y del ganador».[10]

La competitividad masculina también alcanza hasta el respaldo que damos a nuestros equipos deportivos favoritos. Somos tremendamente leales y sentimos una inmensa felicidad cuando vemos ganar a «nuestro equipo». «Esta noche trasmiten por la televisión el juego de *mi* equipo. No puedo dejar que *mi* equipo pierda». Esta es la forma en que puede razonar un hombre.

Esto puede conducir a una situación donde la esposa diga algo así como:

—Mi amor, ¿podrías ir a buscar a Sandy a la escuela después del ensayo de esta noche?

—No —responde el esposo—, el juego de mi equipo comienza temprano y quiero verlo con los muchachos.

—Ella realmente necesita pasar tiempo contigo —dice la esposa—. Últimamente has estado demasiado ocupado.

(Ella siente que él necesita estar en «comunidad» con su hija y sin duda tiene razón.)

—Amor —le dice él—. Quiero ver el juego. Que regrese caminando. De todos modos, necesita hacer ejercicio. Si conserva su salud, reducirá nuestras cuentas por medicina.

(Eso es lógico, ¿no es cierto?)

—¡Contigo no se puede! —dice ella.

—No es que no se pueda conmigo —insiste él—. ¡Lo que pasa es que tú eres muy manipuladora! ¡Puedo ver lo que te propones!

¿Qué es lo que ocurre aquí? Dos cosas para el hombre: (1) La lealtad hacia su equipo es importante para él; y (2) quiere ganar la discusión con su esposa. Incluso mientras discute, lo hace como si fuera una competencia. Si cree que es necesario ganar, quizás va a tornarse brusco, sabiendo que a lo mejor su esposa cederá. Por instinto, se da cuenta que ella es cooperativa y colaboradora y que le preocupa más el estado de su relación que ganar una discusión. Pero mientras él gana la batalla, en realidad no gana nada, porque no pone atención a lo que ocurre en el aspecto global de la relación. Cuando la mayoría de los hombres se toman el tiempo para pensar seriamente en eso, se dan cuenta que la relación es muchísimo más importante que un partido de fútbol o incluso «ganar» una discusión. Pero en el calor de los argumentos, el deseo de ganar puede prevalecer.

Una esposa puede confundirse cuando su esposo reacciona negativamente a sus intentos de ayudarle a velar por los hijos.

En el subconsciente, los hombres pensamos que podemos hacer un trabajo de crianza tan bueno como ustedes las mujeres, aun cuando la observación común muestra que por lo general, ustedes tienen una ventaja en saber cómo alimentar a los niños. Y esa ventaja natural puede, realmente, molestarnos porque razonamos: *Al fin y al cabo, ¿quién se cree ella que es?* Es cierto que los hombres podemos aprender a ser grandes padres. Pero también nuestros disparos competitivos pueden ser revertidos por una madre que trata de ayudarnos a ser «un mejor padre».

Aquí hay una oportunidad perfecta para ofrecer elogios a la madre de nuestros hijos. ¿Por qué no simplemente decirle: «¡Gracias a Dios por las mamás! Sin duda que ustedes hacen un magnífico trabajo con los niños, y gracias por ayudarme a recordar mucho lo que nuestros niños necesitan»? Eso le levantará su nivel de energía varias muescas.

El conducir es aun otra área que nosotros los hombres vemos como una competencia. También esta es un área donde a las mujeres les gusta «conectarse» con nosotros, mediante la palabra. «¿No crees que vas demasiado cerca de ese vehículo de adelante?» puede decir una esposa. Pero nosotros los hombres sabemos que si nos retardamos un poco, algún otro chofer nos adelantará, y entonces habremos «perdido» con ese chofer.

Recuerdo cuando hace poco, durante un día de invierno por alguna razón Norma y yo cambiamos autos con nuestros buenos amigos Jim y Suzette. Íbamos conduciendo su vehículo y ellos iban poco adelante de nosotros en el nuestro. Había un poco de hielo en el camino, y yo puedo disfrutar un poco de hielo siempre que no sea peligroso. Pero Norma... bueno, ella odia el hielo, sea la cantidad que sea.

Al hacer un giro a la izquierda, pensé en que, si se aprieta ligeramente el acelerador es posible patinar con suavidad y divertirse un poco. No pensaba hacerlo mucho porque sé cómo se pone Norma de los nervios (y quería estar seguro que no venían autos en el sentido contrario). Así es que le di un poco más de gas, ¿y saben? ¡Terminamos haciendo un trompo de 360 grados en el otro carril!

Norma cerró los ojos y gritó: «¡No lo puedo creer!»

En el auto que iba adelante, Jim y Suzette vieron lo que había sucedido, y Suzette dijo: «¡No puedo mirar!»

Pero Jim, un poco más dentro del espíritu de lo que había ocurrido, dijo «¡Bien, Gary! ¡Te doy un 8.5 por ese giro!»

Igualmente, mi reacción fue «¡Sí! ¡Estuvo bien! ¡Si vas a hacer un giro, tienes que hacerlo como para ganar!»

Lo que quiero señalar es simplemente que nosotros los hombres estamos compitiendo todo el tiempo. Lo que entusiasma en todo esto es que más y más, por todo el país, veo hombres aceptando el reto de ser más amorosos con sus esposas e hijos. Es como estar en competencia: ¿Quién puede ser el esposo y padre más paciente? (Y las esposas pueden entrar en esta competencia elogiando nuestros esfuerzos para «ganar» en ser un mejor cónyuge y padre.) Pero es una competencia amistosa ver un movimiento nacional de hombres uniéndose por cientos de miles en importantes eventos para decir: «Ayudémonos unos a otros para aprender cómo amar mejor a nuestras familias. Haremos lo que sea necesario». Para mí, este tipo de competencia es excitante y extremadamente beneficiosa para el bienestar y estabilidad de nuestro país. Esposas, es mejor que entren en el juego. Pueden decirle a sus esposos: «Realmente aprecio tu espíritu competitivo. Me gusta eso por todo lo que estás dispuesto a hacer para el bien de nuestra familia».

Y esposos, nosotros podemos elogiar a nuestras esposas y darles ese impulso enérgico al decirles: «Mi amor, estoy tan feliz de ser tu esposo, porque veo tu interés en toda el área de estar amorosamente conectados, y sé que necesito constantemente estarlo contigo y con los niños».

### *Diferencia 5:*
### *Los hombres tienen a ser controladores*
### *Las mujeres tienden a seguir siendo complacientes*

Esta diferencia de género está estrechamente conectada a la diferencia 4: competencia/cooperación. La mayoría de los hombres piensan que un «jefe» de algo es un ganador; una esposa que reta a su marido puede ser una amenaza a la necesidad del hombre de sentirse un ganador. Pero yo separo esta diferencia controlador/complaciente, ya que apunta directamente al corazón de la más profunda necesidad de un hombre: sentirse que vale.

Por lo general, al hombre le gusta tener el control. Investigaciones han mostrado, por ejemplo, que cuando los hombres y las mujeres hablan, la conversación *sigue únicamente el estilo de los hombres...* Cuando las mujeres y los hombres se hablan mutuamente, ambos hacen ajustes, pero las mujeres hacen más.[11] Como hemos visto, las mujeres desean una comunicación verbal para crear intimidad, preservar la conexión y mantener la conversación, muchas dejarán la iniciativa al hombre.

¿Por qué es tan importante para los hombres tener el control? Es imposible averiguar los por qué de estas diferencias. Por lo general, para nosotros tiene el mismo valor tener el control que ser altamente estimado. Pero piense en esto: Cuando una persona controladora, sea hombre o mujer, sutilmente intenta controlar a alguien, ¿no es aquel intento de controlar visto como una expresión de más amor?

Cuando fluye la testosterona hay una cosa en particular que los hombres deseamos poder controlar en cuanto a nuestras esposas: ¡las relaciones sexuales, todas las veces que queramos! Pero como veremos en el capítulo 14, esa no es la forma en que actúa las buenas relaciones sexuales. Estas son un reflejo de todo el estado de la relación. Muchas esposas no están interesadas en esta área como lo están los hombres. Según mi buen amigo el Dr. Kevin Leman, una encuesta de Gallup realizada en los Estados Unidos descubrió que el promedio de mujeres dice que la relación sexual es solo el número 14 en su lista de cosas favoritas para hacer con sus esposos. El número 13 es *cuidar el jardín.*[12]

En algunos círculos, la palabra *sumisión* en el contexto del matrimonio es una verdadera papa caliente. Pero he descubierto que esto es así solo cuando uno de los cónyuges, por lo general el marido, quiere controlar e incluso dominar la relación, lo cual de ninguna manera es el tipo de amor duradero que se da. Sin embargo, cuando ambas personas se aman mutuamente en una forma genuina y respetuosa, esa palabra *sumisión* no parece ser un problema. (Básicamente, la palabra quiere decir «complaciente».) En mi propia investigación informal, he preguntado a muchas mujeres, algunas de ellas reconocidas feministas: «¿Cómo reaccionaría usted a la palabra *sumisión* si su esposo fuera realmente amoroso, sensible y atento; y la tratara como a una persona realmente importante?»

Muchas responden: «No tendría problemas. Podría responder bien a un hombre así». (Incluso algunas preguntan: «¿Existe tal hombre?») En realidad, no ha habido ninguna mujer que haya salido tras mí después de hacerme esa pregunta. De modo que la sumisión no es realmente un problema cuando nuestro esfuerzo se centra en amarnos los unos a los otros.

Una de las mejores soluciones a la «batalla de los sexos» es, simplemente, reconocer que *existe.* Son los hombres y mujeres maduros los que pueden comprender nuestra naturaleza básica y ver con seriedad por qué los hombres quieren hacer cosas y por qué las mujeres quieren no hacer olas. Cuando ambos ven estas tendencias y las aceptan como cosa natural, podemos empezar a ajustar nuestra relación para que rinda los mejores frutos en nuestro beneficio. Esto demanda moderación, tolerancia y solución de conflictos según lo veremos en el capítulo 13.

## Acercarse en lugar de apartarse

Claramente, hay muchas diferencias potenciales entre un esposo y una esposa, y nosotros tenemos la tendencia a ser atraídos a nuestra contraparte. Algunas de estas diferencias son naturales en su naturaleza; otras son distinciones hombre-mujer que por lo general se mantienen inalterables (aunque «ninguna mujer elegida al azar podría tener mejores habilidades masculinas que un hombre, y viceversa».)[13] A causa de estas diferencias, los hombres y las mujeres pueden criticarse mutuamente, aunque también podemos aprender a elogiarnos por nuestras características únicas y complementarias. Al hacer esto, podemos generar energía en el otro y fortalecer nuestro matrimonio.

Hombres, ¿cuándo fue la última vez que miraron a su esposa a los ojos y le dijeron: «Te agradezco mucho tu preocupación por nuestras relaciones y todo lo que haces por fortalecerlas. Eres sensacional por lo que haces para que nuestra casa sea un hogar y por el tiempo que les dedicas a los niños»?

Mujeres, ¿cuándo fue la última vez que miraron a su marido a los ojos y le dijeron: «Agradezco mucho la forma en que te esfuerzas por dar lo mejor de ti a nuestra familia. Tu dedicación y trabajo duro significan mucho para mí»?

Sugiero este ejercicio. Siéntese y hágase esta pregunta: *¿Cómo pueden las diferencias de mi cónyuge ayudarme en las varias áreas de mi vida, y especialmente en nuestro matrimonio?* Solo deténgase y piense en las áreas en las que su cónyuge le ha ayudado a enriquecerse. Si lo primero que le viene a la mente son cosas negativas, siga practicando, o vuelva a revisar el capítulo 4 y trate de buscar las perlas que su cónyuge le ha dado. A continuación incluyo algunos de los beneficios que mi esposa ha traído a mi vida:

**Ayuda con el trabajo.** Norma me ha librado de más problemas de los que puedo recordar al trabajar junto conmigo. También ha ayudado a mejorar las relaciones que se habían dañado. Cuando éramos recién casados, ella me enseñó la forma de hablar y de relacionarme con otros adultos en mi primer trabajo. Con su «intuición femenina» también me ha ayudado a entender el trabajo con otros y a evaluar a empleados potenciales para nuestro negocio, y todo eso me hace estar permanentemente asombrado por lo exacto de sus percepciones. Yo la elogio por todas estas cosas.

**Ayuda con la autoconfianza.** Continuamente, Norma me ha estado diciendo: «¡Sí, tú puedes hacer eso!» Cuando me encontraba atascado en un trabajo que no me satisfacía, ella me daba ánimo: «No estás usando tus talentos. ¡Solo piensa en todo lo que puedes hacer!» También ha usado su personalidad, sus tendencias a la introversión y su energía para hacer que mis sueños se hagan realidad y ha levantado mi confianza de poder alcanzar mis metas. Una vez tras otra he tratado que de que realice sus propios sueños, pero su respuesta es: «¡Mi sueño es ayudarte a ti y a los demás en nuestra compañía a tener éxito!» También la alabo por esto.

**Ayuda con las finanzas personales.** Tengo un amigo que es presidente de una gran cadena de bancos. Me dijo que él ve a los hombres como los primeros responsables en los matrimonios que caen en profundas dificultades financieras. Los hombres tienden a comprar las cosas grandes, dice, y las mujeres tienden a comprar las cosas que mantienen a la familia funcionando con suavidad. Recientemente, el programa *Today Show* de la cadena de televisión NBC de los Estados Unidos transmitió una serie sobre el matrimonio. En un segmento sobre el primer año de matrimonio, dos jóvenes abogados explicaron sus expectativas y ajustes. Una pelea clave tenía relación con el deseo del esposo de comprar un nuevo auto mientras que la esposa quería una nueva casa. (El criterio de la esposa había prevalecido y el esposo había reconocido que habían hecho lo correcto.) Muchas mujeres rehusan comprarse cosas personales si sus esposos e hijos están en necesidad. Mi esposa siempre ha sido la que nos ha tenido «con los pies en la tierra» en materia de dinero. Objeta cualquiera cosa que yo haga si puede significar un debilitamiento de la familia o una amenaza a nuestra seguridad. Antes de reunirnos con un consejero financiero, ella me dijo: «Voy a ir, pero voy a ir a "olerlo" y a oír lo que tiene que decir antes de aceptar su idea». De nuevo, ese es uno de sus puntos fuertes y también la reconozco por eso.

Usted puede hacer lo mismo con su esposa. Piense en las diversas maneras en que su cónyuge puede enriquecer las diversas áreas de su vida. Luego, reconózcala por cada una de ellas.

Cuando por las noches se vaya a la cama, y antes de dormirse, pregúntese, *¿Cuántas veces he elogiado a mi cónyuge hoy? ¿Cuántas veces he elogiado a mis hijos?* No pensamos mucho en esto, pero *le garantizo que cada persona en su vida apreciará que usted la elogie más y la critique menos.*

El elogio es como un importante regalo, ¡y es tan fácil de dar! Simplemente fíjese en las cosas que hacen únicos a su cónyuge y a los demás, y desarrolle el hábito de elogiarlos por precisamente esas cosas. Logrará sacar lo mejor de ellos. Les renovará las fuerzas instantáneamente... ¡y las suyas también! Y eso es lo que hace que el amor permanezca.

Aunque en el capítulo siguiente creo que nos vamos a dirigir a «nosotros los hombres», «ustedes, mujeres» seguramente querrán recorrer las páginas en busca de algunas formas positivas y específicas en que puedan «leer su manual de matrimonio» en una manera en que los hombres disfruten oyéndolo, y esta es una manera más de hacer que su amor dure para siempre.

## PRINCIPIOS DEL AMOR PARA TODA LA VIDA

73. El amor para toda la vida aprecia las cualidades que hacen a cada persona diferente de la otra.
74. El amor para toda la vida es doblemente bendecido por las

contribuciones de dos personalidades únicas. Aprecia la variedad.

75. El amor para toda la vida busca los atributos y acciones para elogiarlos.
76. El amor para toda la vida evita la manipulación y la crítica sutil.
77. El amor para toda la vida expresa elogios energizantes... en todo tiempo y en cualquiera circunstancia.
78. El amor para toda la vida resiste la tentación de sicologizar o hacer suposiciones absolutas acerca de los motivos de un amor verdadero o razones para comportamientos.
79. El amor para toda la vida pregunta: «¿Cómo pueden nuestras diferencias acercarnos más el uno al otro?»
80. El amor para toda la vida piensa en términos de trabajo en equipo, acentuando los recursos de ambos cónyuges que pueden «cubrir» las debilidades del otro.
81. El amor para toda la vida no ignora deliberadamente la conclusión a la que un amor verdadero está tratando de llegar.
82. El amor para toda la vida conoce el poder del don del elogio.

# 12

# Cómo leer el manual de la mujer sobre la estructura del matrimonio

*Debido a su largo entrenamiento en relaciones humanas, porque eso es lo que la intuición femenina realmente es, las mujeres tienen una contribución especial que hacer a cualquier grupo empresarial, y creo que ellas deben ofrecer ese tipo de conocimiento que relativamente pocos hombres... han asimilado.*

Margaret Mead[1]

Acabamos de dedicar un capítulo a ver cómo los hombres y las mujeres son diferentes los unos de las otras. Un espíritu competitivo, independiente y orientado a los hechos puede servirle al hombre muy bien en el mundo del trabajo, como un proveedor para su familia. En cierto sentido, estas características son las que mantienen al mundo del trabajo caminando.

Pero estas cualidades tradicionalmente masculinas no hacen, necesariamente, un matrimonio *feliz*. Quizás no produzcan comunidad y cooperación ni conocimiento íntimo de los sentimientos de otro, que son clave para un buen matrimonio. Desde el comienzo de la parte dos he dicho que control y distancia eran síntomas de una relación poco saludable.

¿Qué significa esto? Significa que si estamos preocupados por alimentar un amor que perdure para toda la vida, nosotros los hombres quizás necesitemos respirar hondo y admitir humildemente lo importante que puede ser para cada una de nuestras relaciones la naturaleza intuitiva de nuestras esposas. Vamos a seguir pensando en esto.

He encontrado que cada matrimonio sería mucho mejor si ambos cónyuges pudieran aprender a leer el manual del matrimonio que Dios le ha dado a la mujer. Quiero decir que cada mujer tiene un sentido intuitivo, innato de lo que necesita, la clase de relación que requiere y lo que, si existiere, anda mal en el matrimonio. Mientras más en contacto estén esposo y esposa con el manual, más claramente podrán ver lo que tendrían que hacer para llegar a un matrimonio satisfactorio, y más pronto podrían dar los pasos que fueren necesarios.

En este capítulo vamos a ver cómo un esposo y su esposa pueden aprender a mantenerse en contacto con o leer ese manual. Ponga en acción lo que lee e irá más lejos en el camino de un matrimonio placentero.

Puedo hablar con confianza sobre este fenómeno natural porque en más de treinta años nunca me he encontrado con una mujer que no haya tenido este manual. He tenido el privilegio de entrevistar y encuestar a más de cincuenta mil mujeres en toda suerte de situaciones y de todas partes del mundo. Y ninguna ha dejado de mostrar la clase de relación que tiene con su esposo y cómo podrían hacerse dos o tres cosas para mejorar su matrimonio. Esto me ha impresionado más que cualquiera otra cosa que como investigador de relaciones he observado.

Para el marido promedio, este manual es por lo general más accesible cuando el nivel global de molestia de la esposa se mantiene lo más bajo posible. Nada contribuye más a nublar su habilidad para leer el manual de ella ni bloquea su capacidad de llegar al manual que hay dentro de ella, que viejos enojos no resueltos. En raras ocasiones, cuando el hombre tiene una mejor percepción por el estado de la relación y cómo puede ser mejorada, la esposa generalmente es bloqueada por la rabia. Esta es otra importante razón, para liberarse de tanta rabia contenida como sea posible. Y recuerde que el enojo es una emoción secundaria, causado a menudo por el miedo. De modo que mientras más segura se sienta la mujer en la intimidad de su matrimonio para pensar, sentir, hablar y así por el estilo, más en sintonía tenderá a estar con su manual del matrimonio.

## Cómo las esposas pueden disponer de sus manuales

Las esposas pueden querer saber cómo estar más en contacto con sus manuales. Asumiendo que usted está en una posición «normal» tanto emocional como sicológicamente, le ayudaré a lograrlo con estas pocas preguntas estimulantes:

- ¿Qué se necesita para mejorar su matrimonio?
- ¿Qué es lo que hace su esposo que le proporciona a usted más felicidad y energía? ¿Cómo podría él hacerlo mejor aun?
- Si usted mueve una batuta sobre su matrimonio, ¿qué querría usted que su esposo cambiara o mejorara, sabiendo que él *podría* cambiar (y sabiendo que no se sentiría mal con usted por ser quien «tiene la batuta»)?

Es probable que algunos esposos al leer esta sección se sientan muy incómodos. Yo me sentí así en los primeros años de mi matrimonio. Acostumbraba creer que Norma tenía demasiadas ideas acerca de nuestro matrimonio que podría mejorar. Pensaba que muchos de sus pensamientos acerca de nosotros eran simplemente ideas egoístas diseñadas para su beneficio y no para el mío. Pero ahora que llevo de casado más de treinta años y que he estado en contacto con miles de esposas, me siento muy tranquilo con estas preguntas de mi esposa o de cualquiera otra mujer. No puedo recordar el número de veces que una esposa me ha dicho, «¡Si mi esposo supiera cuánto haría por él si solo me ayudara a sentirme segura y apreciada en nuestra relación!» Cuando las esposas se sienten como reinas, por lo general se tranquilizan y se desviven por encontrar formas en que sus hombres se sientan realizados. Pero, de nuevo, ellas no lo harán si hay demasiado resentimiento en sus corazones hacia sus esposos u otras personas.

## Cómo los esposos pueden llegar a conocer el manual de sus esposas

Con ese trasfondo en mente, vamos a considerar once posibles maneras de conocer la estructura del manual de matrimonio de la esposa.

### 1. *Use tres preguntas probadas y aprobadas*

Durante años en mi trabajo de consejería matrimonial y en mis seminarios he hecho las siguientes tres preguntas. Han sido exitosas en obtener partes importantes del manual de matrimonio de la mujer.

Y ayudan a reconciliar dos asuntos que vimos en la parte 1 de este libro: expectativas versus realidad.

A. *En una escala de cero (malísimo) a diez (perfecto), ¿qué tipo de relación queremos?*

Quizás ustedes dos se sientan satisfechos con estar la mayor parte del tiempo en los niveles siete u ocho. Es importante para ambos que el esposo y la esposa respondan a esta primera pregunta, la cual aguza el contenido en su manual.

B. *En la misma escala (0-10), ¿dónde estamos hoy en nuestra relación matrimonial, como promedio y tomando en cuenta todos los elementos?*

Esta segunda pregunta abre la cubierta a su «libro». Casi cada mujer tiene una respuesta más exacta a esta pregunta que su marido, y el hombre generalmente da al matrimonio una calificación unos pocos puntos más alta que la mujer.

C. *¿Qué se requiere para llevar nuestra relación desde donde está ahora (pregunta B) más cerca del punto donde queremos que esté (pregunta A)?*

En esta última pregunta es donde se omiten las palabras. Casi siempre, las respuestas hacen mención de aquellas cosas que hemos visto en este libro como más seguras, más cariñosas, menos rabiosas, y así. Pero una declaración de las esposas destaca más que cualquiera otra: «¡Si pudiéramos mejorar nuestras habilidades para la comunicación!» Muchas de ellas dicen que es todo lo que quisieran para el resto de su matrimonio; si lo consiguieran, quedarían satisfechas. La segunda afirmación que a menudo oigo es, «Si mi esposo fuera más afectivo y cariñoso conmigo, y no me reprendiera tanto cuando necesito su apoyo emocional. Si me tratara con cariño cuando estoy desalentada y me escuchara sin hacer comentario ni ofrecer soluciones. Y, lo mejor de todo, sin enojarse conmigo cuando lo necesito emocionalmente».

Estas tres preguntas han permitido continuamente a las parejas acortar el tiempo que requiere el mejoramiento de sus relaciones. Como hombre y esposo, me tomó algún tiempo acostumbrarme a la idea de que mi esposa tenía una mejor habilidad para captar el estado de nuestro matrimonio. Francamente, eso me producía temor. Y a veces me irritaba. Pero hoy, he dejado de pelear con la realidad. Me maravilla la forma tan precisa en que las esposas captan la condición de sus matrimonios. En lugar de resistirme a esta idea, he encontrado que es de una tremenda ayuda a los esposos que se toman el tiempo para escuchar y entender lo que las mujeres tienen que decir acerca de mejorar las relaciones.

No estoy diciendo que todas las mujeres sean perfectas, o que todas tienen el 100% de razón todo el tiempo. Lo que estoy diciendo es que parecieran estar en lo cierto la mayor parte del tiempo. Aunque hay ocasiones en que parecen ser egoístas, lloronas, machaconas, opresoras, o exigentes, he descubierto que casi siempre están expresando una necesidad dentro de las relaciones que no están siendo satisfecha adecuadamente. Esta necesidad tiene que ver con los hijos, con ella, o quizás con la relación en general. Pero, en algunas maneras, las esposas son como los inspectores de edificios; ven cosas que, si se pasan por alto, pueden dañar el edificio en el futuro. Un esposo se haría un verdadero favor en cuanto a su salud y bienestar emocional si escuchara lo que su esposa tiene que decir respecto al matrimonio. Los hombres casados que están satisfechos en sus relaciones conyugales tienden a preocuparse mejor de ellos mismos y a cumplir mejor en sus trabajos.

### 2. *Asegúrese que ella se siente lo más segura posible*

Ya tocamos este punto más arriba, pero es necesario enfatizarlo vez tras vez. Si una mujer se siente segura, confiada, amada y respetada en su matrimonio, le será mucho más fácil mantenerse en contacto con sus necesidades y su sentido de intuición de cómo están yendo las cosas.

### 3. *Simplemente pregunte cómo pueden mejorarse las relaciones*

Muchas veces la mejor forma de abordar las cosas es a través de una pregunta directa y franca: «¿Qué es lo que podemos hacer mejor?» o, «¿Qué es lo que usted cree que hace grande a un matrimonio?»

Una vez que la pregunta está hecha, los esposos necesitan escuchar cuidadosa y respetuosamente. Según el Dr. Howard Markman de la Universidad de Denver, quien estudió muchas parejas a lo largo de un extenso período, el factor más importante en desbaratar una relación es un esposo exigente que se encierra en sí mismo y se distancia emocionalmente de su esposa.[2] Pero preguntar «¿Cómo podemos mejorar las cosas entre nosotros?» va en sentido contrario, en una dirección saludable, fortaleciendo la conexión y permitiendo a la esposa acceso a su manual de matrimonio.

### 4. *No discuta cuando ella empiece a leer su manual*

Note que dije que el hombre tiene que escuchar *respetuosamente.* Como lo expresó una mujer ante mí, «Es muy importante, mientras mi esposo está escuchándome, que no reaccione o piense que yo lo estoy criticando».

Su comentario apunta a un «dolor» doble en el cual se encuentran muchas mujeres. Por un lado, ella quiere que su hombre se preocupe de la salud de las relaciones y trabaje con ella para mejorarlas. Si él no está interesado, ella se siente herida. Por el otro lado, si ella dice algo sobre cómo deberían mejorarse las cosas, él puede tomarlo como una crítica personal y ponerse a la defensiva, y las cosas pueden ponerse peor en lugar de mejorar. Si esto ocurre repetidamente, una mujer puede cerrar su manual ya que no siente tener la suficiente seguridad como para mantenerlo abierto.

Desafortunadamente, a veces armo esta trampa en mi propia vida sin darme cuenta. Quizás pregunte, «¿Qué se requiere para que nuestras relaciones mejoren?» Cuando ella responde, yo quizás diga, «¡Un momento! Eso es ser demasiado quisquillosa».

Y ella puede reaccionar, diciendo, «Entonces, no me pidas mi opinión si vas a ser tan crítico a mi respuesta».

Lo que puedo hacer entonces es explicar que simplemente estoy tratando de lograr una mejor comprensión de lo que ella está diciendo y le pido que no cierre el manual. Pero mejor todavía es solo escuchar y esforzarme por entenderla sin reaccionar o discutir.

Si usted es un esposo con una personalidad dominante, su agresividad o actitud exigente pueden intimidar, haciendo que su esposa vacile en leer aun una frase de su manual de matrimonio. Piense en que ese manual tiene una aldaba con un candado. Si ella no se siente segura, quizás dé solo el primer paso para abrirlo, pero aun no habrá quitado el candado. Ella puede ser extremadamente sensitiva acerca de esto, así es que cuánto revela depende mucho de lo segura que se sienta. Y la mayor parte del tiempo, discutir para que lo abra y lo lea, lo que hará será ponerle doble llave.

Si usted es una esposa, quizás diga, «Nunca compartiré mi manual de matrimonio con mi esposo, porque me puede maltratar. Y podría sufrir por meses, e incluso años, si sugiero algo sobre querer mejorar nuestras relaciones». Si usted está viviendo con un hombre que tiene una personalidad fuerte, y especialmente si también tiene algunas tendencias al perfeccionismo, la única forma en que pueda lograr su atención en la lectura de su manual es dándole un garrotazo en la cabeza (figurativamente hablando, por supuesto).

Todavía no he recomendado a ninguna pareja que se divorcie, pero a veces recomiendo un breve período de separación, en el caso de un hombre demasiado dominante, para lograr su atención y forzarlo a enfrentar los problemas. Si es posible, alejarse de él por algunos días y decirle la razón, amorosa pero firmemente, puede ser ese garrotazo de que hablamos más arriba. Antes de hacerlo, sin embargo, y debido a que la medida puede ser explosiva, debe comprobar dos veces su situación, con un consejero experimentado o posiblemente con un ministro respetado que ha trabajado aconsejando matrimonios.

Tenga cuidado, sin embargo, de no llegar al extremo de transformarse en una persona que se dedique a sermonear, leyendo continuamente su manual sin una solicitud expresa de su esposo. Me volveré a referir a esto bajo la afirmación 11.

### 5. *Consiga el respaldo de un grupo amigo*

Cuando ustedes están integrados con un grupo de amigos y de respaldo formado por tres o cuatro parejas, es posible que se sienta segura en revelar su manual de matrimonio. Es como ir a un consejero, donde se sienta segura expresando sus sentimientos y opiniones. Incluso puede llegar a leer algo de la letra menuda.

Un pequeño grupo de respaldo es tan importante a un matrimonio que en mi serie de videos incluyo uno de cuatro «yo debo» de un gran matrimonio. (¿Los otros? Ya los hemos visto en este libro: (1) respeto; (2) superación diaria de la rabia; y (3) monitoreo del manual de matrimonio de la esposa.) Debido a la importancia del rol de grupos de apoyo para un excelente matrimonio, volveré a este asunto al terminar este capítulo.

### 6. *Permítale leer de su manual cuando se sienta más capaz de expresarse*

Una esposa podría, por ejemplo, sentirse segura o de mejor humor cuando los dos salen a cenar fuera. Hombres, pregúntenle cuándo y dónde es mejor para ella.

Yo aprendí la importancia de esto por una vía bastante dura. Cuando descubrí que Norma tenía incorporado este manual sobre el matrimonio, acostumbraba pedirle que me lo leyera cuando yo quería porque así podría crecer y podríamos mejorar nuestro matrimonio. Eso no solo era una pesada ironía, sino que también de tiempo en tiempo la desmoralizaba y la hacía cerrar su libro de golpe.

Cuando llevábamos cuatro años de casados, nos decidimos a pasar un fin de semana en un hotel y concentrarnos en cómo podríamos mejorar nuestras relaciones: mis ideas, sus ideas, por aquí, por allá. Incluso nos pusimos de acuerdo en el sentido que después de ese «retiro» de fin de semana, intentaríamos algo nuevo. Ayunaríamos un día entero y solo beberíamos agua, así podríamos dedicar todo nuestro tiempo y energías a nuestro matrimonio. Por aquel tiempo, aquello nos pareció a ambos una buena idea. Pero el sábado por la noche, se presentó un problema serio: ¡Norma estaba hambrienta! Necesitaba desesperadamente comer algo.

Yo, por mi lado, tan orientado a alcanzar mis metas, quería permanecer en el cuarto y completar el plan. Pronto nos encontrábamos en el medio de un serio desacuerdo y dejamos de hablarnos. Fuimos a la cafetería; ella disfrutando huevos revueltos, y yo, mirándola en silencio. ¡Vaya retiro amoroso! Tuvimos que aprender, a poco de haber comenzado nuestra relación, que debido a que ambos somos individualidades únicas, vamos a ser diferentes en nuestros acercamientos a su manual. Y ambos tuvimos que ajustar nuestras diferencias para que ella se sintiera segura al leerlo.

### 7. *Descubra nuevos recursos en la comunicación*

Para algunas parejas, la idea que la esposa escriba algunas secciones de su manual resulta bastante positivo; también sirve para tener un registro permanente de lo que está pasando dentro de ella. Intente con algunos de los métodos descritos en el capítulo sobre comunicación, y luego use regularmente los que funcionen mejor para usted y su esposa. Aprenda a usar y a reusar el método llamado «condúzcase a través de la comunicación». Entenderlo y usarlo requiere un tiempo extra, debido a que las parejas con las que he trabajado lo encuentran como el número uno de la lista.

Quizás el mejor método para usted sea el uso de imágenes habladas, tales como, «Léeme la letra menuda bajo la sección sobre cómo mejorar nuestra relación sexual». Los cuadros hablados son una forma efectiva y poderosa para superar una situación difícil; usted puede lograr que su cónyuge lo entienda y capte instantáneamente sus sentimientos.[3]

### *8. Pida a otras mujeres que le hablan de su manual de matrimonio*

Estas pueden ser su madre o su abuela, su hermana, la hermana de su esposa, o quizás una amiga de la familia. Yo he hecho esto durante años, pidiéndoles a mujeres en grupos o individualmente lo que creen que hace un matrimonio excelente. Algunas mujeres se van a sentir seguras enunciando sus manuales a personas que no son sus cónyuges. Después de todo, tenemos pocas razones, si es que tenemos alguna, para criticar lo que dicen, debido a que no están hablando específicamente de nosotros. Y si una o varias de estas mujeres conocen bien a su esposa, es sorprendente lo que usted puede aprender. Cuando me tomo el tiempo para explicar a una esposa que estoy tratando de mejorar mi matrimonio, la mayoría no solo han tratado de ayudarme, sino que por lo general se maravillan de ver a un hombre haciendo algo específico para enriquecer sus relaciones.

Si su esposa no se siente cómoda con que usted lea el manual de otras mujeres, por lo general, en su propio manual su preocupación se ubica bajo la sección «seguridad». Siempre que encuentro una esposa que es algo celosa de que su esposo llegue a ser demasiado amistoso con otra mujer, especialmente hablando sobre mejorar su matrimonio, por lo general eso tiene algo que ver con cuán segura se siente ella del amor de su marido y la estima en que él la tiene. Si surge un problema por su amigabilidad con otras mujeres, use el conflicto para descubrir qué es lo que tiene que hacer para que ella se sienta más segura y amada. Escúchela, y observe sus motivos. Esta puede ser una gran oportunidad para restablecer su compromiso de por vida a través de asegurarle su amor y devoción «hasta que la muerte nos separe».

También, una vez más, si su esposa tiene mucho resentimiento no resuelto acumulado en su corazón, no importa lo que usted diga o haga, ella probablemente no se sentirá más segura en su amor. Es necesario sacarle esa rabia de alguna manera antes que su relación mejore.

### *9. Use el rol del juego en reversa*

El siquiatra que escribió el libro de gran venta, *Passive Men, Wild Women* [Hombres pasivos, mujeres impetuosas] dijo que el rol del juego en reversa es el mejor método que él ha encontrado para ayudar a los esposos hacer cambios duraderos para mejorar el matrimonio[4]. Esto me recuerda del principio del amor eterno que dice:

**El amor eterno trata de ver una situación a través de los ojos de un amor verdadero.**

Esto es algo que usted puede hacer por sí mismo en la sala de su casa o en la oficina. Imagínese a su esposa con usted en el cuarto, sentada en una de las sillas vacías y pregúntele lo que ella haría para mejorar su relación. Luego, si puede, aun cuando pudiera sentirse como haciendo el ridículo, vaya y siéntese en la silla vacía donde usted se imagina que está ella, y dígase a sí mismo lo que cree que ella diría. Luego, vuelva a donde estaba y véase escuchando y contestando. Si usted «logra entrar en su mente» y empieza a decir las cosas que se imagina que ella diría, se sorprenderá de las ideas que surgirán.

### *10. Pregúntele qué podría hacer por ella para darle energía y qué es lo que le roba la energía.*

¿Qué es lo que la desanima, y lo que le da esperanza? Esta es otra forma de extraer la letra menuda en el manual de matrimonio de una mujer. (En los últimos capítulos analizaremos más extensamente este punto.)

### *11. Analice los puntos más importantes de crítica que ha oído de su esposa a través de los años.*

Estos deben tener relación con usted, la casa, los niños, su trabajo o el de ambos, el estado general de su vida, o lo que sea. Piense en dos o tres que han persistido por algún tiempo, escríbalos y trate de ver lo que realmente indican.

A lo largo de toda nuestra vida matrimonial, Norma ha criticado algunas de mis actitudes. ¿Qué me dice eso sobre su manual del matrimonio? Bueno, la mayoría de las mujeres se conectan fácil y fuertemente a sus esposos y llegan a ser parte de ellos. La forma en que nosotros nos comportamos puede llegar a ser un reflejo de ellas. Así, cuando nos comemos las uñas en público o cuando hacemos ruidos con el cuerpo en casa, eso puede desconectarlas sutilmente de nosotros. Las hace sentir, por un momento a lo menos, que no son una parte de nosotros. Inclusive se pueden sentir menos de lo que valen.

Luego, también, las mujeres se preocupan mucho por la reputación de sus esposos. Por lo general, quieren que sus hombres sean respetados y tengan éxito. Por eso, cuando hacemos algo embarazoso en público, tienen miedo de que seamos humillados, y ellas con nosotros.

Esta clase de análisis de la crítica de una esposa puede añadir mucho al entendimiento que tiene un esposo de su manual de matrimonio.

Hemos cubierto once formas de conocer el sentido intuitivo de una esposa de lo que es mejor y enriquecedor de su relación.

Esposos, atiendan a lo que escuchan y procuren un matrimonio mejor. Den pasos específicos para actuar según el conocimiento intuitivo de sus esposas para evitar que pequeñas grietas echen finalmente la casa abajo.

## Una palabra de advertencia a las esposas

Las mujeres necesitan recordar que demasiado de algo puede dañar todo el proceso. A mi nieto Michael, por ejemplo, le encantan una serie de libros de historietas y siempre está pidiendo a su madre, y a mí cuando voy por allí: «Léeme una historia». Eso está bien la primera vez, e incluso la segunda, pero cuando se trata de leer tres y cuatro veces la misma historia, este abuelo empieza a aburrirse y a perder interés en el relato.

De la misma manera, las mujeres que leen a sus maridos sus manuales de matrimonio demasiado a menudo, recitando constantemente sin una demanda, llegan a ser aburridas. Son como un grifo con una fuga de agua; como el sol en el desierto que cae sobre ti todo el largo día; o como estar atrapado en un cuarto cerrado con alguien que sencillamente no quiere guardar silencio. Esta es la forma en que los esposos pueden percibirlas.

Hacer una lectura una vez a la semana, una vez al mes, o quizás incluso una vez al año de algunos capítulos del manual es a veces suficiente para que haga un gran impacto en su matrimonio. Un manual interesante es algo que usted debería querer leer. Pero si es forzado a leerlo (o a oírlo), entonces no importa cuán bueno pudiera ser, lo va a aburrir, va a dejar de escuchar, y va a trasladar su interés a otra cosa.

Esposas, ¿cómo podrán darse cuenta cuando se están extralimitando? Cuando dicen algo que puede ayudar a mejorar sus relaciones pero que puede ser percibido como una crítica, ¿advierten en los ojos de su esposo ese aspecto de «casa vacía» (usted puede decir que algunas luces están encendidas, pero no las de la casa)? ¿Sabe él todo lo que usted va a decir tan pronto como pronuncia las tres primeras palabras? Mientras usted está hablando, ¿está él parándose y haciendo muecas delante de sus propios ojos? En un día típico, ¿cuántas veces es usted crítica, y cuántas veces lo elogia? Manténgase observando durante algunos días, y si el promedio no es siete elogios o más por cada comentario negativo, usted está siendo demasiado crítica y quizás está leyendo el manual demasiado a menudo. (Lo mismo es válido para su esposo. Si él se sobrepasa en su crítica, usted puede dejar de leerle del todo su manual.)

Esposas, reconozcan y elogien alguno o todos los pasos que él dé en la dirección correcta. En seis meses o en un año, si se desalienta, mire para atrás y vea cuán lejos ha llegado. De cuando en cuando recuerde que su esposo no es su dios (o padre) todo-suficiente y perfecto. Y recuerde que su verdadera paz viene de encontrar la paz basada en su bienestar interior y no en circunstancias externas.

## Una palabra más acerca de la importancia de los pequeños grupos de apoyo

Cuando de vez en cuando corregimos el curso, como todas las parejas lo hacen, un grupo pequeño puede marcar la diferencia entre la vida o la muerte conyugal. Muchas veces es determinante para que el amor dure para toda la vida.

Mi historia favorita es la de una pareja, Bill y Nancy, cuya relación estaba tan deteriorada que Bill había decidido irse y divorciarse de Nancy. Por razones que explicaré, no se divorciaron; y su crisis se transformaron en una profunda relación. Desafortunadamente, más o menos por el mismo tiempo, otra pareja —amigos de ellos— estaba en el mismo problema. Pero esta segunda pareja llegó a divorciarse, aparentemente porque no tenían la ventaja que Bill y Nancy tenían; fracasaron al tratar de arreglar su matrimonio solos. Si usted está en un problema realmente serio, lo más probable es que lo va a complicar más al tratarlo usted mismo.

Antes que Bill y Nancy empezaran con problemas, se habían integrado desde hacía algún tiempo a una reunión semanal con otras tres parejas de aproximadamente su misma edad. Se reunían básicamente para cultivar la amistad y darse ánimo mutuamente. Comprometidos a aprender lo que fuera necesario para mantenerse enamorados, las parejas estuvieron de acuerdo en leer varios libros sobre el matrimonio u observar videos sobre relaciones. Así, cada semana, en una de las casas de los miembros del grupo, analizaban el tema y se daban aliento para continuar en sus jornadas individuales. Llegaron a tenerse confianza mutua y finalmente se sintieron confiados en recibir consejos los unos de los otros.

Se habían estado reuniendo aproximadamente un año cuando Bill les anunció su intención de divorciarse de Nancy. Había venido manteniendo ocultos sus verdaderos sentimientos y no había querido decir su frustración ni con el grupo ni con Nancy. Así es que cuando la sorprendió con la noticia, ella inmediatamente llamó a sus otros amigos en el grupo. Fue como llamar al 911. Literalmente en minutos, una de las otras parejas estaba en su casa. La esposa empezó a consolar a Nancy, mientras el esposo se llevó a Bill a dar una vuelta por la cuadra para conversar.

Mientras caminaban, Bill expresó sus frustraciones y razones por querer irse. El marido escuchaba atentamente, pero también trataba de ayudar a Bill a ver las cosas desde una perspectiva nueva, y prometió permanecer con Bill y Nancy para ayudarles todo el tiempo que fuera necesario para superar el problema. Al final de la segunda vuelta a la manzana, Bill estaba dispuesto y suficientemente animado como para dar a la relación otra oportunidad. Este amoroso compromiso abrumó de tal manera a Bill que se cubrió el rostro con las manos y lloró lágrimas de esperanza. No estaba seguro que las cosas pudieran cambiar, pero sabía que otros estaban con ellos sin importar lo que pasara.

Bill y Nancy siguieron en el grupo pero sin hacer ninguna promesa real en el sentido que las cosas irían mejor. Lo que Bill descubrió, sin embargo, fue la clave para renovar su vida juntos. Recibieron *fuerzas* adicionales de las otras parejas para seguir trabajando en su matrimonio. En un sentido, el grupo no los dejó divorciarse. Los miembros del grupo permanecieron con ellos, a veces hasta altas horas de la noche, escuchándolos y consolándolos.

Bill y Nancy trabajaron duro en reconstruir su matrimonio. Y me da mucha alegría informar que hoy, algunos años después, su matrimonio es más fuerte que algunos de los mejores que conozco.

La mayor parte de este capítulo ha tenido que ver con estar dispuesto a leer el manual de matrimonio de la esposa. Para esto se requiere humildad. Pero pienso que unirse a un grupo pequeño puede ser un desafío mucho más humillante para los hombres. Recuerde, a nuestro género le encanta creer que tenemos el control, en la cima de todo, que somos independientes, y autosuficientes. Ser parte de un grupo de apoyo significa reconocer la necesidad de interdependencia y supone un cierto nivel de vulnerabilidad. Para algunos hombres puede ser algo que asuste.

¿Qué es lo poderoso sobre ser parte de un pequeño y amoroso grupo de apoyo? Yo creo que hay una dinámica similar a lo que cualquiera puede encontrar en un ambiente familiar sano, un grupo de Alcohólicos Anónimos, una reunión familiar de la iglesia semana tras semana, o el apoyo de un bien entrenado consejero. He quedado maravillado por el respaldo permanente que un pequeño grupo de amigos o de parejas puede dar a quienquiera que desee seguir enamorado de su cónyuge, o construir mejores relaciones en una familia o con una amistad.

Permítame tomar un momento para aclarar lo que *no* estoy diciendo acerca de los pequeños grupos. No estoy diciendo que debe buscarse dos o tres parejas para que integren su equipo de apoyo. Estas parejas deberán ser amigos, gente de su club o iglesia locales, posiblemente otros padres y de compañeritos de la escuela de sus hijos. Usted necesita encontrar parejas con las cuales pueda sentirse seguro y con quienes pueda disfrutar la reunión semana tras semana. Por el otro lado, después que haya estado en uno o dos grupos, quizás se dará cuenta que puede congeniar con otras parejas de diferentes edades e intereses. Debido a que los problemas en nuestro matrimonio son cosa relativamente frecuente, Norma y yo hemos encontrado posible formar un grupo con solo extraños. Encontramos terreno común y compartimos un alto grado de compromiso para ver que nuestros matrimonios mejoraran. En un grupo, el problema principal surge cuando uno o dos miembros no están realmente interesados en crecer y madurar o una persona quiere ejercer demasiado control.

He sido testigo de primera mano de cómo sistemas de apoyo efectivos pueden fortalecer incluso a una nación entera. Cuando hablé en Ghana, Africa Occidental, vi a miles de jóvenes bien portados (de edades de niveles elemental y primeros años de secundaria) reunirse en un evento masivo en un campo. Es más, tanto me impresionaron que les pregunté sobre aquella reunión. Y lo que llegué a saber es que en Ghana y otras partes de Africa, las familias están muy unidas y se preocupan diariamente por el crecimiento de los hijos. También los abuelos, cuñados, primos, tías, tíos, amigos y vecinos, vigilan y ayudan emocionalmente a estos niños y velan porque sean responsables por sus actos. Si uno de ellos es visto haciendo algo censurable, toda la aldea se involucra en corregirlo. Cada uno parece preocuparse por el otro. En otras palabras, las familias se apoyan unas a otras y cada una es responsable de la otra. En los Estados Unidos, donde los familiares viven a menudo a cientos y miles de kilómetros, el respaldo de pequeños grupos llena una real necesidad.

Una de las mejores razones para comenzar o permanecer en un grupo es lograr un sentido de amorosa *responsabilidad*, la cual todos necesitamos si queremos progresar en la madurez creciente del amor. Es sorprendente cuánto más fácil es permanecer en la senda si usted conoce a alguien que le va a preguntar, «¿Qué tal ha estado la semana que pasó?» O si, después que informa de algún conflicto menor, alguien le pregunta, «¿En qué formas van a ser ustedes diferentes la próxima semana?» Debido a que queremos poder dar un buen informe a las otras parejas, estaremos más motivados y con más energía durante la semana para hacer las cosas que sabemos que podemos hacer.

Quizás esto le pudiera asustar, pero yo he encontrado que los pequeños grupos a los que Norma y yo hemos pertenecido, todos han resultado en sólido crecimiento para nosotros como pareja, y también hemos desarrollado una amistad permanente. Además, ha habido mucha risa, pues todos somos muy parecidos.

El reunirse regularmente, animándose los unos a los otros, y recordándose que no están solos en sus esfuerzos para lograr un mejor matrimonio puede proporcionarles una energía tremenda. En los pequeños grupos, a los que mi esposa y yo pertenecimos en una ciudad en particular, en un período de tres años no perdimos a ninguna pareja por la vía del divorcio. Entre todos éramos más de sesenta matrimonios, y cuando comenzamos los grupos, muchos estaban haciendo esfuerzos para evitar el divorcio. Norma y yo vimos pareja tras pareja fortaleciéndose cada semana. ¡Esa fue mi primera experiencia con grupos de apoyo, y eso me hizo un verdadero creyente!

¿Todavía necesita otra razón para unirse a un grupo pequeño? He descubierto que en este contexto, pareciera que los hombres, a través de observar a otros hombres cómo aman a sus esposas, aprenden el significado del amor para siempre. Semana tras semana, los hombres tienen la oportunidad de ver cómo se hace. A menudo, los hombres son más receptivos a aprender lo que hace una buena relación a través de otros hombres que de sus propias esposas. El cambio más grande y definitivo que yo he visto en esposos ha sido a través de involucrarse en pequeños grupos de apoyo.

Una de mis organizaciones, una corporación no lucrativa llamada *Today's Family* [La familia de hoy] provee una cantidad de importante material de ayuda para parejas que quieren comenzar o unirse a un grupo de apoyo ya existente en su área. Escríbanos y llámenos si desea más información.[5]

Nunca me he encontrado con una pareja haciéndolo realmente bien que no haya recibido en algún sentido ayuda de otros: de sus familiares, amigos, libros sobre buenos matrimonios, o de un consejero matrimonial altamente calificado. Todos necesitamos ese tipo de ayuda para pasar por entre las dificultades que bloquean nuestros intentos para permanecer juntos y en amor.

Hay otras maneras de obtener respaldo para su matrimonio. A lo menos una vez cada cierto número de años, es reconfortante asistir a una conferencia matrimonial. Para un «ajuste» de cuando en cuando, recomiendo que juntos, el matrimonio visite a un consejero. Esto le puede dar nuevas ideas para mejorar sus relaciones, y también puede ofrecer los mismos beneficios que ser parte de un grupo de apoyo. Si las parejas dedicaran una pequeña parte de sus ingresos en una sesión de consejería cada dos o tres años, los beneficios serían una retribución muchas veces superior.

Si desea encontrar un consejero matrimonial, solicite la mayor cantidad de opiniones de clientes satisfechos. No se queda con una opinión ni busque en las páginas amarillas. Y elija a uno que pueda verlo durante varias sesiones. Lo que estoy sugiriendo aquí es sintonizar fijo en un matrimonio que no está pasando por dificultades.

Si visitar a un consejero se le hace cuesta arriba, podría considerar la posibilidad de comprar algunos buenos libros sobre el tema.[6] Un libro en particular que recomiendo es *The Good Marriage* [El buen matrimonio] por Judith Wallerstein y Sandra Blakeslee.[7]

## Resumen

En este capítulo hemos echado una mirada a lo que podemos aprender del sentido intuitivo de la mujer. Y hemos visto que caminar sola no es la mejor forma en que una pareja puede llegar a alcanzar un amor para toda la vida.

El siguiente capítulo bien puede ser el que usted estaba esperando. Quizás ha estado a la expectativa de que entremos en materia respecto a cómo enfrentar y resolver los conflictos inevitables que tan rápidamente pueden transformar una emoción positiva, «te amo», a una negativa «te odio». El Dr. Howard Markman dice que la tasa de divorcio podría reducirse a la mitad si las parejas aprendieran este solo juego de habilidades: la solución de los conflictos.[8]

## Principios del amor para toda la vida

83. El amor para toda la vida permanece en contacto con el sentido intuitivo de la mujer respecto de las necesidades del matrimonio.
84. El amor para toda la vida alienta lo suficiente como para preguntar, «¿Qué podría mejorar esta relación?»
85. El amor para toda la vida no rehuye ni se pone a la defensiva al enfrentar sugerencias constructivas para mejorar la relación.
86. El amor para toda la vida no es tan orientado hacia las metas que pierde de vista la relación y la conexión.
87. El amor para toda la vida analiza las quejas prolongadas para encontrar el fondo de la verdad.
88. El amor para toda la vida da pasos y hace ajustes para alcanzar una buena relación.
89. El amor para toda la vida controla su crítica haciendo siete o más elogios por cada sugerencia de una supuesta falta.
90. El amor para toda la vida no hace exigencias imposibles y acepta la realidad que un amor verdadero no es un dios o un padre todosuficiente.
91. El amor para toda la vida mantiene el interés en buscar a varias otras parejas para que lo apoyen y alienten a través de los días buenos y los tiempos difíciles. El amor para toda la vida no camina solo sino que recibe con entusiasmo las ideas nuevas de perspectivas diferentes.
92. El amor para toda la vida mantiene la energía mientras enfrenta retos a través de una responsabilidad amorosa y de apoyo.
93. El amor para toda la vida aprecia una comprobación periódica con un consejero matrimonial.

# 13

# Conflictos: Puerta de entrada a la intimidad

*La idea de que los conflictos son beneficiosos puede sonar como un chiste cruel si usted se siente sobresaturado de negatividad en su relación. Pero en un sentido, un matrimonio vive y muere por lo que vagamente se pueden llamar sus disputas, y por la forma en que son tratados los desacuerdos y los agravios. La clave es cómo se argumenta: si su estilo provoca tensiones o si conduce a un sentido de acuerdo.*

John Gottman[1]

El Dr. Howard Markman afirma que el área clave para permanecer enamorados y seguir casados es la de la solución de los conflictos. Sus veinte años de investigación muestran que si las parejas aprenden a resolver sus problemas, el promedio global de divorcios podría ser recortado más del cincuenta por ciento.[2] ¡Piense en eso! Durante años, la tasa de divorcios ha rondado la cifra de uno de cada dos matrimonios. Esta triste estadística podría ser reducida a uno de cada cuatro si solo las parejas aprendieran métodos efectivos para la solución de sus problemas. ¡Y uno de los matrimonios que se salvarían sería el suyo! (Hace mucho que estoy esperando escribir un libro sobre la importancia de permanecer unidos en matrimonio. Nunca lo he escrito porque otros autores ya lo han hecho.)[3]

A la mayoría de nosotros no nos gustan y tratamos de evitar los conflictos, especialmente con nuestras esposas. Para los amantes de la paz, este capítulo tiene tanto malas como buenas noticias. La mala noticia es que siempre estamos buscándonos problemas. La valoración de nuestra individualidad, incluyendo nuestra personalidad y las diferencias de género, lo hacen inevitable. Pero la buena noticia es que no solo es posible reducir nuestros problemas, sino que también podemos *usarlos para procurar una más profunda intimidad en cualquiera relación.*

Para ilustrar cómo los conflictos pueden llevarnos a una más profunda intimidad, permítame relatarle (con el debido permiso) una historia acerca de mi hija, Kari, y mi yerno, Roger. Fue algo muy común en parejas recién casadas. Roger supo que su mamá y papá venían a visitarlos. Por supuesto, él estaba muy emocionado con ese anuncio, porque le gusta comer. Adora los suculentos desayunos, y su mamá acostumbraba preparárselos todos los días. Ella es de esa clase de madres amorosas, y él era el bebé de la familia. Sé como se desarrollan esas cosas, ya que yo también fui el bebé de mi familia. Pero cuando me casé, me di cuenta que no siempre las esposas van a actuar como lo hacía mamá. Roger tuvo que aprender la misma lección. Y, al igual que yo, a veces dice cosas que logran el efecto opuesto de lo que se pensaba.

Así, pensando como puede hacerlo un hombre, cuando supo que sus padres venían a visitarles, Roger dijo: «¡Por fin, voy a poder disfrutar de nuevo de esos tremendos desayunos!» Él tendría que admitir que ese comentario era un elogio a su madre, pero a la vez era un comentario editorial acerca de que Kari no le preparaba sus desayunos. Quizás ella captara la insinuación. Aquello tenía sentido para él, pero a Kari no le pareció nada de bien. ¡Instantáneamente, *zas* conflicto! Kari enmudeció.

Afortunadamente, Roger es un marido sensible y amoroso. No pretendía ofender a Kari. Quería estar seguro que todo resultara de lo mejor. Este incidente ocurrió antes que llegara el primer hijo, nuestro nieto. Michael Thomas nació y ya Roger estaba preocupado por proveerle una atmósfera familiar saludable. De modo que abrió la puerta presentada por aquel conflicto, y preguntó: «Kari, ¿cómo te hizo sentir mi comentario?» Aquella pregunta se hizo en el nivel 4 de la comunicación íntima, lo cual analizamos en un capítulo anterior.

Como ya lo hemos visto, los cuadros hablados son excelentes para expresar nuestros sentimientos. Roger y Kari han desarrollado su propio método de cuadros hablados que comunican instantáneamente lo que están sintiendo. Su método utiliza imágenes de frutas, y funciona más o menos así: Si algo ocurre, pero no es un problema muy serio, ella dice: «Me golpeaste con una pasa». Si el problema es un poco más grande, ella le dirá que la golpeó con una naranja. Si es aun más grande, ella dirá que fue con un melón. Pero esta vez, ella dirá: «Me acabas de golpear con una sandía de doce kilogramos, *zas*, y me echaste al suelo». Él entenderá inmediatamente cuáles son sus sentimientos.

Viendo su deseo de arreglar el problema, ella le explicó que su comentario la había hecho sentirse inútil y no tan buena como mamá. Ella pensó: *¿Y no dice nada de las grandes cenas que le preparo? ¿Por qué no me dice: «¡Oye, tus cenas son sensacionales! Les ganan lejos a las de mi mamá»?*

Roger tenía un punto de vista diferente. Él no estaba diciendo que tenía un problema con las cenas; simplemente estaba diciendo: «No estoy tomando desayuno».

Volviendo a la perspectiva de Kari: Es bastante difícil prepararte un gran desayuno cuando eres profesora y tienes que levantarte a las seis (antes que se levante él) justo a tiempo para salir al trabajo. Y lo que dijo, suponiendo que la motivaría a que quisiera preparar su desayuno, no fue la forma de hacer bien las cosas. (Creo que ella se lo había mencionado a él antes de casarse: «Yo no preparo desayunos», pero me imagino que esa es la clase de cosas que uno pasa por alto cuando estás enamorándote.)

¿Cuál fue el resultado de este problema? Él sabía cómo se sintió ella, reforzó su amor por ella y encontró una manera importante para evitar conflictos en el futuro. Un poco más adelante, añadiré algo más de esta historia.

Este es un ejemplo de cómo usar un problema como una puerta de entrada a la intimidad, de pasar de opiniones a sentimientos. Cuando el problema es usado de esta manera, no necesitamos tener miedo; realmente llega a ser una cosa buena que mueve la relación hacia adelante.

En realidad, nosotros necesitamos tener desacuerdos. Esto no significa que tenemos que buscar los problemas. ¿Tendríamos que estarnos peleando cuando podemos disfrutar la profunda intimidad que da «hacer las paces»? Definitivamente no.

Pero cuando los problemas se presentan, pueden traer beneficios (la búsqueda de perlas) si los usamos en la manera correcta. Con tal esperanza en mente, vamos a echar una mirada atenta a la anatomía de un problema, empezando primeramente con: ¿Por qué ocurren?

## Por qué ocurren la mayoría de los problemas

Los problemas, desacuerdos que pueden llegar hasta peleas, se presentan por un sinnúmero de razones. Parte de la siguiente lista de causas principales procede de la Dra. Carol Rubin, instructora clínica de la Escuela de Medicina de Harvard y su coautor, el Dr. Jeffrey Rubin, profesor de sicología de la Universidad Tufts.[4]

### *Poder y control*

Los conflictos se presentan debido a que en el hogar hay problemas de poder y control. ¿Quién va a tomar las decisiones? ¿Quién es el jefe? Cuando hay una rivalidad por la autoridad... ¡cataplum! Conflicto. Ocurre cuando menos lo esperamos.

Cuando una persona trata de sofocar a la otra con demasiado control, o no deja a la otra pensar o sentir independencia, el conflicto está latente o hace erupción.

### *Inseguridad*

El que alguien se sienta inseguro en una relación provoca discusiones. Si, por ejemplo, usted piensa que su cónyuge se está alejando y creando distancia, es como si se sintiera inseguro, y el resultado natural es un conflicto.

Algunas personalidades soportan por un largo tiempo, y finalmente explotan. Esto puede ocurrir porque no sienten seguridad para exponer estas cosas cuando por primera vez las perciben como un problema. Con el tiempo, el resentimiento contenido explota, sin previo aviso.

### *Diferencias en valores*

Los conflictos surgen de las diferencias en valores. Él piensa que está bien beber alcohol con cada comida, y ella no lo cree así. Ella piensa que está bien decirle a la gente que alguien no está en casa cuando llaman por teléfono, y él dice que eso es una mentira. Él quiere asistir a la iglesia todos los domingos, pero ella solo quiere ir para Navidad y Semana Santa.

Es importante recordar aquí que no se pueden eliminar todas las diferencias. En tales casos, es bueno que se digan uno a otro: «En este punto, nunca podremos ponernos de acuerdo, pero aunque sea así, te sigo amando, y espero que a través de este conflicto podamos aprender más acerca de los sentimientos y necesidades del otro».

### *Competencia*

Los conflictos pueden ser causados por competencia. Algunas personas no pueden aceptar perder en nada, aun en un juego de damas. O quizás el esposo está molesto por el hecho que su esposa gana más que él, y se decide a derrotarla en esta área.

### *Diferencias personales*

Las parejas pelean por las diferencias normales entre hombres y mujeres y por las diferencias normales de personalidad. No hay duda que estas dos áreas son la fuente de un continuo fluir de conflictos. Por eso es que yo he dedicado dos capítulos (el 10 y el 11) para explayarme en estos asuntos y mostrar cómo entenderse el uno al otro y usar ese entendimiento para hacer que el amor perdure en lugar de que la relación se rompa.

### *Entender mal los sentimientos y las necesidades insatisfechas*

Yo creo que esta es la principal razón de conflictos, cuando uno o más, probablemente ambos esposos tienen necesidades insatisfechas. El Dr. Stephen Covey dice esto en una manera diferente. Afirma que todos los conflictos son causados por expectativas no satisfechas en cuanto a «roles y metas».[5] Uno de los esposos puede decir, *Eso no es lo que se supone que debes hacer en nuestra relación. Yo preparo el auto, y tú preparas la comida.* O uno puede decir al otro: «Siempre he querido continuar mis estudios. Tú sabes eso. Vamos a tener que arreglárnoslas sin ese nuevo sofá hasta que termine mi carrera». En realidad, esperamos que otros conozcan nuestras necesidades y sentimientos *aun cuando nunca se los hayamos mencionado.*

Para mí, es extremadamente útil entender que siempre que esté en conflicto con alguien, están ocurriendo una o dos cosas: Los *sentimientos* de alguien no están siendo respetados y entendidos o las *necesidades* de alguien no están siendo reconocidas y satisfechas.

Una parte elemental de la intimidad es conocer y satisfacer las necesidades del cónyuge (y las de los hijos) y es también importante que sus propias necesidades sean entendidas y que usted esté razonablemente seguro que serán atendidas. (Por esto es porque la primera parte de este libro es tan importante; nos da un plan para manejar nuestros sentimientos y necesidades, incluyendo aquellos que posiblemente no puedan ser satisfechos por un cónyuge.) Pero las necesidades quedan innecesariamente sin satisfacer cuando estamos demasiado ocupados, cuando la esposa y los niños no están recibiendo la suficiente atención por parte nuestra o simplemente no hay suficiente conversación.

## El círculo de conflicto

Cuando existen una o más de estas causas, los conflictos tienden a formar un círculo. Permítame usar un ejemplo típico para ilustrar lo que quiero decir. Una esposa con una personalidad «perfeccionista» necesita una cierta medida de pulcritud y orden en su casa, pero su «descuidado» esposo no hace nada por ayudar. Entonces, la esposa puede decir algo así como: «¡Me tiene tan cansada esta casa! ¡Mira este desorden! ¡Nadie recoge nada!»

Pero el esposo, que puede ser un despistado, dándole poca importancia o teniendo menos necesidad de ser pulcro, quizás diga: «Sí, ¿sabes qué? Si fueras mejor organizada, no te frustrarías tanto». O quizás pregunte: «¿Necesitas más energía? ¿Todavía estás tomando aquellas vitaminas en la que gastamos tanto dinero?» «¿Estás tomando tu descanso?» O, simplemente: «¿Cuál es el gran problema?» El señor Hágalo Usted ofrece soluciones y opiniones pero encuentra demasiado pesado hablar sobre sentimientos y necesidades.

Como un patrón, esta pareja puede fácilmente cambiar clisés y realidades, pero cuando llega el momento de dar opiniones, *¡bam!*, surgen las tensiones basadas en un desacuerdo. Si ellos son como muchas parejas (quizás la mayoría), dejarán de hablarse por un tiempo o llevarán el conflicto a un punto más crítico. No les gustan los problemas. Una esposa quizás no se sienta suficientemente segura para ir a un nivel más profundo en la expresión de sus sentimientos o necesidades. Uno puede tener muy pocas esperanzas de que expresar sus sentimientos vaya a cambiar algo. Uno puede expresar sus necesidades en forma inapropiada, enfurecido. Uno, de nuevo, quizás no se dé cuenta que los sentimientos y las necesidades insatisfechas tienen algo que ver con el problema.

Por el número de razones que sea, la pareja vuelve a los clisés debido a que no hay verdadera seguridad. Entonces comparten algunos hechos, seguidos de nuevo por opiniones, y *boom*, de nuevo al conflicto. Sencillamente se están moviendo en círculo en esas tres áreas y nunca pasan a un nivel más profundo de comunicación, donde los desacuerdos pueden llevar a una intimidad más profunda, más cercana, más íntima.

No estamos sentenciados a un círculo interminable de conflictos *sin resolver.* Pero si usted se encuentra preso en un remolino, va a necesitar correr el riesgo de salir de los viejos patrones.

## Lo que no sirve para resolver conflictos

Para que un matrimonio crezca como resultado de los conflictos, por la sanidad que tiene lugar después del conflicto, necesitamos aprender a movernos hacia la solución. Pero algunos patrones no funcionan tan bien como nosotros quisiéramos.

¿Qué es lo que no ayuda a la solución sanadora? Para los principiantes, *meterse dentro de usted mismo.* Yo acostumbraba hacer eso debido a que era lo que a menudo veía hacer a mi padre. Si usted hace eso, sin embargo, no va a satisfacer sus necesidades ni tampoco satisfará las necesidades de su esposa, y su relación va a sufrir. Así es que aislarse no es la solución. Es más, el Dr. Scott Stanley dice que la peor cosa para un matrimonio es cuando el esposo se aisla, distanciándose de la familia.[6] Ceder, darse por vencido, tampoco es un patrón satisfactorio. Mientras una persona gana y por lo tanto la paz prevalece por un tiempo, la otra persona pierde, y, finalmente, la relación también pierde. Si ninguno de los dos ganan, la relación se debilita.

¿Un tercer patrón? Usted podría ser el *ganador*, que es lo opuesto a ceder. Pero de nuevo, uno de los dos termina siendo el perdedor, y así la relación pierde.

¿Y qué podemos decir de *transar*? ¿No es conveniente? A veces simplemente no hay tiempo para resolver el asunto ahí mismo, de modo que deciden partir el pan por la mitad. Pero recuerde que ese arreglo es solo una solución temporal, porque sigue siendo una situación de gana-pierde para los dos y para su relación. La posposición está bien, pero si no se vuelve a discutir el asunto, se pierde una puerta de entrada a una más profunda intimidad que veremos en un minuto.

## Todos ganan

Vamos a ver otro patrón en el cual todos ganan: las partes y la relación. En esta variable, usted *se mantiene trabajando en el conflicto hasta que ambos sienten que la solución les satisface.* El problema está resuelto. Ambos saben que sus sentimientos han sido entendidos. Y ambos sienten que sus necesidades han sido satisfechas. Quizás se requiera un par de días, o más, de profunda conversación, pero su actitud y acercamiento son siempre diciendo, *Vamos a dar con una solución en que ambos nos sintamos ganadores*.

Hace algunos años, Norma y yo nos encontramos sumergidos en una discusión. Habíamos llevado a nuestro hijo menor, Michael a la universidad para su primer año y nos habíamos quedado con él por tres o cuatro días. Ahora estábamos preparándonos para regresar a casa, y Norma, con sus ojos llorosos, estaba sentada en la cama del cuarto del hotel. Teníamos que apresurarnos en llegar al aeropuerto, y yo estaba ansioso por partir.

—¿Qué pasa? —le pregunté.

—No lo sé —me dijo—. Realmente es duro para mí. Este es nuestro bebé, y solo espero que todo vaya bien para él aquí.

*¡Por favor!*, pensé. *Decir que era insensible a sus sentimientos en ese momento sería una verdad incompleta.* Así es que dije algo como:

—Tenemos que irnos. Ven.

—Estoy sentada aquí —dijo ella—, pensando en el nido vacío, en el trauma por el cual tiene que pasar la mamá al perder a todos sus niños.

Creía que podría ser un tiempo de alegría para nosotros cuando los niños se fueran, de modo que no estaba compadeciendo completamente con ella. Así es que dije:

—Está bien, pero tenemos que irnos, tú sabes. Así es que movámosnos.

Norma, mirando a través del cuarto, fijó sus ojos en mí y me dijo:

—¡Lo que necesito en este momento es lo que tú enseñas!

Obviamente, teníamos un conflicto de sentimientos y prioridades. Al punto que yo podría ser sarcástico o defensivo. Podría haber dicho: «¡No puedo creer que tenga que estar actuando todo el tiempo! ¿Quieres que suba al escenario ahora mismo?» Yo (o ella) pudimos habernos *retirado* metiéndonos en el baño y cerrando la puerta para evitar más tensiones. Uno de los dos pudo haber *cedido* rápidamente (o no tan rápidamente); para mí, aquello habría equivalido a decir: «Muy bien, ¿qué es lo que quieres?» todo el tiempo ofendiéndome por su condenación de mi conducta. Ella, por su parte, pudo haber dicho: «Bueno, vamos», todo el tiempo ofendiéndose por mi falta de voluntad por escucharla y comprenderla. Como para *transar* si realmente hubiésemos estado tarde para tomar el avión, pudimos haber dicho: «Vamos a seguir hablando de esto en el avión o cuando lleguemos a casa».

Afortunadamente, teníamos un poco de tiempo y habíamos progresado un poco más allá de otras tácticas inconvenientes. Tragándome algo de mi orgullo y abriendo la puerta a la intimidad, caminé a través del cuarto hasta donde estaba Norma y ella se movió para dejarme lugar en la cama para que me sentara. Me senté pegado a ella, puse mis brazos alrededor a su alrededor, la abracé y le pregunté:

—Si en este momento fueras el tiempo, ¿qué te estaría pasando ahora mismo?

—Llovizna, frío, neblina —dijo.

—¿Y si fueras una flor?

—En este momento habría perdido todos mis pétalos y habrían caído al piso. Habrías caminado sobre ellos cuando viniste para acá. ¡Es tan fina!

Cuando le pregunté qué necesitaba, mencionó algunas cosas que habría hecho con Michael en las que ni siquiera había pensado. La escuché y tomé notas mentales. De inmediato, se sintió mejor y volvimos a casa mucho más en paz el uno con el otro y en una más profunda intimidad.

Al apoyar y escuchar a Norma aquel día, sentí cómo la tensión entre nosotros se transformaba en paz. Sabía que habíamos hecho que las cosas funcionaran. Sentí que había ganado algo... nuevas ideas sobre cómo podría seguir en contacto con mi hijo. Había aprendido algo nuevo sobre Norma y sus temores sobre el nido vacío. Sabía que ella sentía que había ganado, también, porque aun cuando todavía soy capaz de irritarme al descubrir que estoy haciendo algo equivocado, ella sabe que por lo general se puede sentir segura al plantear algunos asuntos que están entre nosotros. Ella sabía que la había escuchado y sabe que quiero resolver cualquier conflicto que tengamos.

No siempre es posible llegar a una solución donde ambos se sientan bien acerca del resultado. Pero en este punto es *posible* reafirmar el compromiso mutuo. Usted puede decir cosas tales como: «Todavía te amo y siempre te amaré. Parece que no podemos ponernos de acuerdo en este punto, pero estoy entregado a ti de por vida, y nunca dejaré de amarte por sobre cualquier desacuerdo». Tal compromiso y amor perdurable tienen la virtud de suavizar la disputa.

## Para alcanzar la solución: desarrolle métodos propios de lograr la intimidad

Para que un conflicto termine uniendo más a la pareja, se requiere una cantidad de «reglas que regulen el combate». Esas reglas llegan a ser la llave de lo que yo llamo la puerta de entrada a la intimidad... Si usted no tiene tales fronteras sobre cómo pelear, es posible decir o hacer una cantidad de cosas que echan por tierra la comunicación, que cierran de golpe la puerta a la intimidad.

Aun en la mejor de las circunstancias, por lo general una pareja pasa por la puerta de la intimidad *después* que la tensión del conflicto empieza a decrecer. La mayoría de las parejas con las que he trabajado pueden entrar en intimidad en medio de los conflictos más duros. No así Norma o yo. Es posteriormente, cuando podemos pensar sobre los sentimientos y necesidades del otro, que nos acercamos más.

### *Los portazos*

Unas pocas formas de operación predecible cierran y ponen llave a la puerta a la intimidad. Una de las más comunes es el uso de la afirmación acusatoria *tú*: «Tú siempre haces eso», «Tú nunca recuerdas que», «Hasta donde puedo entender, tú nunca cambiarás». Eso pone inmediatamente a la defensiva a la persona acusada. Si usted quiere acercarse más, la clave es usar la afirmación *yo*. Si el esposo, por ejemplo, llega tarde a la cena, la esposa puede decir: «Me siento inquieta, o incómoda cuando pasa esto, porque no sé dónde estás. Estoy preocupada cuando no llamas...» Eso es mucho más eficaz que: «Llegas tarde. No puedo creerlo. ¿Por qué lo haces? Nunca vas a cambiar». Una forma como esta lo único que consigue es que la persona quiera salir huyendo o pelear.

El sarcasmo, la falta de respeto y los gritos son también portazos. Negar el conflicto no es la solución, pero tampoco lo es un berrinche.

> Los estudios sobre la familia de Murray Straus han mostrado que las personas que ventilan sus propensiones a la ira, con el tiempo producen más y más ira que ventilan más y más vigorosamente hasta que finalmente recurren a la violencia física... Desahogarse de la ira casi invariablemente hace que la otra persona también se enoje, y entonces se va a necesitar más y más ira para continuar la pelea.[7]

Por el otro lado, amabilidad, respeto y calma son llaves que abren la puerta. Lo que mejor resulta para usted y su cónyuge usted lo puede hacer funcionar por usted mismo. Tales llaves mejorarán todas sus conversaciones, pero serán especialmente valiosas durante tiempos de conflicto.

## *Lista de llaves*

Mi hijo Greg y yo hemos desarrollado un juego de llaves para las puertas de entrada a la intimidad en conexión con sus estudios doctorales en sicología. Le mostraré nuestra lista de catorce sugerencias que nos han sido útiles a nosotros y a muchas otras personas. En seguida, le voy a dar una lista similar de la Dra. Harriet Lerner, quien es una de los líderes en el campo de solución de conflictos. De estas dos listas, usted y su cónyuge pueden hacer su propia lista de reglas. Si la palabra «reglas» le parece muy dura, piense en términos de «llaves a la intimidad».

## *Las «reglas del luchador» de Smalley*

1. Primero, clarifique cuál es el conflicto real. Antes de proceder a buscar una solución, asegúrese que *entiende* a su cónyuge tan claramente como es posible. ¡Aquí, *escuchar* es vital!
2. Trate el asunto del momento. No busque heridas o problemas pasados, sean reales y supuestos. Pero si usted tiende a variar el asunto, querrá ver si hay algún otro factor en este conflicto, como fatiga, estrógeno bajo, bajo nivel de azúcar en la sangre, tensión, problemas en el trabajo, o problemas espirituales o emocionales.
3. Hasta donde sea posible, mantener delicado contacto físico.
4. Evitar el sarcasmo.
5. Evitar afirmaciones de «tú». Use las palabras «Siento» o «Creo». No haga predicciones ni pasadas ni futuras («Tú siempre...», «Tú nunca...»).
6. No use afirmaciones o exageraciones «histéricas». («Esto nunca resultará». «Eres igual a tu padre».
7. Resuelva cualquier sentimiento doloroso antes de continuar con el análisis del conflicto. («No debí de haber dicho eso. ¿Me perdonas?»)
8. No permita que el conflicto lo haga enojarse. Si esto ocurre, acuerde seguir la discusión más tarde.
9. Evite las expresiones y acciones autoritarias. Por ejemplo: «¡Renuncio!» «¡Esta noche tú duermes en el sofá!» «¡Me estás matando!» «¡Te odio!»
10. No use el silencio como castigo.
11. Para evitar dificultades, mantenga sus asuntos tan privados como le sea posible.

12. Cuando discutan, use el método de comunicación «comunicación por medio de la palabra». (Repita lo que le parece que la otra persona está diciendo.)
13. Resuelva sus problemas con soluciones ganador/ganador. Que ambos estén de acuerdo con la solución o el resultado de la discusión.
14. Sobre todo, haga lo posible porque en todas sus palabras y acciones durante la solución de sus problemas, se refleje el respeto.

### *Las reglas clave de la Dra. Harriet Lerner*

1. Hable cuando algún asunto sea importante para usted.
2. No golpee cuando la plancha está caliente. (Tómese su tiempo.)
3. Dese tiempo para pensar en el problema y clarificar su posición.
4. No golpée por «debajo del cinturón».
5. Hable en «yo».
6. No haga exigencias vagas.
7. Trate de valorar el hecho que las personas son diferentes.
8. No participe en discusiones intelectuales que no conducen a ninguna parte.
9. Reconozca que cada persona es responsable por sus actos.
10. No diga a los demás lo que deben sentir o pensar, o lo que deberían pensar o sentir.
11. Trate de evitar comunicarse a través de terceros (alguien que hable por usted y que usted no esté presente para clarificar).
12. No espere que se produzcan cambios con las confrontaciones tipo «pegar y correr».[8]

### *La llave maestra*

Cuando se trata de solucionar conflictos, todo lo que yo digo aquí está basado en una regla fundamental para lograr un matrimonio prolongado y feliz: *¡Cada día, mantenga bajos los niveles de enojo!*

Haciendo eso, está llamando a la comunicación, básicamente en el nivel más profundo, donde se habla de sentimientos y necesidades. Llama a la apertura y el perdón, un deseo de que las relaciones sean lo mejor que puedan ser.

Las escrituras antiguas están llenas de sorprendentes ideas y sabiduría. Quizás usted conozca esa declaración sobre la rabia, que dice: «En tu enojo, no peques. No permitas que el sol se ponga mientras todavía estás enojado».[9] Ese es un comentario de una línea poética aun más antigua:

> En tu enojo no peques;
> cuando estés en tu cama,
> examina tu corazón y guarda silencio [está en paz].[10]

Si el enojo y sus síntomas de distancia y control es un tema recurrente en su matrimonio, le sugiero que «examine su corazón» y vuelva a revisar los temas y comentarios en la parte 1 (pero a la vez siga leyendo). Si los conflictos maritales siempre terminan en violencia, vea a un consejero matrimonial para que trabaje a través de los asuntos fundamentales.

## Perlas de los conflictos

Las disputas, desacuerdos, nunca desaparecerán en su matrimonio. Pero hay perlas que hay que buscar en esas disputas. Esto es un cuadro hablado. Otro que he usado en este libro es: Los conflictos pueden ser la puerta de entrada a la intimidad. He aquí cómo. (Doy gracias especiales al Dr. Gary Oliver por sus ideas e investigaciones en esta área.)

### *Los conflictos revelan sentimientos y necesidades*

El conflicto es la puerta da entrada a la intimidad porque es una forma de descubrir lo que una persona es. Tan pronto que chocamos contra una pared y estamos en problemas, tenemos que abrir una puerta de tal manera que podamos pasar por ella y encontrar lo que la otra persona siente y necesita. En lugar de recurrir al silencio o a clisés, podemos adoptar una actitud que dice: «Me alegro de que tengamos este problema, porque hará que nos conozcamos mejor el uno al otro y nos amemos aun más».

Hace poco, Norma y yo nos enfrascamos en una larga discusión relacionada con mi programa de viajes. Sigo dictando conferencias a través del país, y no vivimos cerca de un aeropuerto importante. Así es que quería investigar la posibilidad de tomar en alquiler un avión para usar en los viajes para dictar conferencias. Pero desde hace mucho tiempo, Norma se opone a la idea de pequeños aviones.

A medida que discutíamos el asunto, fue cada vez más evidente que no lograríamos ponernos de acuerdo. Así es que volví a preguntar: «¿Cuáles son nuestros más profundos sentimientos acerca de alquilar un avión?»

Descubrí que sus temores respecto de los aviones más pequeños se basan en toda la publicidad que se hace cuando uno se cae. Creen que son inseguros; volar en ellos es correr un riesgo innecesario. También supe que ella quiere que le dé importancia a su preocupación acerca del avión y que respetara la expresión de sus verdaderos sentimientos.

De mí, ella descubrió que volar en un avión privado me permitiría disponer de mucho más tiempo para estar en casa y menos tensiones en los aeropuertos. Yo veía que la conveniencia de tener nuestro propio itinerario (a diferencia de tener que seguir el itinerario de las aerolíneas) añadiría mucho más placer a mi trabajo. Ella escuchó y entendió, pero eso no resolvió la situación.

Entonces decidí usar nuestro grupo de amigos «911» para que nos ayudaran. Un grupo «911» son dos o tres amigos muy íntimos que nos aman y a quienes nosotros también amamos. En raras ocasiones llamamos a estos amigos para pedirles su impresión en algunos problemas. Nos reunimos con ellos, y ellos nos dan una gran ayuda para sortear nuestros problemas. Estuve de acuerdo en posponer la discusión unos tres meses mientras reunía toda la información sobre el costo de alquilar un avión, el grado de seguridad que se me ofrecía, y hasta dónde realmente ganaría en conveniencia y ahorro de tiempo. Norma estuvo de acuerdo en volver a discutir el asunto al final de ese período para tratar de llegar a una conclusión.

Para mí, la reunión proveyó nueva información. No había entendido los sentimientos de Norma a pesar que la había estado agobiando con el asunto. Se sentía sofocada por mi fuerte interés en alquilar un avión, y también por mi falta de conciencia respecto de esos sentimientos. Ella tenía razón. No me había dado cuenta que nuestra conversación la había agobiado. Pero con la ayuda de nuestros queridos amigos, pudimos ser más objetivos y manejar el conflicto. Y *ambos nos sentimos más comprendidos y seguros de revelar nuestros sentimientos provocados por esa disputa.*

Unos pocos meses más tarde, nos volvimos a reunir con nuestro grupo de apoyo, y yo expliqué que por naturaleza siempre estoy tratando de encontrar la mejor forma de hacer las cosas. Cuando les dije cuán cansado me sentía de tener que conducir una hora hasta el aeropuerto comercial más cercano, un miembro del grupo reaccionó diciendo que muchas personas tienen que viajar una hora para llegar a sus trabajos. «¡Lo que pasa es que tú no eres más que un bebé grande!» dijo, a lo que todos nos reímos. Pero al final, Norma estuvo de acuerdo en que si le daba ciertas seguridades, como por ejemplo que hubiera dos pilotos en la cabina, ella probablemente no estaría tan nerviosa y se sentiría más segura con la idea del avión pequeño.

El conflicto es una de las mejores formas de ir más allá de nuestros sentimientos y discutir nuestras *necesidades*. En el caso que he relatado, Norma necesitaba la seguridad de que yo, su familia, estaba seguro y no estaba corriendo riesgos innecesarios que amenazaran mi vida. Yo necesitaba asegurarle que entendía sus temores y los tomaba en serio. Necesitaba que Norma entendiera que quería más eficiencia y menos tiempo perdido viajando de aeropuerto en aeropuerto y esperando vuelos.

¿Recuerda la historia del desayuno al comienzo de este capítulo? Después que Roger le preguntó a Kari cómo se sentía y ella le hubo dicho cómo se sentía, él entonces le preguntó qué necesitaba. *¿Qué puedo hacer para mostrarte que te amo?* Ella replicó: «Quiero que me reconozcas por las cosas que hago y por las cosas que me gusta hacer». En otras palabras, ella necesitaba que él hiciera algo más que evitar insultarla; necesitaba escuchar palabras de agradecimiento por las cosas que hacía. Y desde entonces, él había hecho un esfuerzo para elogiarla. Ha llegado a ser la clase de esposo que los papás esperan que sus hijas encuentren. (Mis especiales agradecimientos a los Gibson, sus padres.)

Una de las mejores maneras que yo conozco para satisfacer las necesidades de otra persona es desarrollando su propio *lenguaje amoroso*. Esto funciona únicamente si su amistad es suficientemente buena como para empezar; si no lo es, es probable que no va a estar dispuesto a intentarlo. Pero si las cosas van razonablemente bien, esto puede ser tremendo.

Como ya lo he mencionado, los conflictos normales revelan que mis sentimientos o mis necesidades no son ni entendidos ni valorados. A medida que contendemos con un conflicto, descubriendo sentimientos y necesidades profundos, podemos desarrollar un lenguaje amoroso basado en el alfabeto de ese nuevo conocimiento.

O piense de nuevo en término de perlas: Con los años de matrimonio, este lenguaje llega a ser como un collar, hecho de perlas encontradas después de los conflictos, en respuesta a la pregunta «¿Qué puedo hacer para mostrarte que te amo?»

Con el tiempo, y como resultado de los conflictos, se crea un lenguaje de amor. Vea cómo. Usted, y su cónyuge también, en forma separada, va a hacer una lista de cinco o diez cosas específicas y prácticas que le gustaría que la otra persona hiciera por usted, cosas que usted cree que realmente satisfagan sus necesidades. Usted concuerda: «Esto me hace sentir como si me amaras. Tengo una necesidad, y cuando haces esto, mi necesidad es satisfecha». Cuando su cónyuge (o vice versa) hace algunas de estas cosas por usted, está expresándole amor y respeto.

Escriba esta lista y colóquela donde le pueda servir como un recordatorio diario. Si no quiere que todo el mundo la vea, puede ponerla en la puerta de su ropero. O en el refrigerador. Pero póngala en un lugar donde la pueda ver todos los días.

He pedido a los participantes en mis seminarios que escriban cosas que pudieran estar en su lenguaje de amor. Una mujer me dijo que a ella le gustaría que su esposo aprendiera a captar mejor sus insinuaciones. Por ejemplo, si al fin del día ella dice «Estoy realmente cansada», quisiera que su esposo entendiera la indirecta y le respondiera: «Vamos a ir a cenar afuera, así no tendrás que cocinar». Sin embargo, un lenguaje de amor es mucho más efectivo que esperar que su cónyuge capte sus indirectas.

Otra mujer me dijo que ella pondría esto en la lista de su lenguaje de amor: «Durante sus días libres, mi esposo gasta un montón de tiempo estando con los niños y con cosas de la casa. Y cuando yo regreso a casa, después de un día verdaderamente cansador, necesito que por unos minutos deje de hacer lo que está haciendo y diga, "Me alegro de verte. ¡Qué bueno es tenerte en casa!"»

Una mujer profesional dijo: «Necesito que mi esposo respete mi necesidad de involucrarme en actividades que a él no le llaman la atención. Por ejemplo, me gusta entretenerme en el jardín: plantar flores y hacer nuestro lugar más hermoso. Pero él siempre me está apocando, diciendo que para él es divertido, pero que para mí es peligroso. Me dice que soy su pequeña campesina, o que me estoy tostando demasiado. Sería maravilloso si me dijera alguna palabra de reconocimiento por la forma en que luce nuestro jardín o algún día se uniera a mí en este trabajo».

Estos comentarios describen necesidades sencillas pero importantes. Desarrollar su propio lenguaje de amor es una excelente forma de descubrir lo que su cónyuge necesita, y también de satisfacer sus propias necesidades. Y a menudo, los conflictos son una puerta abierta a un análisis y un reconocimiento de tales necesidades.

En el capítulo 15, donde analizaremos el concepto energizante del «banco marital» daré algunos otros ejemplos específicos de lo que podría incluirse en su lista del lenguaje de amor.

Antes de seguir, me detendré una vez más para dirigirme a algún lector escéptico. *Un momento*, quizás diga, *usted no conoce a mi marido. Él sabe lo que yo siento, y sabe lo que necesito, pero a él no le interesa nada que no sea él mismo.*

¡Qué cosa! Si esa es su visión de la vida, le hago varios recordatorios y sugerencias. Primero, considere esta pregunta: *¿Está usted segura?* ¿Ha hablado realmente de prioridades fundamentales? ¿Ha escuchado los sentimientos y necesidades de su cónyuge? ¿Ha comunicado *claramente* los suyos? ¿Puede beber algunos pequeños pasos de progreso que puedan ser motivo de reconocimiento?

Por el otro lado, comience otra vez por el principio de este libro: Su propia satisfacción con la vida no puede descansar en lo que su cónyuge hará o no hará. Usted tiene la capacidad de fijar límites y exigir que le sean respetados. Una vez más recomiendo el excelente libro de Harriet Lerner *The Dance of Anger* [La danza de la ira], que tiene como subtítulo *A Woman's Guide to Changing the Patterns of Intimate Relationship* [Una guía para la mujer para que cambie los patrones de la relación íntima]. Si usted y su cónyuge están metidos en una danza de insatisfacciones, basta con que solo uno cambie el disco. Y la nueva melodía puede cambiar su matrimonio. Vea las notas al final de este libro donde encontrará recursos útiles. Al principio de este capítulo mencioné a un esposo y su esposa que estaban en desacuerdo acerca de cuán pulcra debería estar la casa. Un reciente libro ofrece principios para vivir más allá de los conflictos presentados por estas exasperantes diferencias sobre el mantenimiento de la casa.[11]

### *Los conflictos ofrecen oportunidades para expresar cariño*

Los conflictos pueden abrir la puerta de entrada a la intimidad al traer a la superficie sentimientos y necesidades. Pero también ofrecen una oportunidad para expresar cariño física y emocionalmente. Todos necesitamos ser abrazados. Todos necesitamos ser amados.

Para ilustrar este punto, permítame dar un ejemplo sobre cómo *no* hacerlo. Un joven esposo me contó de un conflicto que tuvieron él y su esposa antes de casarse. Ella lo había invitado a cenar a su casa, donde había cocinado una lasaña especialmente para él. Él se sentó a la mesa, se sirvió la lasaña, la cual estaba tan dura como un ladrillo. Entonces, como para inyectar un poco de humor a la situación, le dijo: «¿Se sirve esta lasaña con una sierra de cadena?»

Como es fácil imaginarse, ella se levantó de inmediato y salió corriendo del comedor, llorando. Él le gritó: «¡Y otra cosa, déjate de tratar de impresionarme!»

Créalo o no, más tarde esa misma noche, él le propuso matrimonio, y ella dijo que sí. (¿Era ciega o qué?) Pero en el momento, aquel fue un tremendo problema que al instante sacó a la superficie sus sentimientos y necesidades.

¿Qué pudo haber hecho el joven en ese punto para aliviar la situación? Pudo haber puesto sus brazos alrededor de ella, haberla retenido a su lado y haberle dicho: «No puedo creer que diga cosas como esas. No sé cómo he llegado a ser tan sarcástico, pero no he querido herirte. ¿Podrías perdonarme?» Quizás ella habría necesitado algún tiempo para recuperar el talante, o para calmarse. Pero su espíritu contrito y toque cariñosos debe de haber sido el comienzo de la sanidad de esas heridas emocionales y del proceso de solución del conflicto.

### *Clasificación de los grandes problemas: Un acercamiento práctico para dar con la solución*

Cada vez que Norma y yo tenemos un desacuerdo importante sobre algún asunto de peso, como por ejemplo dónde vivir, empezar a ahorrar para un nuevo auto, o la necesidad de cambiar de iglesia usamos este método práctico de paso por paso para la solución de conflictos. Nuestro acercamiento nos lleva a hacer dos listas. Permítanme explicarles.

Supongamos que nuestro desacuerdo tiene que ver con la educación de nuestros hijos, lo cual muchas veces fue el caso en años pasados. Yo fui un padre tolerante en el sentido de no poner muchas reglas, porque esa es la forma en que fui criado. Norma, en cambio, quería un poco más de orden en la casa. A medida que los niños fueron creciendo, yo empecé a empujarlos para que salieran y realizaran diversas actividades. Pero Norma decía: «No creo que tengan la edad suficiente. Todavía no están preparados».

Recuerdo las veces cuando ella expresaba su preocupación con un gran cuadro hablado. «¿Sabes cómo esto hace que me sienta?», decía.

«Me siento como un ave madre en un nido allá arriba, en un árbol. Tenemos allí a tres pequeños pajarillos. Y papá ave llega y sale volando y diciendo: "Oigan, muchachos, ¿por qué no salen de ahí y hacen algo que valga la pena? Me aburriría estando todo el tiempo metido en el nido. Tienen que saltar afuera y disfrutar la vida". Pero sé cuán desarrolladas están sus plumas y huesos. Sé dónde están todos los gatos del vecindario. Y si tú empujas a nuestros polluelos afuera, van a caer al suelo, se van a causar daño o alguien se los va a engullir en un santiamén».

Cada vez que estemos en un problema como ese, tomemos una hoja de papel en blanco y tracemos una línea por la mitad, dividiéndola en dos. En la parte superior, a un lado de la línea, escribamos: «Razones para hacer esto». En la parte superior del otro lado, escribamos: «Razones para no hacer esto».

Al hacer la lista de las razones, empecemos por reunir todos los hechos. Luego, vamos al fondo y busquemos los sentimientos involucrados. Quizás digamos: «Siento esto en relación con esa idea». Finalmente, llegaremos al nivel de las necesidades: «Tengo una necesidad, y si hacemos eso, se mezclará con mi necesidad».

Al poco rato, tendremos dieciocho o veinte razones en un lado del papel, y quizás quince o dieciocho en el otro. Con todo en el papel, es decir, los pro y los contra, y seguros que ambos nos escuchamos y valoramos, por lo general nos ayudamos a resolver el conflicto. No tuvimos que ganar o perder. Quizás fue la idea de Norma que lo hiciéramos así, o a lo mejor fue idea mía. Pero yo nunca sentí que me estaba comprometiendo o cediendo. Siempre sentí que era lo mejor que podíamos hacer. Tan pronto como todos los hechos están escritos en una hoja de papel, fue obvio lo que tenía que ocurrir. Los hechos fueron los que ganaron o perdieron, no nosotros... Este método objetiviza el conflicto y lo lleva más allá del campo emocional.

En ocasiones, sin embargo, si hemos estado estancados en un asunto importante, o si a los niños no les gusta el resultado, quizás necesitemos llevar este método un paso más allá. Entonces tendríamos que clasificar cada afirmación a ambos lados de la línea. Deberíamos preguntar en cada afirmación: «¿Es ese un factor que tendrá efectos permanentes?» Si la conclusión es que podría afectarnos por más de diez años, deberíamos poner una «L» junto a la afirmación. Si la conclusión es que su efecto será solo temporal, deberíamos poner una «T» al lado de la afirmación. Cuando hayamos terminado de marcar cada punto, pro y contra, deberíamos sumar las «L» y las «T» y ver cuál lado gana. Este análisis pareciera resolver el problema en cada ocasión, aun cuando estén involucrados los niños.

A veces cuando algunas personas acuden a mí buscando consejos, los escucho por un rato, y luego, de repente, todos dicen: «Muy bien, ¿qué vamos a hacer?» Si no sé qué hacer en ese punto, es probablemente debido a que aun no tengo suficientes hechos. Mientras más hechos reúno, más piezas del rompecabezas, mejor puedo ver todo el cuadro y presentárselo a ellos. Y cuando ellos ven el cuadro real, por lo general saben qué tienen que hacer. No tengo yo que resolverles los problemas. Por eso, parte de ser un consejero es precisamente reunir los hechos y mostrárselos claramente a la persona o a la pareja. Luego, digo: «Aquí lo tiene. ¿Qué le parece?»

A través de los años, este método de reunir los hechos nos ha solucionado a Norma y a mí muchos conflictos. Ha sido una forma de tranquilizarnos y hacernos sentir seguros y altamente valorados, lo cual es un factor importante en la solución de los conflictos.

## Resumen

¿Recuerda las malas noticias al comienzo de este capítulo? En cualquiera relación, los conflictos son inevitables. Pero las buenas noticias superan a las malas: Lo desafío a que vea cualquier desacuerdo con su esposa como una puerta de entrada a la intimidad. Deje que los conflictos sean esa puerta a un mejor entendimiento de cómo los dos se sienten y qué es lo que cada uno necesita.

En *La última batalla* la última de su serie *Crónicas de Narnia,* C. S. Lewis describe a sus personajes enfrentando una batalla para terminar con todas las batallas. Pero en un punto estratégico, ellos entran a través de una puerta que les lleva a un establo; algunas personas afirmaban que en el establo había una criatura que era una amenaza a la vida. Pero una vez que pasaron por la puerta, ellos descubrieron... «En realidad estaban en el césped, sobre ellos el cielo de azul profundo, y el aire que soplaba suavemente sobre sus rostros era aquel un día de comienzos del verano».[12] Pasar a través de esa puerta les había llevado a un reino celestial. Y una vez allí, pudieron continuar yendo «más arriba y más adentro»,[13] haciendo cada vez nuevos y maravillosos descubrimientos que no podrían haber conocido antes de haber pasado por aquella aparentemente amenazadora puerta.

Así puede ocurrir con un matrimonio. Esos conflictos tienen el potencial de acercarles más. No hay un monstruo detrás de sus conflictos. Es cuestión de abrir la puerta a la intimidad, no cerrarla, cerrarla de golpe, o ponerle candado.

Abra la puerta. Pase a través de ella... y aprenderá más acerca de las delicias del trato sexual como nunca soñó que fuera posible.

La intimidad no es solo hablar; usted sabe que es mucho más que eso. ¿Cuándo fue la última vez que realmente disfrutaron la relación sexual? ¿Son las relaciones sexuales mayormente físicas? En el próximo capítulo mostraré cómo las buenas relaciones sexuales son una combinación de cuatro ingredientes importantes. ¡Se divertirá!

Use el resto del espacio en esta página para notas que comenzarán su propio juego de «reglas para la batalla». Si usted pertenece a o está iniciando un pequeño grupo de apoyo con otras parejas, considere obtener potencial de otros mientras termina sus reglas.

## Principios del amor para toda la vida

95. El amor para toda la vida sabe que los conflictos maritales son inevitables.
96. El amor para toda la vida ve los conflictos como una puerta de entrada a una mayor intimidad y conocimiento. «A través de estos desacuerdos, ¿qué nuevas perspectivas podemos tener de nosotros? ¿Cómo esto puede finalmente acercarnos más?»
97. El amor para toda la vida no busca pelear solo para encontrar el gozo de la reconciliación.
98. El amor para toda la vida encuentra valor para romper un patrón circular de pelea largamente establecido.
99. El amor para toda la vida no enmudece ni se reprime ante el conflicto verbal.
100. El amor para toda la vida no se siente compelido a «ceder» y mantiene la paz a cualquier precio.
101. El amor para toda la vida no se regocija, diciendo: «Yo gané. Tú perdiste».
102. El amor para toda la vida se aproxima al conflicto diciendo: «Vamos a ponernos de acuerdo, allí donde tus necesidades y las mías se juntan».
103. El amor para toda la vida dice: «Te amo», aun cuando no se alcance «el acuerdo».
104. El amor para toda la vida establece reglas de combate, límites que no pueden ser traspasados.

105. El amor para toda la vida sabe cómo decir «lo siento» y «te perdono».
106. El amor para toda la vida mira más allá de los desacuerdos y los conflictos para identificar qué necesidad es necesario satisfacer.
107. El amor para toda la vida soluciona hoy los conflictos de hoy... no mañana.
108. El amor para toda la vida forma un lenguaje amoroso privado. Ambos cónyuges desarrollan una lista: «Estas acciones me hacen sentirme amado y respetado». El amor para toda la vida expresa y energiza un verdadero amor mediante la sugerencia de una actividad de lenguaje amoroso.
109. El amor para toda la vida considera los efectos de largo alcance de las decisiones, cuando el conflicto no es solucionado.
110. El amor para toda la vida considera los efectos de largo alcance de las decisiones, cuando el conflicto no es solucionado.

***Nuestras reglas para conflictos***

______________________________

______________________________

______________________________

______________________________

______________________________

______________________________

______________________________

______________________________

______________________________

______________________________

# 14

# ¿Fue eso tan bueno para ti como lo fue para mí?

*No se puede aislar ese placer [sexual] y tratar de disfrutarlo por lo que es, de la misma manera que no se trata de obtener placer en saborear la comida sin tragarla y digerirla, sino masticándola y escupiéndola.*

C.S. Lewis[1]

Antes que Dennis y Lois tomaran asiento en mi oficina de consulta, yo ya sabía sobre qué iba a girar la conversación. Hay una cierta vacilación, una mirada acusadora de timidez que es señal clara cuando una pareja necesita tratar uno de los tópicos más difíciles y embarazosos en el matrimonio. Dennis y Lois tenían problemas en su relación sexual, algo que no es extraño, aun en parejas que parecieran tenerlo todo. Como Dennis y Lois, una pareja fina y fuerte. Calculé que estarían empezando los treinta. Lois era atractiva en sus pantalones vaqueros y su amplio suéter. Dennis vestía un pantalón caqui y una camisa dorada de un club campestre exclusivo.

—¿Por dónde empezamos? —les pregunté, observándolos cómo se retorcían en el sofá mientras intentaban diversas maneras de sentirse cómodos.

—Yo voy a comenzar —dijo Dennis. Respiró hondo y luego dijo—: ¡Hace tanto tiempo que no tengo relaciones sexuales, que ya ni me acuerdo cómo se hace eso!

Lois rompió en lágrimas. Después de medio minuto o algo así, recuperó su compostura lo suficiente como para decir:

—Eso no es cierto. Dennis tiende a exagerar cuando está enojado.

—O a encallecerme —dijo por lo bajo.

—En realidad, es *nuestra* vida sexual lo que nos trae hoy aquí —continuó Lois—. Ha llegado a ser un verdadero problema en nuestro matrimonio.

—Cuénteme sobre eso —le dije.

—Llevamos once años de casados —dijo—, y al principio, la verdad es que las relaciones sexuales fueron realmente buenas para ambos.

—¿Está de acuerdo, Dennis? —le pregunté.

—Sí —contestó—, y eso es parte del problema. Sé cuán bueno puede ser, pero ya no lo es.

—Prosiga, Lois.

—Bueno, supongo que nuestro problema es típico. Empezamos teniendo hijos, lo que significó una gran cantidad de noches con bebés con cólicos. Luego ascendieron a Dennis, lo que significó que tuvo que dedicar mucho más tiempo a su trabajo por lo cual volvía a casa bastante tarde. Engordé durante el embarazo de mi segundo hijo y no pude bajar de peso después del parto.

—¿Cómo afectó todo eso sus relaciones sexuales? —pregunté.

—Supongo que la mejor manera de expresarlo es diciendo que empezamos a sentir dos diferentes niveles de necesitarlas —dijo Lois con tristeza y mirando al piso—. Siempre estaba cansada, luchando con la depresión, sintiéndome como una vieja vaca gorda. Y Dennis, aun con sus largas horas en la oficina, todavía parecía querer muchas relaciones sexuales, o a lo menos muchísimo más de lo que yo quería. Durante un tiempo, traté de complacerlo, pero me di cuenta que su actitud me ponía furiosa. Me pareció muy exigente y que actuaba con mucho egoísmo en este particular.

»Mientras más reñíamos sobre el asunto, más nos distanciábamos el uno del otro. Aun ahora, cuando tenemos relaciones sexuales, no es de ninguna manera satisfactorias para ninguno de los dos, pero no lo es sobre todo para mí. Simplemente permanezco ahí, permitiéndole que se satisfaga.

Se produjo un silencio antes que le preguntara a Dennis su versión del dilema.

—Ella ha ido directamente al grano —admitió Dennis—. Supongo que parezco como un gran canalla cuando oigo cómo cuenta la historia. Pero usted sabe cómo se siente un hombre... ¡Pasamos demasiado tiempo sin relaciones sexuales y me siento como si fuera a reventar!

Guardó silencio, mirando como ausente a la pared de enfrente.

—Sé que Lois ha tenido que soportar tiempos duros, pero creo que va demasiado lejos. Tomemos, por ejemplo, su peso. No creo que esté gorda, pero ella está convencida que lo está.

—¿Le ha dicho que para usted ella luce bien? —lo interrumpí.

Lois movía la cabeza mientras Dennis tartamudeaba:

—Bueno... supongo que no tanto como debí hacerlo, pero ella sabe cómo me siento. ¿Cuál es el gran problema?

—¡El gran problema es que me siento fea! —estalló Lois—. ¡No quiero que tengamos relaciones sexuales si me siento tan gorda como me veo!

Ahora estaba sentada en el borde del sofá.

—Parece que tú estás pasando de una crisis a otra —dijo Dennis, un poco descortez—. Y siempre es nuestra vida sexual la que tiene que pagar el precio.

Su molestia lo había alejado tanto de Lois como podía estarlo. En cuestión de momentos, estos esposos, que se habían sentados juntos, estaban en los extremos opuestos del sofá.

Dennis y Lois pasaban por experiencias bastante comunes a una pareja con once años de casada. Las cosas cambian. La gente cambia. Dennis y Lois habían cambiado. Mientras más pudieran entender estos cambios, mejor sería la posibilidad de mejorar su vida juntos, incluyendo su relación sexual. Usé mucho del material que está en este capítulo en sesiones de consejería con Dennis y Lois. Pasamos varias sesiones juntos y su relación sexual empezó a mejorar antes que aun habláramos directamente sobre ese aspecto de su matrimonio.

Nada en un matrimonio es más incomprendido que la unión sexual. Es más que el acto físico que une sexualmente a una pareja. Y probablemente la cosa más importante que Dennis y Lois aprendieron es que una relación sexual es un espejo de una relación marital total. Ellos no estaban batallando con un problema sexual tanto como lo estaban con asuntos referentes a la relación que estaban disminuyendo su disfrute sexual. Necesitaban ver las relaciones sexuales en el amplio contexto de su matrimonio integral. En realidad, hay *cuatro* áreas que necesitan desarrollarse en concierto la una con la otra si una pareja quiere alcanzar la máxima satisfacción. Al concentrarse primero en otras áreas de su relación, Dennis y Lois empezaron a experimentar mejoría en su vida sexual.

Antes que miremos estas cuatro áreas, sin embargo, necesitamos decir algo más acerca de las *diferencias*. Como ocurre con muchas otras cosas; los hombres y las mujeres tienden a ver las relaciones sexuales de forma muy diferente.

## Diferencias hombre-mujer

En un estudio continuo que he realizado con cientos de parejas a través de los años, pregunto a hombres y mujeres, privadamente y en grupos cómo se sentirían si supieran que nunca más podrán tener relaciones sexuales con sus cónyuges. Casi todas las mujeres contestan: «Realmente no sería problema». Pero pronto añaden que sí sería un gran problema si nunca volvieran a tocarse, ni besarse, ni a tener romance.

Cuando hago la misma pregunta a los hombres, casi todos se muestran incrédulos. «¿No más relaciones sexuales?», dicen. «¡Está loco!» Pedirle a un hombre que deje de tener relaciones sexuales es como pedirle que deje de comer.

¿Por qué esta gran diferencia de puntos de vista de hombres y mujeres? Para algunas mujeres no es fácil entender lo que la testosterona hace en un hombre. La hormona conocida como testosterona enciende la sexualidad en el hombre. (Sé que la imagen de que la testosterona determina el comportamiento del hombre es un estereotipo, pero en este caso no hay duda que así es.) En la mayoría de los hombres, el nivel de testosterona baja alrededor de los cuarenta, pero muchos hombres han mostrado tener grandes cantidades incluso a los ochenta años.

Para dar a la esposa una idea mejor, imagínese que se le ha informado por telegrama que se ha ganado el gran premio en un concurso nacional. Usted y su esposo serán llevados a una isla tropical por diez días con servicio de primera clase en un hotel cuatro estrellas. También le darán $1,500 diarios para gastos y servicio ilimitado de una limosina de lujo; en otras palabras, ¡lo máximo! Naturalmente, usted no puede esperar hasta que su esposo haya traspasado la puerta para darle la buena noticia.

Ahora imagínese que cuando él llega a casa, usted lo saluda diciéndole que le tiene una hermosa noticia. Pero él responde: «No ahora, querida. Estoy realmente cansado, así es que creo que voy a tomar una siesta». Y mientras se dirige al dormitorio, agrega: «No le des la noticia a ninguna otra persona. Quiero ser el primero en oírla».

Cuando pregunto a las mujeres en la audiencia de un seminario cómo se sentirían en esta situación, la mayoría dice que se frustrarían mucho.

*Casi cada día,* el nivel de testosterona de un hombre lo hace sentir como si se hubiera ganado el gran premio. No puede esperar para contárselo. Pero una esposa desinteresada responde: «Hablaremos de eso mañana». Imagínese cómo se sentirá él. Algunos esposos están tan altamente cargados con testosterona que literalmente están temblando al otro extremo de la cama mientras usted se acomoda para dormir. Quizás eso le ayude a entender por qué se frustra tanto cuando usted rechaza sus avances físicos.

## Cuatro intimidades vitales para la satisfacción sexual

El acto sexual es más que un acto físico, es el reflejo de una buena relación. Es la capa de azúcar de lo que es bueno en un matrimonio. La satisfacción sexual es como admirar un pez que se ha atrapado usando todos los recursos disponibles. He aprendido que la satisfacción sexual tiene a lo menos cuatro aspectos separados que funcionan juntos... en realidad deben trabajar juntos si se quiere pescar el pez «más grande».

Los cuatro aspectos del acto sexual contribuyen a una buena relación sexual. Como me dijo en cierta ocasión el sicólogo de Denver, Gary Oliver, hablando del matrimonio: «Toda la vida es un juego previo».

### *La relación* verbal

La relación verbal es vital para una saludable vida sexual. Implica llegar a conocer a su cónyuge a través de la conversación y de pasar tiempo juntos. Esto es especialmente importante para la mayoría de las mujeres, quienes se asombran que los hombres pueden tener relaciones sexuales en casi cualquier momento, sin que les importe la calidad de la relación. Por lo general, las mujeres quieren conectarse con su pareja a través de la intimidad verbal antes de disfrutar del acto físico. Sabiendo esto, años atrás decidí que todo lo iba a hacer en forma correcta...

La primera vez que Norma y yo visitamos Hawai, me imaginaba unas vacaciones llenas de pasión sexual. Sabía que a Norma le encanta admirar el paisaje, así es que en uno de nuestros primeros días allí, la invité a recorrer en auto la isla de Maui. Estaba emocionadísima.

Conducimos desde la parte sur de Maui, donde estaba nuestro hotel, hasta las playas en la parte norte. Hablamos, nos reímos, vimos algunas ballenas y descubrimos caminos y pequeñas aldeas que ni siquiera están en el mapa. Fue un tiempo precioso de intimidad verbal. Y, como hombre que soy, sabía que eso podría conducir más tarde a una maravillosa intimidad sexual.

Cuando iniciamos nuestro viaje de regreso al hotel, sin embargo, descubrí que la aguja de la gasolina marcaba vacío. Traté de que Norma no se diera cuenta, porque no quería arruinar el momento ni hacer peligrar el resto del día.

Ella, sin embargo, empezó a sospechar cuando empecé a bajar como pude los cerros.

—¿Por qué manejas en neutro? —me preguntó.

—Ah, por nada —le dije—. ¡Creo que es otra manera de divertirnos un poco!

Pero mientras más avanzábamos sin divisar una estación de gasolina, más nervioso me ponía. De repente *sentí como si* nos hubiéramos quedado completamente sin gasolina. Puse de nuevo el auto en neutro, pero debido a mi nerviosismo, olvidé que este era un auto rentado, automático, no el de cambios que acostumbraba a conducir. Con todas mis fuerzas presioné lo que creía que era el embrague. Desafortunadamente, era el freno. El auto chilló hasta detenerse en el medio del camino, lanzando la cabeza de Norma frente al tablero de instrumentos. (Esto era en la época anterior a las leyes sobre el cinturón de seguridad.)

No se hizo daño, pero gritó:

—Gary, ¿qué estás haciendo?

No tuve la valentía de decirle lo que estaba pensando, que era: *¡Estoy arruinando mi oportunidad de tener relaciones sexuales esta noche!* En lugar de eso, le confesé el problema del tanque de gasolina y nos echamos hacia atrás riendo juntos. Y, después de todo, no arruiné el día... ni la noche.

¿Qué es lo que hace una vacación como esa tan especial? Para muchas parejas, es la única oportunidad durante el año que pueden disponer de tiempo sin interrupciones para hablarse y escucharse el uno al otro. Lejos de teléfonos, faxes, secretarias y citas, es una rara ocasión para relajarse y reencontrarse.

Lo que es bueno para las vacaciones es también bueno para la vida. Como pareja, esfuércense en darse uno al otro el tiempo que necesitan para relajarse, hablar y escucharse mutuamente. Piensen en la historia del comienzo de este capítulo, cuando Dennis y Lois descubrieron a través de la consejería que habían permitido que la ocupación de sus vidas saboteara su intimidad verbal. Como resultado, hicieron del tiempo para conversar una prioridad y sus relaciones mostraron una inmediata mejoría.

Ya vimos en el capítulo nueve las técnicas de la comunicación, pero aquí, vamos a resumir algunas formas en que parejas ocupadas pueden encontrar tiempo para la relación verbal.

### *Doce maneras de encontrar tiempo para hablar con su cónyuge*

1. ¿Están los dos en casa al final de un día de un trabajo? En algún momento, separen un período de quince minutos para analizar, desde su perspectiva, las respectivas actividades del día.
2. Establezcan como regla que la televisión permanezca apagada durante la cena, alentando la conversación. Para tal tiempo, dejen que la máquina de contestar llamadas telefónicas se encargue de las llamadas, salvo si se trata de una emergencia.
3. Anote en su agenda una cita nocturna mensual que no pueda quebrantarse.
4. Si sus compromisos se lo permiten, salgan a almorzar juntos una vez a la semana, aunque sea un par de emparedados en el parque.
5. Como pareja, asistan a algunos de los juegos o reuniones de sus hijos. Es sorprendente cómo puede desarrollarse la conversación mientras se está sentado observando al hijo en el juego.
6. Hagan una caminata juntos después de la cena. Es un excelente tiempo para hablar, a la vez que es bueno para la salud.
7. Si puede permitirse cierta flexibilidad en su programa de trabajo, quédese un tiempo más en casa cuando los hijos ya se hayan ido a la escuela. Disfrute ese tiempo con su esposa.
8. Lean juntos alguna revista o un libro que ambos sientan que estimula la conversación.
9. No tenga temor de contratar a una niñera cuando quiera tener tiempo para conversar a solas con su cónyuge.
10. Escríbanse mutuamente notitas que comiencen: «Tengo algo realmente maravilloso que hablar contigo acerca de la próxima vez que estemos juntos».

11. Una o dos veces en el año, planeen un escape de un fin de semana para los dos solos.
12. Pídale a su mejor amigo que lo ayude a cumplir su propósito de reunirse con su cónyuge a lo menos una vez a la semana para una conversación significativa.

Si quiere más ideas, pregunte a personas a las cuales respete cómo encuentran ellos tiempo para hablar como pareja. Quizás se sorprenda por sus singulares sugerencias.

## *La relación emocional*

Compartir mutuamente sentimientos profundos es una relación emocional, y es vital para la satisfacción sexual. Es ese sentido de estar conectado que se da cuando los dos se mueven al mismo nivel emocional. Esto involucra conversaciones que tratan con más que simplemente hechos. Cualquiera conversación debería comenzar con hechos. Luego, cualquier hecho en una relación puede ser conectado con emociones a través de la pregunta: «¿Cómo le hace sentir esa sucesión de hechos?» Esto es especialmente significativo para las mujeres. A menudo, ellas reaccionan mejor a la relación sexual cuando toda la relación es abierta y amorosa, cuando sienten que su esposo entiende y valoriza sus sentimientos.

Dave y Vicki estaban sufriendo con este asunto cuando Dave vino a verme.

—Se lo voy a decir francamente, Gary —dijo—. No estoy teniendo relaciones sexuales en absoluto con mi esposa y esto me tiene muy frustrado.

Al escucharle mientras explicaba su situación, le sugerí volver a donde estaba su esposa y tratar de comunicarle sus sentimientos a través del uso de un cuadro hablado emocional.

—La analogía expondrá los profundos sentimientos que usted tiene sobre este asunto —le dije.

Y eso fue, exactamente, lo que hizo. Como resultado, ella le contestó con un poderoso cuadro hablado.

—Mi amor, tenemos un problema —le dijo él esa noche—. Quiero que escuches cómo te lo describo.

—Muy bien —le dijo Vicki.

—Cuando me encuentro lejos de ti, en el trabajo, me siento como si estuviera en medio del desierto. Hace un calor horrible y yo me estoy cocinando lentamente. Pero cuando llego a la casa, me siento como si hubiera entrado a un oasis.

—Bueno, creo que eso es bueno —dijo sonriendo Vicki.

—No tanto —prosiguió Dave—. Porque cuando llego a casa, luces tan bien que quisiera disfrutar nuestra relación completamente.

—¿Qué significa? —preguntó ella.

—Relaciones sexuales —respondió Dave—. Ya no las tenemos, así es que siento que en lugar de llegar a un oasis, parte de ese oasis es un espejismo. Pareciera que no existiera toda la belleza del oasis.

Se sentó para permanecer en silencio por un momento. Tan tiernamente como pudo, le preguntó:

—¿Cómo podría hacer que el espejismo llegue a ser de nuevo el oasis verdadero que una vez tuvimos?

Vicki había estado escuchando y se conectaron en un nivel emocional. Después de un minuto, ella respondió:

—Te voy a decir cómo volver al oasis. Voy a hacer para ti lo mismo que tú acabas de hacer para mí. Voy a pintar un cuadro hablado emocional para hacerlo claro.

»Me siento como si fuera uno de esos apreciados libros raros del siglo diecinueve —empezó a decidir—. Al principio de nuestro matrimonio, me tomabas y me admirabas, asegurándote que estuviera libre de polvo, limpiabas con esmero los bordes dorados y te preocupabas de mí por todo.

Dave sonrió al ver su habilidad.

—Pero algo ha ocurrido a ese libro raro —continuó ella—. Ya no te preocupas por él en la forma en que lo hacías. Olvidado en el librero, se ha llenado de polvo. Los bordes dorados están cubiertos con unas manchas que podrían quitarse con solo un poco de atención.

Por primera vez en mucho tiempo, estaba logrando la atención de él, quien le dijo:

—¿Cómo podría dar a este libro más de la atención que se merece?

Vicki estuvo dispuesta a decirle lo que era importante para ella, cosas como *te amo*, e incluso cosas que Dave no consideraba que tuvieran algo que ver, como por ejemplo, *pasar tiempo con los niños*. También recordó con nostalgia los días cuando Dave acostumbraba enviarle *flores* y *tarjetas*.

Mientras más hablaron a un nivel emocional profundo, más pudieron ayudarse mutuamente. Esta comunicación a niveles profundos de sentimientos y necesidades cambió la relación sexual de Dave y Vicki enriqueciéndola, haciéndola más plena y satisfactoria para ambos. Aun no es perfecta, pero desde entonces, nunca más me he vuelto a reunir con esta pareja por el motivo que los trajo la primera vez.

### *La relación física*

Ahora hemos llegado a lo que interesa, ¿verdad? Tranquilo. Lo que tratamos de visualizar es, en realidad una pequeña parte de la relación física. Cuando pensamos en relación física, pensamos más en términos de *tocar, abrazar, besar* y ponerse *romántico*.

Al entrevistar y aconsejar a mujeres, he llegado a la conclusión que la mayoría de ellas necesitan de ocho a doce toques significativos al día para mantener su nivel de energía alto y sentir que están conectadas con su cónyuge: un abrazo, un apretón de manos, una palmadita en el hombro, un beso gentil. En el cuerpo humano, hay aproximadamente cinco millones de receptores de toques. Solo en las manos, hay más de dos millones. El toque adecuado libera tanto en el cuerpo del que toca como del que lo recibe un flujo placentero y salutífero de químicos. Algunos estudios han demostrado que la gente se mantiene más saludable aun como resultado de dar atención tierna y tocar a animales como perros y gatos. Todos ganan cuando nos tocamos unos a otros en una manera apropiada.[2]

Solo para enfatizar lo importante que es un buen toque, permítame describir algunas de las investigaciones que se han hecho con personas tanto como con animales. En la universidad, estudié con un profesor que era un experto en la vida sexual de las ratas. Interesante especialidad, ¿no lo cree? Pero los estudiantes aprendimos muchísimo de él, y uno de nuestros experimentos (que posiblemente no sería permitido ahora) consistía en tomar una camada de ratas de laboratorio y dividir los individuos en dos grupos. Los del grupo A eran acariciados y mimados continuamente por los estudiantes. A los del grupo B nunca se les tocaba. Aparte de eso, a ambos grupos se les alimentaba y daba agua por igual. Luego, cuando todavía eran pequeños, los poníamos de uno en uno en una plataforma de dos metros sobre el piso de cemento y los empujábamos para que cayeran. (A los estudiantes más sensibles no les gustaba este experimento.)

Cuando las pequeñas ratas del grupo A golpeaban contra el piso, podían pararse rápidamente y salir huyendo. Pero todas las ratas del grupo B morían. ¿La sola diferencia? El toque amoroso parecía haber hecho de las ratas del grupo A más saludables y fuertes.

Un amigo que es médico neurocirujano hizo su propio estudio sobre los efectos de tocar. Cuando hacía sus rondas diarias por el hospital, se paraba a la misma distancia de todos sus pacientes y pasaba exactamente la misma cantidad de tiempo con cada uno de ellos. Sin embargo, también tocaba a la mitad de sus pacientes en la mano, el hombro, el rostro. A la otra mitad simplemente no los tocaba. Ese toque o falta de toque era la única variable en todas las visitas.

Cuando los pacientes eran dados de alta, hacía que las enfermeras les preguntaran con cuanta frecuencia les había visitado el médico durante el tiempo que habían permanecido internados y cuánto tiempo había pasado con ellos. Los resultados fueron asombrosos. Los pacientes que habían sido físicamente tocados por el médico les pareció que habían sido visitados a lo menos el doble de los del otro grupo. Gracias a estudios como este, algunas escuelas de medicina están enseñando ahora la importancia del toque.

En la Universidad de Purdue, se realizó un estudio con el personal de la biblioteca. A la mitad se le pidió que tocaran a los que venían a retirar algún libro, a devolver o a pedir información. A la otra mitad se le dijo que siguiera atendiéndolos en la forma usual, sin tocarlos. La conclusión del estudio mostró que los que fueron tocados tenían un mayor respeto por los bibliotecarios y los libros en la biblioteca, y cumplieron con mejor voluntad los reglamentos.[3]

Todos estos estudios ayudan a señalar lo mismo: Dios nos ha hecho a cada uno de nosotros (incluso, aparentemente, a las ratas de laboratorio) de manera que necesitemos y apreciamos un toque cariñoso. Y yo podría añadir que en ninguna parte es más importante que en la relación matrimonial.

Sé que para algunas parejas es difícil hablar de asuntos sexuales íntimos. Algunos expertos en matrimonios han informado que las dos cosas más difíciles de hablar para las parejas es la muerte y las relaciones sexuales. Por el lado divertido, eso explica la timidez de un joven pastor que siempre estaba esperando que lo invitaran a predicar fuera de su iglesia. Su oportunidad llegó cuando una organización femenina de la ciudad le pidió que les hablara durante un almuerzo. Él aceptó gustoso.

—¿De qué quieren que les hable? —preguntó.

—Nos gustaría que nos hablara de las relaciones sexuales —le dijeron y él estuvo de acuerdo.

Estaba en su casa preparando su charla cuando su esposa entró a la oficina.

—¿Qué estás haciendo? —le preguntó.

—Un grupo de damas me invitó a que les diera una charla —le respondió.

—Ahh... ¿y sobre qué vas a hablar? —quiso saber ella.

Le pareció demasiado embarazoso contarle la verdad, así es que le dijo:

—Bueno... voy a hablar sobre... navegar. Sí. Voy a hablar sobre navegar.

Ella lo miró un poco intrigada, pero solo dijo:

—¡Qué bien! —y salió.

A la siguiente semana, después que el ministro dio su charla, en la tienda de comestibles su esposa se encontró con una de las organizadores de la reunión. Le dijo:

—¡Su esposo! ¡Qué excelente orador! ¡Se ve que sabe mucho sobre el tema!

—¿Usted cree? —dijo la esposa—. Solo lo ha hecho dos veces. ¡La primera vez se cayó y la segunda vez se enfermó!

No solo para los pastores es difícil hablar del tema; lo es para todos nosotros. Pero a pesar de lo difícil, toda la relación será mucho mejor si durante el día nos damos mutuos toquecitos cariñosos.

### *La relación espiritual*

Algunas personas sinceramente dudan sobre aquel viejo adagio que dice que la familia que ora unida permanece unida. Pero hace unos pocos años, el Dr. Nick Stinnett realizó un estudio muy publicitado en la Universidad de Nebraska. Después de estudiar cuidadosamente a cientos de familias que se consideraban saludables, su investigación llegó a la conclusión que las familias saludables poseen seis características comunes. Y una de estas características es «una fe personal en Dios compartida».[4] Y una encuesta realizada por el sociólogo Andrew Greeley indica que «las relaciones sexuales frecuentes junto con oración frecuente hace al matrimonio mucho más satisfactorio».[5]

La relación espiritual puede ser el más alto nivel de la intimidad. Un esposo y una esposa pueden conocerse el uno al otro y ambos llegar a conocer a Dios, corazón a corazón. Los escritores bíblicos usaban repetidamente una metáfora del matrimonio para referirse a la relación que Dios quiere tener con los que se vuelven a Él. Y el Espíritu de Dios tiene otra habilidad espiritual para hacer que dos personas estén en armonía, siendo «uno» en espíritu.

Piense en este proverbio: «Y cordón de tres dobleces no se rompe pronto».[6] Algunos escritores han visto esa verdad como un cuadro del matrimonio: Hombre-mujer-Dios permanecen unidos en una fuerte unión.

> Un hombre y su esposa pueden desarrollar intimidad espiritualmente al orar juntos, adorar a Dios juntos, asistir juntos a grupos de estudio o retiros, o simplemente estudiando lecciones e ideas espirituales. La relación espiritual comprende un conocimiento mutuo en el contexto de compartir la fe. Y mediante esa fe una pareja puede ver los valores y significado de las cosas que de otra manera no tendrían significado.

Dennis y Lois, nuestro caso para estudio al comienzo de este capítulo, siempre habían tenido la opinión de que las personas, incluso los matrimonios, no deberían discutir asuntos de religión o de política. Pero después que aprendieron sobre la relación espiritual, tuvieron una de las más vívidas conversaciones que jamás hayan tenido. Luego visitaron algunas iglesias de su localidad hasta que encontraron una donde se sintieron cómodos. Esta era para ellos una experiencia completamente nueva, pero también era un vínculo vital para su salud matrimonial y felicidad de su unión.

En un capítulo titulado «La oración unida: guardián de la intimidad» de su libro, Carey y Pam Moore citan la firme declaración de una pareja:

> La meta más importante de orar juntos es que conserva nuestra relación como pareja íntima y cercana, y, como pareja, conserva nuestros corazones abiertos ante el Señor. En nuestro caminar con el Señor y el uno con el otro, hay una gran cantidad de responsabilidad no expresada con palabras.[7]

Los Moore dicen también:

> La oración diaria puede servir como guardián del matrimonio, porque el esposo y la esposa que oran juntos no oran solos. Dios mismo está presente... y Él alentará la formación de un vínculo aun más estrecho y Él dará de sus fuerzas a ese vínculo.[8]

## *Cómo conocerse*

Dennis y Lois continuaron haciendo un riguroso examen de su vida matrimonial para mejorar cada una de las cuatro áreas de la relación. Como lo mencioné antes, Dennis había llegado a estar demasiado ocupado como para hablar con Lois y escucharla. Aun cuando estuviera dispuesto a pagar el precio, no era fácil para un hombre decidido a desarrollar una carrera, reducir su agenda de trabajo y conseguir así disponer de más tiempo para compartir algunas de sus muchas necesidades.

A través de este análisis, ambos llegaron a entender las profundas heridas que se habían infligido mutuamente aunque sin intención. Lois era extraordinariamente sensible respecto de su peso, un dolor al que Dennis prácticamente no le había hecho caso. Una vez que se dio cuenta de la dimensión de su dolor, fue mucho más tolerante. Él se anotó un punto, por ejemplo, cuando le dijo cuánto la amaba y cuán atractiva la seguía encontrando. Lois, por su parte, entendió mejor los sentimientos de rechazo de Dennis debido a su esporádica vida sexual, e hizo un esfuerzo para estar más disponible para él. Todas estas heridas tomaron algún tiempo para sanar, pero sanaron.

Un problema fue que Lois sentía que Dennis la tocaba solo cuando estaba tratando de tener relaciones sexuales. Dennis admitió que era verdad. Así es que les di algunas tareas de tocarse el uno al otro, pero no dejar que eso les llevara a culminar o consumar el juego amoroso. Esto fue particularmente útil para ellos porque aprendieron a apoyarse emocionalmente y a expresarse afecto el uno al otro.

La mezcla de estos cuatro aspectos de relación provee el contexto completo para una saludable relación sexual. Son como los cuatro lados de un edificio... todos esenciales para una estructura sana y duradera.

## Mejorar la intimidad sexual

Una vez que haya establecido las conexiones verbal, emocional, física y espiritual, usted puede dar algunos pasos adicionales para mejorar la dimensión sexual de su matrimonio. Le daré cinco sugerencias generales tanto para que la esposa como el esposo puedan intentar un realce del acto físico de la relación sexual. Luego, les ofreceré algunas sugerencias que son específicas a cada uno de los cónyuges.

### *Para los dos*

*Tome la iniciativa* sexualmente. Por lo general, esto es muy apreciado por su cónyuge, especialmente si no es su modo habitual de actuar. El cambio de paso dará potencia a su experiencia.

*Preocúpese de su apariencia*. Su cónyuge valorizará los esfuerzos que haga para verse atractivo o atractiva. En el consejo específico más abajo voy a decir algo más sobre esto.

*Tómese más tiempo* para disfrutar la experiencia sexual. Las relaciones sexuales rutinarias, relegadas a diez minutos después de la última película en la televisión el sábado por la noche, son el beso de muerte a una vida sexual vibrante. No se apresure. Piense en términos de las cuatro áreas de la relación que hemos visto y luego inicie un paso tranquilo por cada una de ellas. Podrá disfrutar de una noche sexual muy especial.

*Ponga cuidado a la atmósfera* en la cual va a hacer el amor. Aparte de luces de velas, música suave, y el resplandor del fuego en la chimenea (lo cual son todas grandes ideas), no pase por alto algunas cosas básicas como *cerrar la puerta con llave*. Los visitantes, aun cuando se trate de miembros de la familia, no son bienvenidos. Este es un tiempo para el esposo y la esposa, y ninguno de los dos se agradará con sorpresas desagradables.

*Exprese su deseo*. Muchas parejas piensan que el acto sexual expresa cuánto se sienten atraídos el uno al otro y lo usan en lugar de decirse con palabras el deseo de estar juntos. Pero palabras tales como: «Te amo», «Te necesito», «Estoy loco por ti», «Luces fenomenal», y «Me casaría contigo otra vez», tienen un poder alentador y estimulante en sí mismas. Así es que dígale a su cónyuge cuánto disfruta estar con él, o ella.

## *Para el hombre*

¿Qué diría su esposa si le preguntara cómo podría usted mejorar su vida sexual? Mis investigaciones muestran que a menudo las mujeres responden así:

*Sé romántico*. A las mujeres les gusta sentirse *conectadas* con sus esposos, y nada logra mejor esto que el romance. Al llegar a ser un estudioso de su esposa, usted puede aprender la mejor forma de producir en ella sentimientos románticos. Para algunas, son las flores, tarjetas, o pequeños regalos. Para otras, es ayudarles en las tareas de la casa y aliviarles así la carga. Aun otras anhelan pasar una noche fuera, un concierto, o una cena en un buen restaurante.

En las relaciones sexuales, los hombres pueden ser un poco más bruscos que sus esposas. Pero a las mujeres les encanta la ternura en un hombre. Para ellas esta no es una moda, como podría pensarse que sería de los hombres de los años noventa. Las mujeres responden al romance, pero la mayoría desea más de eso.

*Tómese tiempo para el juego previo.* Usted no puede perder al pasar un tiempo extra tocando, abrazando y charlando con su esposa. Estos actos son como ponerle una inyección de energía pura. Pregúntele a su esposa dónde y cómo quiere que la toque y responda a sus necesidades. A la inversa, si algo que usted desea la hace a ella sentirse incómoda, respete sus deseos.

Recuerde también acariciar libremente a su esposa con delicadeza que no necesariamente debe conducir a las relaciones sexuales. Elógiela, dígale cuán deseable es y déle abrazos espontáneos.

*Hágase atractivo.* Stan es un caso típico. Él ama a su esposa Andrea, y está siempre listo para hacer el amor en el momento que se presente la ocasión. Andrea no deja de maravillarse por este atributo. Recientemente se sorprendió cuando él llegó por la puerta de atrás de la casa después de pasar algunas horas trabajando en la tierra y el barro del jardín. Sudando, sucio, y hasta oliendo mal y desgreñado como estaba, cuando la vio agachada en la cocina, aulló como un lobo y le ofreció una invitación para pasar de inmediato un rato agradable.

Andrea, como la mayoría de las mujeres, encuentra a su esposo atractivo, pero eso no es suficiente. ¿Realmente él esperaba que ella estuviera interesada en un encuentro sexual después de haber pasado cuatro horas en el barro? ¡De ninguna manera!

Al principio, Stan se sintió ofendido por su fría respuesta. Él se vanagloriaba por mantener la figura y lucir bien. Así es que Andrea tuvo que explicarle que ella no lo estaba rechazando. Que se sentía más inclinada a tener relaciones sexuales si se le ofrecía «un paquete completo» como ella lo dijo. Eso incluía un baño, una afeitada («odio una barba crecida», dice ella), colonia, sábanas limpias en la cama; luz tenue; y un concierto de música clásica sonando como fondo.

La reacción de Andrea no tenía nada que ver con el temor de Stan de que estuviera pasado de kilos o fofo en áreas donde una vez había habido músculos. Era más cuestión de *atmósfera*. Stan necesitaba escuchar atentamente para aprender a proveer lo que para ella tenía que ser una noche perfecta. Era solo justo que él aprendiera de ella, porque en otro tiempo, él había tratado que ella captara su idea de romance (en otro cuarto que no fuera su dormitorio cuando los niños se habían ido a visitar a sus abuelos).

### Para las mujeres

A muchas esposas les gustaría encontrar la llave para abrir el aspecto sexual en la vida de sus esposos. Por eso, aquí hay algunas ideas específicas para ellas.

*Entienda su gran necesidad sexual.* Como lo vimos antes, tal vez los dos ven la relación sexual desde perspectivas diferentes. Más que seguro, él desea tener relaciones sexuales con más frecuencia que usted.

Con ese conocimiento, habrá ocasiones cuando usted esté dispuesta a tener relaciones sexuales aun cuando las cuatro áreas de la intimidad no estén satisfechas. Esto, sin embargo, debería ocurrir solo de vez en cuando, no como una cosa corriente. Él necesita ser sensible a sus necesidades como usted lo es a las suyas. Por ejemplo, si sus hormonas la hacen desear que su esposo esté en Siberia por algunos días al mes, él necesita comprender eso y ser paciente.

Si su esposo lucha con la impotencia, lo que más comúnmente es causado por actuar ansiosamente, busque el libro *Intended for Pleasure* [Destinados al placer] por Ed y Gaye Wheat. No es extraño que hombres de edad necesiten estímulo suyo para lograr la erección. En los años noventa, hay una cantidad de excelentes libros sobre el tema de las «buenas relaciones sexuales».[9]

*Descubra lo que él realmente disfruta.* Un hombre se excita cuando su esposa le pregunta qué desea en cuanto a las relaciones sexuales y luego trata de dárselas. Esto no significa que usted tenga que violar sus convicciones íntimas ni participar en una actividad sexual que considere ofensiva. Pero hay muchas cosas que su esposo piensa en su vida de fantasía que usted podría satisfacer y también disfrutar.

La relación sexual es un lugar donde la *creatividad* debería brillar. Nunca existió para ser insípida, aburrida ni rutinaria. Tome la iniciativa para inducir ciertas variedades en su vida sexual. Pocos hombres responderán: «No, eso no es lo que quiero. Hagámoslo exactamente como lo hemos hecho en los últimos veinte años».

*Póngase atractiva.* Después de leer mi relato sobre Stan y Andrea, una mujer llegó a la conclusión que no se necesita nada de ella para mantener vivo el fuego sexual. Pero la realidad es que se necesita llegar a un equilibrio. Así como una mujer aprecia el «paquete completo» de su esposo, así un hombre tiene derecho a la misma consideración por parte de su esposa.

Seguramente que usted deseará tener esas ocasiones mágicas cuando se da un baño placentero, se pone algo suavemente sensual, perfuma delicadamente el ambiente, baja las luces, y sintoniza la estación que toca las canciones de amor de la noche. Su esposo, como usted, disfrutará de esa atmósfera. Es otra manera de contribuir a la variedad que es tan útil para una saludable relación sexual.

## Fruta jugosa

Afortunadamente, Dennis y Lois pudieron recuperar algo de la pasión en su matrimonio. Pero eso no fue ni fácil ni rápido.

Muchas parejas pasan tiempos duros discutiendo asuntos sexuales, hasta que llegan a creer que hacerlo en la presencia de un consejero resulta mucho más difícil. Pero muchas consejeros calificados pueden proveer una asistencia segura para mejorar esta área de sus relaciones. Añada a eso la abundancia de buenos libros, cintas, y estudios disponibles, y es sorprendente ver la cantidad de ayuda a la cual ustedes pueden tener acceso fácil.

—Admito —me dijo Dennis mucho después de nuestras sesiones de consejería—, que estaba furioso y turbado de que nuestra vida sexual se hubiera deteriorado al punto que teníamos que buscar la ayuda de un consejero. Esa puede ser una píldora muy amarga para que se la trague cualquiera persona... especialmente un hombre. Pero la verdad es que fue una de las movidas más inteligentes que jamás hayan hecho. Había mucho acerca de Lois que yo no había entendido, junto con un montón de cosas que nunca había visto en relación con ella. Estos descubrimientos no habrían ocurrido de no haber salido a buscar ayuda.

Como lo resumió Lois en una de nuestras últimas sesiones:

—Ahora veo la importancia de poner la relación sexual en todo su contexto. Ahora Dennis y yo pensamos, sentimos, hablamos y nos conectamos el uno con el otro. Disfrutamos el fruto de una relación sana.

Esa fue una buena selección de palabras que ella hizo, porque la vida sexual de una pareja puede compararse a, digamos, un árbol de manzanas. Si nutrimos el árbol y lo mantenemos sano, vamos a conseguir que dé frutos. Pero si lo descuidamos y no lo alimentamos, lo más probable es que no va a producir mucho fruto. Si en la primavera nos impacientamos por tener frutos, recordando el delicioso sabor de las manzanas y quejándonos de que no hemos tenido frutos últimamente, podemos empezar a sacar los brotes. Pero ellos no saben como la fruta, y una vez que los hayamos cortado, nunca podremos tener manzanas.

Un árbol sano necesita estos cuatro ingredientes: agua, luz del sol, aire y suelo fertilizado. Asimismo, cuando nutrimos un matrimonio verbal, emocional, física y espiritualmente, podemos esperar que crezca el amor, la intimidad y el conocimiento. Y al crecer, el árbol matrimonial provee una buena cantidad de frutos. Entonces, en el momento que queramos, básicamente, podemos coger fruta y comérnosla, ¡y es deliciosa! ¿Por qué? Porque hemos nutrido el árbol de la actividad sexual: la relación. Y así, podemos tener de tiempo en tiempo puré de manzanas con canela; pastel de manzana francés; pudín de manzana con canela y salsa de caramelo; y pastel de manzana con helado. Pero no podremos tener nada de estas delicias sin que antes tengamos las manzanas.

No se conforme con nada menos que con lo mejor. No permita que su relación sexual se deteriore hasta el punto que no sea más que un acto físico. Enriquezcan su vida juntos en las cuatro áreas de la intimidad y preocúpese para que su relación de amor sexual se mantenga vida permanentemente.

Con cada pareja de novios con que he hablado tienen una excitada anticipación sobre la vida de casados. Esperan estar juntos, compartir cada aspecto de la vida: hablar juntos, dormir juntos, y tener intimidad sexual. Pero cada pareja de casados sabe que la realidad puede cambiar las esperanzas y los sueños.

El propósito del siguiente capítulo es ayudar a mantener los sueños vivos, llevando la trama de la segunda parte de este libro a un método que puede hacer que su matrimonio sea a prueba de divorcio.

## Principios del amor para toda la vida

111. El amor para toda la vida sabe que las buenas relaciones sexuales son reflejos de una buena relación.
112. El amor para toda la vida busca, incluso programa, tiempo para hablar. «Háblame de tu mundo. Yo te hablaré del mío».
113. El amor para toda la vida expresa libremente sus sentimientos en una autorrevelación mutua y no amenazadora.
114. El amor para toda la vida es renovado y recibe poder mediante un toque tierno.
115. El amor para toda la vida está garantizado por una fe en Dios personal y compartida.
116. El amor para toda la vida busca conectarse en cuatro niveles: el verbal, el emocional, el físico y el espiritual.
117. El amor para toda la vida no se olvida del romanticismo.
118. El amor para toda la vida toma tiempo para el juego. El juego previo.

119. El amor sexual para toda la vida prospera en la variedad dentro de la monogamia.

# 15

# El divorcio: prueba para su matrimonio

*Echa tu pan sobre las aguas, porque después de muchos días lo hallarás.*

Eclesiastés 11.1

He aprendido un principio práctico y simple que puede hacer maravillas reavivando el amor y manteniendo a las parejas felizmente unidas. En cierto sentido, está presente en la mayoría de los principios que ya hemos visto. Es un buen método para usar, o tener en mente, todo el tiempo. Y puede producir resultados inmediatos cuando un matrimonio está en crisis.

Una historia de los primeros años de mi propio matrimonio introducirá las imágenes que uso para describir esta importante herramienta:

Cuando Norma y yo nos casamos, yo no era muy solvente económicamente. Al desarrollarme, tampoco he podido aprender cómo manejarme en este terreno. No sabía nada sobre cómo llevar un libro de cheques o gastar con inteligencia. Norma, por el otro lado, era una persona orientada al detalle que había trabajado en un banco, de modo que era obvio que ella podría llevar los libros de la familia y pagar las cuentas, lo cual le encantaba hacer.

Pero los problemas se presentaron justo al comienzo y al finalizar los cinco años. Cada uno de nosotros tenía un libro de cheques y extendía cheques de una cuenta conjunta. (¿Se da cuenta del lío que se estaba armando?)

Yo tenía mi propio sistema: Extendía cheques hasta que se me agotaban. Esperaba y suponía que había suficiente en el banco como para cubrirlos.

Pero con bastante frecuencia, Norma tenía que confrontarme:

—De nuevo estamos sobregirados.

—No puede ser —le respondía con un gesto de displicencia—. Todavía tengo cheques en mi chequera. Es imposible.

A veces, ella rompía a llorar.

—No puedo mantener el control de esto. Me está volviendo loca.

También teníamos un conflicto secundario. No nos poníamos de acuerdo sobre cuándo pagar las cuentas. Norma prefería pagarlas en cuanto llegaran. Pero yo prefería conservar el dinero hasta donde fuera posible, pagando las cuentas al final del mes, justo el día anterior a la fecha final. Me gustaba la idea de tener dinero, porque uno nunca sabe cuándo se puede presentar una emergencia. Sin embargo, con mi hábito de extender cheques, nunca había suficiente al final del mes para pagar todas las cuentas.

—Tenemos dos avisos de atraso en esta sola cuenta —me decía Norma, exasperada.

—No te preocupes —le respondía, aunque precisamente no era lo que ella quería oír.

Mi filosofía era que tú no tienes que hacer nada mientras no te llega el cuarto o el quinto aviso. Era cuestión de poner los avisos de tardanza al final del montón hasta que volvieran a aparecer en la parte superior y ya no se pudiera seguir pasándolos por alto por más tiempo.

Pero el día llegó cuando Norma ya no pudo más. Llorando una vez más vino a mí y puso sobre mis rodillas todas las cuentas, su chequera y el presupuesto.

—¡Es suficiente! —me dijo—. No puedo seguir a cargo de esto. A partir de ahora, esta responsabilidad es toda tuya. Dependerá de ti si nos hundimos o sobrevivimos.

Años más tarde, ella admitió haber estado desesperada aquel día. Se imaginaba que íbamos a tener que desprendernos de nuestra casa, nuestro auto y del resto de nuestra vida financiera, porque no había manera en que pudiera manejarlo todo de forma adecuada.

Por fortuna, debido a la presión, aprendí a ser responsable. Solicité alguna ayuda, aprendí a respetar un presupuesto y empecé a salir del desorden que había creado. Por los siguientes quince años, llevé los libros y pagué las cuentas. Y al empezar a hacerlo, aprendí un principio crucial pero sencillo: *Es necesario que tengas más dinero en el banco que el que gastas mes a mes.* Los ingresos tienen que ser superiores a los egresos. Así es como se mantienen las finanzas de la familia.

Ahora permítame hacer la aplicación a cómo usted puede hacer su matrimonio a prueba de divorcio. El principio es simple, aunque el impacto es poderoso. Mi esperanza es que esta idea llegue a ser parte de su vida, así como la búsqueda de perlas y los otros principios por los que he aprendido a vivir y que he presentado en este libro. El principio es este: *Para que su matrimonio sea a prueba de divorcio, asegúrese de estar haciendo a su esposa más «depósitos» que «retiros».*

## Bases del banco matrimonial

Cuando llegamos a lo que yo llamo bases del banco matrimonial, podemos definir algunos términos.

Un depósito es algo positivo, algo que produce seguridad y que *da energía a su cónyuge.* Puede ser un toque gentil, un oído que escuche, decir «te amo», compartir una experiencia agradable. La lista puede seguir y seguir. El temperamento, el género y el orden en el nacimiento influencian la definición personal de depósito. Hacer largas caminatas con la esposa por el bosque puede darle energías a un introvertido, en la misma forma en que una casa llena en alguna fiesta de la compañía (diversión) da energías al extrovertido.

Un retiro es algo triste o negativo, cualquiera cosa que *roba energías a su cónyuge.* Puede ser una palabra áspera, una promesa no cumplida; ser ignorado, ser herido, ser controlado; la lista podría ser más larga. Algunos retiros difieren de temperamento a temperamento. Algo percibido por una persona como retiro bien podría ser un depósito para otro. Pero demasiado control o estar mucho tiempo ausente física y emocionalmente son siempre importantes retiros y como lo mencioné en el capítulo 8, estos son los dos factores más grandes en una relación poco sana.

Mientras más se mantiene un balance positivo en su cuenta de relación, con depósitos superiores a los retiros, más segura será la relación. Hay una gran verdad en aquello de que «Si tú eres feliz, yo soy feliz». Si tú estás fuerte, yo estoy fuerte. El entusiasmo, por la vida, por el romance, por «nosotros», es contagioso.

Y si su matrimonio se encuentra en una condición difícil debido a que usted ha estado haciendo más retiros que depósitos, empezar ahora con un esfuerzo concertado para hacer depósitos puede cambiar las cosas más rápido que cualquiera otra cosa que yo haya visto. Entre paréntesis, una vez más, esto funcionará en cualquiera relación: con sus amigos, con sus hijos, con sus padres, y con sus compañeros de trabajo, tanto como con su cónyuge.

Por años, he venido promoviendo esta idea de un banco matrimonial, y me halaga ver que otros autores ofrecen variaciones sobre la misma idea.[1]

Ahora vamos a observar con un poco más de detalle cómo funciona este principio.

## La historia de su cuenta bancaria personal

Usted y su esposa tienen una historia bancaria de relación personal. Como ocurre en un banco real, el balance de su cuenta corriente está determinado directamente por los depósitos y retiros.

El primer paso para que los principios de una cuenta personal funcione a favor, no en contra, de su matrimonio es registrar y aprender a entender su propia historia bancaria de relaciones personales. Empiece pensando y escribiendo algunos retiros y depósitos que recuerde de sus años de joven.

### *¿Qué son los retiros para usted?*

En uno de los comerciales de mi serie de videos se puede ver a una pareja, Kevin y Julie. Ellos cuentan un poco de su historia. Me gustaría contarle aquí el resto de su historia, porque la experiencia de Kevin ilustra el impacto de los acontecimientos de su infancia.

Una vez casado, Kevin hizo toda clase de retiros de Julie. Durante años fue controlador, duro, crítico, arrogante, malhumorado y abusador. Así era cuando estaba en casa. (Con frecuencia no estaba.) Finalmente, Julie no soportó más y se fue a una corte para conseguir una orden que lo mantuviera alejado de ella. También había cambiado las cerraduras de la casa. Cuando él llegó esa noche y no pudo entrar, se puso furioso.

Se fue a casa de un amigo, que tenía algunos de mis videos sobre matrimonio. Un Kevin tranquilo vio algunos, incluyendo aquel sobre el banco matrimonial. Acatando la sugerencia de registrar los retiros hechos en su infancia, empezó a escribir frases, acciones, palabras, actitudes que le habían causado dolor o que le habían robado la energía cuando era un niño y un adolescente.

Cuando hubo acabado de escribir y pudo reflexionar, vio que los retiros que le habían hecho a él eran extraordinariamente parecidos a las acciones, palabras, y actitudes de las que Julie se quejaba. Los abusos que le habían hecho a él, él los hacía a otros. Así es que decidió que haría el máximo esfuerzo para detener los retiros negativos y reemplazarlos con depósitos. (Más sobre esto en un minuto.)

En mi propia vida, cada vez que alguien (por lo general mi padre y más tarde mi jefe) ejercía un exceso de control sobre mí, tenía lugar un gran retiro en mi vida. Ya mencioné esto antes: Recuerdo vívidamente cuando íbamos a pescar juntos. Si yo empezaba a sacar peces en un determinado lugar, él venía y literalmente me sacaba a empujones de allí, diciéndome: «Anda a pescar a otro lado». Tristemente, pero de ninguna manera sorprendente, aquel retiro creó en mí un patrón por medio del cual me relacioné con los demás. Con el tiempo, llegué a ser una persona controladora con mi esposa, y también adopté el hábito de hacer exactamente los mismos retiros de mis hijos. Esto se hizo muy evidente un día en que estábamos pescando en uno de los brazos del río Colorado, y yo estaba sacando peces como loco. Cuando mis tres hijos se acercaron con sus cañas, les dije:

—¡No, no, no!

Greg sabía lo que estaba pensando, así es que dijo:

—Papá, ¡no estamos tratando de pescar aquí! ¡Kari se rompió una pierna!

Con esa noticia, pensé por un segundo: *Ohhh, ¡voy a tener que dejar este excelente sitio para pescar!* Le pasé mi caña a Greg y dije:

—Pesquen aquí por un momento, así no me perderé nada.

*Entonces*, me preocupé de Kari. Aun cuando estamos conscientes de la realidad, el registro, de los retiros de nuestra infancia, todavía no podemos entender en realidad cuánta influencia tienen en nuestra conducta diaria.

Por eso es bueno que tome nota de los retiros que se le hicieron de su cuenta relacional/emocional mientras estaba creciendo. Este ejercicio le será muy útil en dos sentidos:

1. Puede ayudarle, como ayudó a Kevin, a identificar las formas potenciales en que usted está haciendo retiros de la cuenta de su esposa. Si un padre extrajo energía de usted haciendo x, y, z, ¿está usted haciendo lo mismo con su esposa?

2. Puede ayudarle al pensar en algunas de las cosas que son retiros relacionales para usted en el día de hoy. ¿Qué hace su cónyuge que roba energía de usted? ¿Están algunos de estos

retiros directamente conectados a cosas o impulsados por ellas que ocurrieron en su infancia?

A medida que se presenten las oportunidades, cuéntele a su cónyuge su infancia y los actuales retiros relacionales (usando afirmaciones que comiencen con «Me parece», o cuadros hablados, pero no acusaciones).

### *¿Cuáles son los depósitos para usted?*

¿Qué le daba energías cuando era niño? ¿En la época de adulto joven? Mientras que frecuentemente los retiros son causados por elementos fuera de nuestro control (una persona emocionalmente sana no va por ahí tratando de hacer retiros), los depósitos tienden a ser cosas que iniciamos o buscamos. Y mientras a menudo los retiros parecen haber sido hechos «a nosotros», los depósitos relacionales son a menudo cosas «hechas con» o «para» nosotros.

Y en cuanto a depósitos en mi propio trasfondo, uno de los más grandes fue cantar con otras personas. Al comenzar cuando estaba en tercer grado, mi hermana me enseñó todas las canciones populares de aquellos días, y pude armonizar con ella. ¡Aquello me proporcionó mucha energía! Luego, empecé a cantar con tres o cuatro amigos. En lugar de estar saliendo con cuanta chica se nos presentara, hacíamos largos viajes, cantando sobre ruedas. Me gusta mucho la armonía, hasta el punto que a veces me preguntaba si en lugar de ser un conferenciante, no debí de haber sido un cantante. (Pero cuando me escuché cantando bajo la ducha, supe por qué no era más que un conferenciante.)

Piense en su infancia y luego en los primeros años de su matrimonio. Luego escriba cuáles han sido algunos de los mayores depósitos relacionales que ha tenido. De nuevo, este ejercicio puede serle muy útil al considerar cómo tiende a hacer depósitos en la cuenta de su esposa. ¿Hace usted depósitos que son más apropiados para sus propias necesidades que para las de su esposa? También le puede ayudar para pensar en los depósitos relacionales en los días actuales. ¿Qué hace su cónyuge que lo anima a usted? ¿Están algunos de estos depósitos directamente relacionados con cosas que ocurrieron en su infancia?

Cuando se presenten las oportunidades, analice con su cónyuge su historia de depósitos y el balance actual.

## «Práctica bancaria» con su cónyuge

El segundo paso en usar este principio comprende descubrir lo que para su cónyuge constituye un depósito o un retiro.

### *¿Qué son retiros para su cónyuge?*

Como puede imaginarse por la descripción de mis primeros años de matrimonio... cuando finalmente pedí a Norma mirar atrás y que reflexionara en aquellos días, le costó mucho pensar en los depósitos que yo había hecho. Desafortunadamente, no tuvo problemas para recordar la cantidad de retiros. Quizás se había sentido encantada conmigo en los días en que yo la cortejaba, pero vivir conmigo no había sido una aventura muy alentadora.

Por ejemplo, debido a que yo ejercía demasiado control, su estómago se retorcía cada vez que llamaba a una reunión familiar. A veces decía con sus ojos y otras veces con las manos: «Odio tus reuniones». Durante muchísimo tiempo, no entendí el por qué. Luego, me di cuenta que demasiado control o demasiada distancia en las relaciones le roba a las personas su energía.

Otro gran retiro para ella tiene que ver con mis hábitos de conducir. Ella me ayudó a entender la semilla de esta reacción negativa que yo percibía como una habilidad perfectamente aceptable de conducir. Cuando Norma estaba en la secundaria, tuvo un grave accidente automovilístico con algunos amigos. El auto rodó por un barranco, y dos de sus amigos murieron. Norma sufrió la rotura del cuello y tuvo que permanecer enyesada por largo tiempo. Es perfectamente razonable que tenga un saludable temor de un auto cuando está fuera de control. Si yo voy conduciendo y me distraigo y viro demasiado hacia el borde del camino, ella dice: «Te estás saliendo del camino». Eso es un retiro. Y si no le doy importancia a su preocupación y tensión, ese es un retiro *muy serio*. Por el otro lado, si me esfuerzo por conducir con cuidado, ese es un importante depósito.

Mis ronquidos son otros de los grandes retiros que le hago a Norma, al mantenerla sin dormir y robándole su energía. Este retiro no se ajusta al patrón de los que he presentado previamente, donde algo que viene de la infancia afecta el presente. No es algo que yo «le haga a» Norma. Pero es algo que hago, o profiero, que la afecta negativamente. Y es algo que uno debe esforzarse por detener.

Por supuesto, ella tuvo que convencerme de la realidad de este incómodo patrón. Una vez me grabó los ronquidos y luego me los hizo escuchar de modo que ya no pude alegar inocencia. ¿Se puede imaginar tratando de dormir al lado de un rugiente motor diesel durante todos esos años? Me ha golpeado en las costillas y me ha dicho que me vuelva para el otro lado, pero hasta ahora nada ha funcionado. He buscado otros métodos para liquidar los ronquidos. Hasta que di con un aparato respirador que ha detenido por completo mis ronquidos, y, de paso, tengo el doble de energía cada día.[2]

Piense en su experiencia con su cónyuge. Escriba las acciones, actitudes o palabras (¡o ronquidos!) que usted está seguro que ella o él percibe como retiros. Pero entonces, para aumentar la intimidad de su conversación y confirmar sus presunciones, pregúntele si sus recuerdos y percepciones son exactos.

Cuando las parejas que asisten a mis seminarios hablan sobre esto, los retiros más comunes para las mujeres incluyen «ser tratadas como si no existieran»; «nunca llega a tiempo», y «viaja demasiado en su trabajo». Los retiros más comunes para los esposos incluyen «se mete en todos mis asuntos» y «ella no inicia el acto sexual».

¿Qué puede hacer para reducir el número de retiros que hace en la cuenta de su esposa?

### *¿Qué constituye un depósito para su cónyuge?*

Ya hice notar antes que hacer un depósito en la cuenta de alguien a menudo involucra hacer algo «con» o «para» esa persona. He aprendido que para Norma, un gran depósito tiene que hacer con compras, especialmente las compras de Navidad. Ella acostumbra empezar a comprar los regalos en enero. Ahora, en primer lugar, yo no soy un gran comprador, y odio comprar un regalo y luego ocultarlo en alguna parte. Cuando le compro un regalo a alguien, quiero entregárselo inmediatamente. Por eso, en los primeros años de casados, frustraba a Norma y hacía inmensos retiros esperando hasta el 24 de diciembre para hacer mis compras.

Al hablar y aprender en esta área, llegué a entender que era posible mejorar las cosas y hacer importantes depósitos con solo cambiar mi actitud hacia comprar. Por eso ahora, aun cuando sigo siendo un desinteresado en comprar, hago un esfuerzo para demostrar entusiasmo cuando lo estoy haciendo con ella, sea que esté comprando regalos o buscando un vestido para ella. Trato de no ser como aquel tipo que descubrió que a su esposa le habían robado las tarjetas de crédito, y años después aun no las había reportado perdidas, porque el ladrón gastaba menos que su esposa.

Ahora, para mí *pescar* equivale a comprar para ella. Si ella sugiere que vamos de picnic en el bote, yo sé que ella está diciéndome: «Te amo». En realidad, ella no va de pesca conmigo. Por lo general, lleva un libro para leer. Eso está bien, porque para mí lo importante es estar con ella o tenerla cerca del agua.

En el capítulo trece, sobre los conflictos, sugerí que la pareja practicara un lenguaje y acciones de amor de modo que ambos pudieran conocer el significado secreto de *Te amo*. Ese lenguaje de amor está íntimamente relacionado con esta idea de un banco matrimonial. El excitante lenguaje de amor está basado en un alfabeto de depósitos.

Hoy día, Norma y yo somos excelentes amigos. Nos encanta buscar nuevas cosas que hagan depósitos en nuestras respectivas cuentas. Nos esforzamos para asegurarnos que estamos haciendo más depósitos que retiros.

Cuando pregunto a asistentes a mis seminarios cosas que consideran que son depósitos, las respuestas más comunes incluyen: «su charla cuando llega a casa del trabajo», «sus diarias expresiones verbales de amor», «es un gran depósito cuando ella inicia el acto sexual», y «me encanta cuando él juega con nuestros hijos». Esto último es un buen ejemplo de algo que un hombre jamás debe identificar como un depósito, a menos que esté esperando una respuesta similar. Mi esposa, también, me ha dicho que es un gran depósito para ella cuando elogio y doy aliento a nuestros hijos, y sobre todo a los nietos.

## *No se atenga a las suposiciones*

¿Cuál es la mejor manera de saber lo que su esposa «recibe» como un retiro o un depósito? ¡Preguntar! Si ambos están familiarizados con este concepto, deben decir directamente si están haciendo algo con intención respetuosa: «Espero que este sea un depósito para ti. ¿Te parece bien?» La respuesta que reciba le dirá si erró o dio en el blanco.

Me he referido a esto antes, pero vale la pena repetirlo: En el mejor de los matrimonios, uno de los esposos puede pensar que él, o ella, están haciendo un depósito, pero resulta un gran retiro. Considerando este problema por el lado menos serio, quizás usted ha oído de la pareja que decidió que un gran depósito para ellos podría ser aprender cómo hacer las cosas juntos, como por ejemplo, cazar patos. Preguntaron a un experto por el equipo que necesitaban y este les respondió: «Bueno, si quieren tener éxito, deberían conseguirse un buen perro de caza».

Así es que compraron el mejor perro de caza y luego salieron en su primera expedición. Comenzaron antes que amaneciera y siguieron durante todo el día hasta la noche pero no consiguieron ningún pato que diera testimonio del tiempo y del esfuerzo gastados. Finalmente, exhaustos, el hombre le dijo a la esposa: «No lo sé, pero creo que hemos estado haciendo las cosas mal. Quizás no hemos lanzado al perro suficientemente alto».

¿Ha tratado usted de hacer un depósito y se le ha vuelto algo así como la «cacería de patos»? ¿Se siente como si su «cheque» hubiera rebotado?

Lo que realmente importa a la mayoría de los esposos es que el cónyuge *trate* de hacer lo correcto. Pero si se da cuenta que su cónyuge está reaccionando negativamente a sus bien intencionados intentos de depósito, le sugiero que deje pasar un tiempo para que los sentimientos se tranquilicen. Luego, al explicar la situación, podrá intentar de nuevo depositar el cheque en una manera diferente.

Norma tiene otra necesidad que a través de los años, me ha costado mucho entender. Hemos usado la comunicación a través de hablar para tratar de que la entienda. Finalmente me di cuenta que ella quería mis elogios por el gran trabajo que hace como administradora de nuestro negocio. Pero lo que ella inicialmente decía era:

—¿No me podrías pedir algo así como: «¿Podría hacer algo por ti hoy que te ayude en tu trabajo?»

Naturalmente, no hacía esa clase de preguntas con mucha frecuencia. Tengo demasiado con mis asuntos. Y al principio, tampoco entendía cómo su pregunta se relacionaba con su necesidad de elogio. Así es que le pregunté:

—¿Qué es, exactamente, lo que tratas de decir?

—En realidad, no quiero que hagas parte de mi trabajo —me respondió.

(De todos modos, no habría sabido cómo hacerlo y habría echado todo a perder en un momento.)

—Quiero que te des cuenta de lo que hago y me lo reconozcas. Y cuando preguntes: «¿Hay algo que pueda hacer para ayudar?», nos dé la oportunidad de hablar sobre lo que hago.

Ese reconocimiento es una gran necesidad para ella. Pero la forma en que expresaba su necesidad, requería aclararse antes que pudiera entenderlo.

Cuando llegue el momento de hacer un depósito o un retiro: No suponga. Exprésese. Confío que al hablar con su cónyuge, va a descubrir (3780) lo que causa los retiros y va a hacerlo con *menos frecuencia*. También va a descubrir lo que constituyen depósitos y esas cosas las va a hacer con *más frecuencia*. Ambos se van a beneficiar en este proceso.

### *¡Gracias! ¡Gracias!*

Pídale a su cónyuge que lo *elogie* cuando ustedes intencionalmente o no haga un depósito en su cuenta relacional. Esto reforzará su conducta positiva. ¿Quién no prospera con la alabanza? Ese reconocimiento lo animará, y así su energía como pareja ascenderá en espiral. Un depósito y luego un gracias en retribución produce a la pareja un alto interés. Llamemos a eso una cuenta bipersonal de ahorro de alto interés.

Por supuesto, esto trabaja en dos vías. Alabe a su esposa por sus depósitos y todos ganarán interés doble.

## Los depósitos tienen el poder de salvar un matrimonio

Permítame ponerlo al día en cuanto al matrimonio de Kevin y Julie: Kevin tomó con mucha seriedad este principio del banco matrimonial. Con su nueva comprensión, trabajó duro para reducir sus retiros y aumentar sus depósitos de la cuenta de Julie. En forma gradual, este cambio tremendo y sostenido en Kevin se traspasó a Julie.

Más tarde, ella me dijo: «Podría decir que él no sentía mucha emoción al decirme "te amo", al escucharme, o al tocarme con delicadeza. Era evidente que se forzaba a hacerlo. Y cuando escuchaba lo que yo le decía, rápidamente se le veía preocupado, pero lo *intentaba*. Cuando vi sus esfuerzos ahí, frente a mí, aquello fue un depósito muy importante, y él alegró mi corazón. Por eso fue tan fácil decir: "Lo seguiremos intentando. Creo que podremos lograrlo juntos"».

Ellos siguieron adelante y Kevin siguió intentándolo. Si usted los viera hoy día, quedaría impresionado por lo sensible que se ve él y lo dulce que se ve ella, y nunca se imaginaría que solo hace unos pocos años estuvieron a punto del divorcio.

Este sencillo principio bancario puede salvar un matrimonio e incluso devolverlo a aquellos días de gozo.

Una vez recibí una llamada de un furibundo marido. Su esposa se iba a divorciar de él, y él gruñía:

—¡No lo puedo creer! ¿Cómo puede hacerme esto después de veinticinco años? ¡Yo no he sido tan malo!

Después de hablar con él y con su esposa, descubrí que era extremadamente controlador y una persona belicosa. Aun al hablar con él se percibían estas características. En un punto durante la conversación telefónica, como lo había hecho ya en varias ocasiones, lo interrumpí para decirle:

—¡No quisiera decirle esto, pero si yo fuera su esposa, tampoco creo que querría seguir viviendo con usted!

Supe que en la vida de la esposa no había otro hombre y que ella quería volver junto a su marido si solo él llegara a entender lo que había hecho para alejarla; si solo pudiera ver alguna evidencia de cambio en él. Pero en la forma en que habían venido viviendo, sabía que no podía seguir al lado de él. Su actitud me dio esperanza de que las cosas finalmente pudieran cambiar para bien.

La esposa me prometió que le ayudaría, pero estaba demasiado asustada como para detener el proceso de divorcio. Tuve un presentimiento de que se podría lograr un buen final. Muy dentro de ellos, querían la reconciliación. Esta era la mejor circunstancia para reunificar a una pareja. Y el esposo estaba motivado.

—Yo no quiero un divorcio —me dijo—. Dígame lo que necesito hacer.

Como dije, aunque no había evidencia de que el proceso de divorcio se detuviera, pude ver cierta esperanza para una reconciliación final.

—En realidad, no hay nada que usted pueda hacer para detener el proceso de divorcio —le dije—. Su esposa ha contratado a un abogado y la corte ha fijado una fecha. Pero voy a ir con usted y respaldarlo a través de todo el proceso.

Y le aseguré que trabajaría con él para hacer lo que pudiéramos para renovar la relación.

Fuimos a la corte el día señalado y yo esperé en un banco afuera de la sala de audiencias. Después de un rato, él salió de la sala, volando y furioso:

—¡Ahí la tiene! —me gritó—. ¡Me está exigiendo demasiado y yo no lo voy a aceptar! Estaba tan furioso y descontrolado como era habitual.

Admito que me puse también un poco inquieto... con él.

—¿Qué? —dije—. Estamos hablando de tratar de unirlos a los dos de nuevo. Déle más de lo que le pide. ¡Hágalo! Solo recuerde que van a volver a estar juntos, así es que, ¿cuál es la diferencia?

Pensó en eso durante un minuto y luego volvió a la sala y le dio a ella mucho más de lo que le exigía, lo cual la dejó confundida. Desafortunadamente, en ese momento, el divorcio ya se había consumado.

La buena noticia, sin embargo, es que su esposa accedió a verlo, con alguna pequeña esperanza de que las cosas todavía pudieran arreglarse. Empecé a enseñarle cómo tratarla, cómo hacer más depósitos que retiros.

—¿Qué es lo que a ella realmente le gusta? —le pregunté.

—Ella quiere que sea tierno y que la escuche —dijo.

—Usted puede intentar hacerlo —le dije. Y empezamos a trabajar en eso y él empezó a aplicarlo en sus «citas».

Esto se desarrolló por unos seis meses después del divorcio. Él se estaba desempeñando bastante bien, haciendo muchos depósitos. Pero de pronto, se molestó por algo y explotó de nuevo, haciendo grandes retiros. Periódicamente me informaba de cómo iban las cosas.

Al final de ese período, me llamó un día y me dijo:

—Bueno, anoche lo eché todo a perder. Retiré cuanto había depositado desde el divorcio. Es ridículo. Ella nunca querrá volver a casarse conmigo. Me sorprendería si tan siquiera quisiera volver a hablarme.

Continuó, dándome detalles de lo ocurrido y, finalmente, le dije:

—Mire, mantenga la calma. No se dé por vencido. Cuando la vea mañana, háblele con franqueza. Admita que estaba equivocado y que quisiera arrancarse todo eso de una vez. Luego dígale algo así como que siente mucho que ella haya tenido que soportarle todos sus desatinos. Dígale que entiende lo que ha hecho y explíqueselo de modo que pueda ver que usted está empezando a ser más sensible y a estar consciente de su conducta.

—Está bien —me dijo, con resignación—. Aunque es bastante humillante tener que admitir lo bruto que soy casi cada día.

—Oiga, yo tengo que hacerlo —le dije, con una sonrisa en mi

voz—. Y si tengo que hacerlo, usted podrá. Estamos juntos en esto, ¿no es así?

Al día siguiente, después del encuentro con su ex esposa, me llamó.

—¡Adivine! —me dijo—. Me sobrepuse, admití mi error y le pedí si podría volver a perdonarme. Creía que nunca lo haría, pero lo hizo. Y entonces, ¿lo creería?, me tocó y me preguntó: «¿Qué vas a hacer esta tarde?»

»—Nada —le dije.

»Y ella me dijo: "¿Qué te parece si volvemos a ver al mismo juez que presidió en nuestro divorcio y le pedimos que nos vuelva a casar?"

»—¿Hablas en serio? —le pregunté.

»Y ella dijo: "Sí, creo que es tiempo. ¿No lo crees tú también?"

»Yo grité que sí y la abracé.

Poco después se volvieron a casar y ya han pasado otros doce años juntos... doce años muy felices. Se ha retirado y tiene mucho tiempo disponible para restañar las viejas heridas. En los dos últimos años que han pasado juntos, ella desarrolló una seria enfermedad. Él la cuidó amorosamente antes que falleciera. Más tarde, me dijo que había sido tan tierna durante estos doce años de su «segundo matrimonio», que habían resultado el doble de valiosos que los primeros veinticinco. Y agregó: «No puedo imaginarme siendo más feliz de lo que fui. He perdido a una gran amiga, ¡pero qué recuerdos he atesorado para siempre!»

¿Qué hizo él en esos seis meses de cortejarla? Depósitos, depósitos. ¿Y qué hizo en esos últimos doce maravillosos años? Depósitos y más depósitos. Por supuesto, también hizo algunos retiros, pero los reconoció y de inmediato le pidió que lo perdonara. Como resultado, tuvieron un matrimonio increíble, aun a través de los días de dolor.

## ¿Cuál es su balance?

¿Cómo se ve su cuenta bancaria matrimonial? Si tuviera que preguntarle a su cónyuge hoy: «¿Cuál es mi balance?», ¿qué le respondería?

Cualquiera sea la respuesta, usted puede comenzar a mejorar su balance instantáneamente, haciendo depósitos y practicando la autorrestricción; es decir, refrenándose de hacer costosos retiros. Haga esto regularmente durante un mes, o dos. Vuelva a hacer la pregunta. Y observe cómo aumenta su balance.

Otro antiguo dicho resume el principio del ejercicio bancario en la relación: «Echa tu pan sobre las aguas, porque después de muchos días, lo hallarás».[3] Dé amor y recibirá amor a cambio. Este concepto da un nuevo sentido a la frase «no depósito, no devolución». Si usted no hace un depósito, no conseguirá devolución. Haga depósitos y no solo dará fuerzas a su cónyuge, sino que dará fuerzas a su matrimonio y a su propia vida.

Piense en esto como un ejercicio bancario relacional responsable. Practíquelo y coseche los generosos resultados: el placer de ver su amor crecer fuerte con cada año que pasa, mientras usted y su cónyuge se dirigen juntos hacia la perpetuidad.

El tipo de amor que hace los más grandes depósitos y que dura más está descrito en el capítulo final. Queremos que el amor perdure, pero yo he encontrado solo una clase que no puede fallar.

## Principios del amor para toda la vida

120. El amor para toda la vida «deposita» más que lo que «retira».
121. El amor para toda la vida trata de entender su propia historia personal. «En el pasado, ¿qué acciones me han robado energía en forma constante?»
122. El amor para toda la vida trata de entender su propia historia personal y usa ese conocimiento para dar potencia al matrimonio.
123. El amor para toda la vida mira por retribución similar. «¿Qué es lo que le da o le quita energía a usted?»
124. El amor para toda la vida procura la claridad. No supone. Dice.
125. El amor para toda la vida dice: «Gracias. Necesito eso».
126. El amor para toda la vida recibe energía cuando una persona da un paso para renovar a la otra y la relación.

# 16

# Un amor para toda la vida

*Nadie tiene mayor amor que este, que uno ponga su vida por sus amigos.*

Juan 15.13

Durante años, he venido insistiendo ante los miles de personas que leen mis libros, ven mis videos y asisten a mis seminarios a que vean cuánto necesitamos ayudarnos los unos a los otros para desarrollar este amor superior. Al amor que se sacrifica por el enriquecimiento del otro, que no busca sus propio bien sino que decide satisfacer los deseos de la persona amada, lo llamo *amor heroico.*

Pero no piense que el amor heroico es solo autosacrificio. Por observar mi propio matrimonio y cientos de otros, he llegado a entender que *enriquecer la vida de otro es con frecuencia más satisfaciente que hacer algo para beneficio de uno mismo.* En la medida que nos acercamos a otro, nuestras propias necesidades de realización y amor son satisfechas.

He visto que los matrimonios más satisfechos y gozosos son aquellos que han aprendido el concepto de amor heroico y lo practican todos los días. Cuando un esposo y una esposa quieren que el otro reciba lo mejor de la vida, antes que ellos mismos, ahí tiene un matrimonio que va camino de *exceder* cualquier sueño del día de la boda. Su amor no solo perdura, sino que está creciendo continuamente.

Esta es la clase de relación que Charlie y Lucy Wedemeyer disfrutan. Si nuestro mundo pudiera alzar su concepto de amor al nivel de esta pareja... difícilmente me puedo imaginar lo que sería vivir en este planeta.

Hace más de quince años, los médicos diagnosticaron que Charlie Wedemeyer padecía del mal llamado Lou Gehrig, que es un debilitamiento progresivo hasta llegar a la parálisis. Le dieron a este entrenador del equipo de fútbol de una escuela de secundaria de California un año de vida. Pero Charlie les demostró que estaban equivocados. A pesar de la naturaleza implacable y progresiva de su enfermedad, continuó entrenando por siete años más.

Cuando ya no pudo caminar, Lucy lo llevaba arriba y abajo por el costado de la cancha, utilizando para ello un carrito de golf. Cuando ya no pudo hablar, ella leía sus labios y trasmitía sus instrucciones a los jugadores. Y en su dramática última temporada como entrenador, después de haber estado recibiendo asistencia las veinticuatro horas del día, ¡su equipo ganó el campeonato del estado!

Lucy Wedemeyer es una amante heroica. Ella dice que desde el puro principio de la enfermedad de Charlie, ellos se habían concentrado en lo que tenían en común en lugar de en lo que estaban perdiendo. Admite que no ha sido fácil, pero en su libro escribe,

> Considero que ahora nos comunicamos y nos entendemos el uno al otro mejor que nunca. Al aprender a leer los labios de Charlie, he notado que muchas veces no tengo que hacerlo. Casi siempre, sus ojos me dicen exactamente cómo se siente y sus cejas confirman esos sentimientos al moverse hacia arriba y hacia abajo, o al observar los surcos de su frente. Y si usted no cree que alguien en circunstancias difíciles puede encontrar la felicidad y el contentamiento, si duda de la contagiosa calidad de gozo, bueno, quiere decir que nunca a visto a Charlie sonreír.[1]

Cuando la enfermedad atacó, los Wedemeyer tenían dos hijos y una montaña de sueños que nunca realizarían. Una semana después del anuncio de su muerte inminente, mientras miraban caer la nieve por la ventana de una cabaña de montaña que alguien les había prestado, Lucy miró a Charlie a los ojos y reconoció la misma fría emoción que ella sentía agitándose en su interior. Nunca como esa tarde tan especial había sentido más amor por Charlie, ni nunca se había sentido más amada por él. Y dice:

> Nunca en mi vida había sentido tal dolor. Tal angustia. Lágrimas inundaron mis ojos. Ninguno de los dos se atrevía a hablar,

> por temor a que las compuertas se abrieran. Así es que permanecimos sentados en silencio, con las manos tomadas por sobre la mesa, calentándonos en el agridulce calor de ese momento, deseando que el romántico hechizo pudiera de alguna manera hacer que el tiempo se detuviera. Y preguntándonos cuánto tiempo nos quedaba para estar juntos.[2]

Cuando conocí a los Wedemeyer en uno de mis seminarios, no pude dejar de observar el gozo radiante en el rostro de Lucy y la satisfacción en los ojos de Charlie. Ellos son el tipo de héroes que me gustaría ser algún día. No importa por lo que estemos pasando con Norma, ambos tenemos la esperanza que la gente mire a nuestros ojos y vea un fuego de amor, por la vida y el uno por el otro.

Lucy ora diariamente pidiendo fuerzas renovadas, porque Charlie necesita cuidado permanente. Algunas realidades de su vida son duras y están ahí siempre, pero a pesar de eso, ella dice: «No cambiaría mi vida por la de ninguna otra persona. Ha sido tan recompensada».[3] ¿Cómo ella puede decir eso? Así es de bello el amor heroico. Puede mover montañas, atravesar ríos, y vencer cualquier obstáculo por el gozo de hacerlo. Nadie puede pasárselo riendo todo el día, pero personas como Lucy tienen un sentido tan profundo de la satisfacción y el amor que, sin importar lo que ocurra, descansan en la seguridad fundamental de que todo sigue estando bien.

Cada matrimonio tiene sus tiempos buenos y sus tiempos malos, sus primaveras, sus veranos, sus otoños y sus inviernos. El amor para toda la vida permite todo esa gama de estaciones. Disfrute los colores brillantes y el calor de los días buenos. Acepte los días oscuros y lluviosos, el frío del invierno, y los vientos de desacuerdo del verano caliente y del esperar por alguien para decirle: «Lo siento. Estaba equivocado. Te amo. ¿Me perdonas?»

Con nuestra sociedad guiada más y más por cosas del momento, muchos de nosotros estamos perdiendo la conciencia que algunas de las mejores cosas de la vida toman tiempo y no se disfrutan sino hasta que, como la fruta, está lista para ser tomada. Charlotte, por ejemplo, estuvo muchas veces a punto de darse por vencida con su esposo, Mike. Pero si lo hubiera hecho, habría sido demasiado pronto.

Mike, como yo, no sabía cómo amar a su esposa en una manera en que ella se sintiera amada. Él y yo pasamos juntos por muchas etapas, altibajos, mientras aprendíamos las cosas que enseño en este libro. Y a medida que fue creciendo en su propia felicidad y en su sensibilidad hacia sus necesidades, ella se encontró en la clase de relación que había soñado antes de casarse.

No hace mucho, recibí una carta de Charlotte. «Nunca pensé que llegaría el día», me decía, «cuando mi vida con Mike sería tan hermosa. Como usted sabe, hemos tenido nuestros tiempos difíciles. Pero este último año ha sido el mejor de todos. Lo que haya sido que tuvimos en el pasado se ha olvidado gracias a lo que tenemos hoy».

Desafortunadamente, muchas parejas no esperan que llegue esa excitante estación que saca del recuerdo los tiempos difíciles. Esa buena época es como cosechar la fruta deliciosa después de un duro invierno, una húmeda primavera, y un verano caliente. Las jugosas manzanas necesitan esas tres estaciones para llegar a ser deliciosamente buenas.

Pero muchas otras parejas han llegado a darse cuenta que es perfectamente normal en un matrimonio pasar por diferentes etapas: sequía, preocupación, pena, frustración y también tiempos de plenitud, felicidad, y gozo y risas abundantes.

Cierro este libro con mi *garantía personal*: No importa qué dificultades tenga usted en este momento que lo esté tentando a abandonar su matrimonio, hay una solución viable para usted. Empiece por aplicar los principios incluidos en este libro. Si la necesita, busque consejería profesional. A través de la investigación y la consejería experimentada de mucha gente, hoy día no hay escasez de ayuda excelente para las parejas.

Quizás este libro le dé toda la ayuda que usted necesita; como mínimo, le dará un buen punto de partida. Si se esmera en aplicar las lecciones de este libro, y si busca cualquiera otra ayuda que pudiera necesitar, usted también, podrá un día disfrutar de las delicias del amor para toda la vida.

No se dé por vencido hasta que lo encuentre.

# Apéndice

## Tres calidades de carácter: Prerrequisitos para que los jóvenes Smalley se enamoraran

### *1. Respeto: La perspectiva «yo soy el tercero»*

Antes que nuestros hijos pudieran pensar en enamorarse, tenían que demostrar que entendían el concepto de respeto y que estaban viviéndolo de alguna manera en forma regular.

Hay tres maneras de expresar el respeto: a Dios, a los demás, y a nosotros mismos. La perspectiva «yo soy el tercero» involucra aprender la importancia fundamental del recorrido espiritual de uno. Dios es quien recibe el más alto honor y respeto: un 10 en una escala de 1 (nada) a 10 (el más alto). Otras personas reciben alto honor y respeto, vamos a decir 9.2 a 9.9. Uno recibe un 9.1. Como puede ver, nosotros nunca llevamos a nuestros hijos a pensar que ellos no eran importantes: 9.1 es el punto de partida para subir. Solo que Dios es digno de nuestra adoración; el más alto mandamiento en la vida es amar a Dios con todo nuestro corazón.

Esperábamos que nuestros hijos asistieran a la iglesia y pusieran atención a lo que allí se enseña. Que no usaran nombres despectivos para otros y mostraran consideración por las personas en general tanto como hacia el medio ambiente y la creación. Parecían tener un saludable respeto por ellos mismos, lo cual nosotros constantemente tratamos de reforzar.

Tratamos de vigilar su desarrollo en esta área; y como no dejaban de preguntar si ya estaban listos para enamorarse, podíamos evaluar su progreso.

### 2. *Responsabilidad: Por las acciones y emociones de uno*

Queríamos que nuestros hijos entendieran que ellos eran responsables por su enojo, por sus arranques de rabia, daños, y frustraciones. Por ejemplo, les hicimos ver que no es lo que nos ocurre lo que determina nuestras emociones, sino que es la forma en que reaccionamos a lo que nos ocurre.

Sabíamos que en el curso de su enamoramiento sufrirían y se frustrarían, de modo que aprender a asumir la responsabilidad por sus actos y emociones les dio una ventaja en sus años de adolescentes.

Esta es una de las formas en que les enseñé a entender y controlar su enojo: Los alenté a hacerme respetuosamente alguna pregunta difícil cuando me enojaba con ellos (a veces echando sobre ellos mi frustración y mi dolor). ¿La pregunta? «Papá, ¿estamos haciendo que te enojes, o estamos sacando a la superficie algo de ti?» Esto me forzaba a ser sincero. A veces tenía que decir: «Sí, ustedes me están mostrando lo egocéntrico que soy». (Y no me gustaba en absoluto ver eso en mí.) A través de nuestro ejemplo, nuestros hijos aprendieron poco a poco a asumir toda la responsabilidad por sus emociones.

### 3. *Autocontrol y comprensión de las consecuencias de las relaciones sexuales premaritales.*

Nosotros esperamos para ver cuándo nuestros hijos estarían en condiciones de enfrentarse a sus compañeros y decirles no si era necesario. Mientras más firmes sus convicciones personales, más fácil sería para ellos dejar planteadas sus creencias y oponerse con respeto a las presiones de sus compañeros. Considerando las tentaciones que se presentan cuando un muchacho empieza a salir con una muchacha, o viceversa, no queríamos que le faltaran el respeto a nadie, sobre todo sexualmente.

Como familia, señalamos varias consecuencias de practicar relaciones sexuales antes del matrimonio. Nuestros hijos estaban bien familiarizados con ellas, agregando a estar listos para enamorarse. He aquí algunas de estas consecuencias:

1. Insensibiliza nuestra alma hacia Dios y los caminos de Dios.[1]
2. Refuerza nuestro egocentrismo, nuestro interés en lo sensual, y nos mantiene alejados de nuestro enfoque amoroso hacia Dios y hacia los demás.[2]
3. Obstruye nuestra atención a las necesidades de los demás, especialmente las de nuestro futuro cónyuge o las de buenos

amigos; tiende a hacernos menos sensibles a las necesidades de los otros, y más preocupados por nuestras propias necesidades sensuales. Cuando estamos preocupados en nuestro propio estímulo, somos más capaces de decir cosas hirientes y dejar pasar las oportunidades para amar. (Tenemos oídos y ojos, pero no podemos oír ni ver a los demás.)

4. Nos hace susceptibles de enfermedades sexuales.
5. Aumenta nuestra necesidad por mayor estimulación en el contacto sexual, lo cual puede llegar a aumentar el potencial de conflictos sensuales en nuestro matrimonio.
6. Puede reducir nuestra satisfacción en la relación sexual marital, la que no puede competir con el asiento trasero del auto. Encuentros sexuales fugaces pueden obstruir más nuestra concentración en las necesidades de nuestro cónyuge.
7. Investigaciones han encontrado que las parejas que han tenido relaciones sexuales premaritales tienen mayores posibilidades de insatisfacción marital y de divorciarse.
8. Aumenta las posibilidades para hacerse adicto a las relaciones sexuales.
9. Refuerza la noción de que la relación sexual es un acto, cuando esta debería verse como un reflejo de una relación amorosa. Acto sexual con significado es una relación. Si no se entiende esta noción, tratar la relación sexual como un acto es erosionar un matrimonio unido por el amor.
10. Si fundamentalmente se piensa de la relación sexual como una separación física «de», tanto el hombre como la mujer pueden sentirse como un objeto en lugar de la persona de valor que es en realidad y a los ojos de Dios.
11. La relación sexual premarital aumenta la posibilidad de que se cree un sentimiento de culpa y resentimiento entre las dos personas involucradas. Cualquiera de los dos puede sentirse usado y desechado después del acto.
12. Al crear un sentimiento de culpa y resentimiento, eso puede generar una serie de otras consecuencias negativas. (Véase el capítulo dos.)
13. La relación sexual premarital puede ser una forma de medicación por falta de amor y aceptación de los padres. La necesidad de recibir aprobación o aceptación puede ser tan grande que sobre todo una jovencita puede salir en busca de amor de la misma forma que se puede ir en busca de comida

o vitaminas. Debemos aprender a perdonar a nuestros padres y ofensas pasadas para asegurarnos la ayuda de Dios al decir no a nuestra fuerte urgencia sexual.

14. El embarazo fuera del matrimonio y/o el aborto pueden afectar negativamente a una persona. Es más, por lo general hiere a padres y amigos. El aborto puede reducir las oportunidades de tener un embarazo normal.

Las dos motivaciones básicas en la vida son el deseo de ganar y el temor de perder. Pero por lo general, el temor de perder es una motivación levemente más fuerte. Descubrir más razones de por qué debería abstenerse de la relación sexual antes de casarse inhibe grandemente el llegar a ser activo sexualmente.

# Notas

## *Capítulo 1*

1. Clifford Notarius y Howard Markman, *We Can Work It Out* [Nosotros podemos resolverlo], Putnam, New York, 1993, p. 29.
2. Expreso mi reconocimiento a algunos autores por trazarnos un «mapa» que nos lleva al «tesoro escondido» de una vida realizada aparte de lo que otros o nuestras circunstancias nos traen. Han abierto nuestros ojos a la verdad que podemos elegir el camino que nos aproxima a la vida: M. Scott Peck, Stephen Covey, Michele Weiner-Davis, Howard Markman y Harriet Lerner.
3. Stephen R. Covey, *The Seven Habits of Highly Effective People* [Los siete hábitos de las personas altamente eficientes], Simon & Schuster, New York, 1989, p. 71.
4. Harriet G. Lerner, *The Dance of Anger* [La danza de la ira], Harper & Row, New York, 1985, pp. 122-53.
5. *Ibid.*, 64.
6. Véase Irene Goldenberg y Herbert Goldenberg, *Family Therapy: An Overview* [Terapia familiar: Una apreciación global], Brooks/Cole, Pacific Grove, CA, 1980, 1985.
7. Howard Markman, Scott Stanley y Susan Blumberg, *Fighting for Your Marriage* [En defensa de su matrimonio], Jossey-Bass, San Francisco, 1994, p. 22.

## *Capítulo 2*

1. William Stafford, *Disordered Loves* [Amores enfermos], Cowley, Boston, 1994, p. 86.
2. Clifford Notarius y Howard Markman, *We Can Work It Out* [Nosotros podemos resolverlo], Putnam, New York, 1993, pp. 237-56.
3. Charles Bass, *Banishing Fear from Your Life* [Desterrar el temor de su vida], Doubleday, Garden City, NY, 1986, pp. 18-19.
4. Howard Markman, Scott Stanley y Susan Blumberg, *op. cit.*, p. 22.
5. Entrevista personal.
6. Véase 1 Juan 2.9ss.

7. Debbie Barr, *Children of Divorce* [Hijos de divorcio], Zondervan, Grand Rapids, 1992, p. 48.
8. Earl D. Wilson, *Counseling and Guilt* [Consejería y culpa], Word, Dallas, 1987, p. 42.
9. M. Scott Peck, *op. cit.*, p. 39.
10. Véase Richard C. Meyer, «Haciendo que la ira trabaje para nosotros», *Faith at Work* [Fe en acción], verano de 1995, p. 3.
11. Redford Williams y Virginia Williams, *Anger Kills* [La ira mata], Times Books, New York, 1993.
12. «Anger Can Trigger Heart Attacks, Study Shows», *The American Heart Association*, 85 no. 23, 11 de abril de 1994, p. 33.

## Capítulo 3

1. John Powell, según cita en Phyllis Hobe, *Coping*, Guidepost, New York, 1983, p. 127.
2. M. Scott Peck, *op. cit.*, p. 63.
3. Stephen R. Covey, *op. cit.*, pp. 29-31.
4. Véase Proverbios 9.7.

## Capítulo 4

1. M. Scott Peck, *op. cit.*, p. 15.
2. Véase Albert Ellis, *How to Stubbornly Refuse to Make Yourself Miserable about Anything—Yes, Anything!* [Cómo negarse en forma obstinada a ser un desdichado por cualquier cosa: ¡Sí, por cualquier cosa!], Lyle Stuart, Secaucus, NJ, 1988.
3. LynNell Hancock et al., «Breaking Point», *Newsweek*, 6 de marzo de 1995, p. 59.
4. Geoffrey Cowley, «Dialing the Stress-Meter Down», *Newsweek*, 6 de marzo de 1995, p. 62.
5. Para más información acerca de *Fresh Start*, llame al 610-644-6464.
6. Charles Colson, «Simple Sand», en *A Dance with Deception* [Danza con el engaño], Word, Dallas, 1993, p. 123.
7. Véase Andy Andrews, *Storms of Perfection* [Tormentas de perfección], vols. 1 y 2, Internet, Charlotte, NC, 1992, 1994.
8. Si desea más ayuda para encontrar perlas, véase Gary Smalley, *El gozo que perdura*, Editorial Unilit, Miami, FL, 1990.

## Capítulo 5

1. Irene Goldenberg y Herbert Goldenberg, *Family Therapy: An Overview* [Terapia familiar: Una apreciación global], Brooks, Cole, Pacific Grove, CA, 1980, 1985, pp. 152-59.

## Capítulo 6

1. Winston Churchill, según se cita en John Bartlett, *Familiar Quotations* [Citas familiares], 15ava. ed., Little, Brown, Boston, 1980, p. 743.

2. Véase Henry Cloud y John Townsend, *Boundaries* [Fronteras], Zondervan, Grand Rapids, 1982.
3. Véase Cloud y Townsend, *op. cit*. Para ayuda más directa, recomiendo un Centro de Consejería Rapha o la Clínica Minirth-Meier Nueva Vida más cercana.
4. Mateo 19.19.

## Capítulo 7

1. Frederick Buechner, *Wishful Thinking* [Pensamiento ansioso], Harper & Row, San Francisco, 1973, pp. 40-41.
2. Howard Markman, Scott Stanley y Susan Blumberg, *op. cit.*, p. 285.
3. Nick Stinnett y John DeFrain, *Secrets of Strong Families* [El secreto de familias sólidas], Berkley, New York, 1986.
4. Romanos 15.13.
5. Véase Santiago 4.8.
6. Véase 1 Juan 2.9-10.
7. Gary Smalley, *El gozo que perdura*, Editorial Unilit, Miami, FL, 1990.
8. Véanse Deuteronomio 6.5; Levítico 19.18; Lucas 10.27.
9. Filipenses 4.19.
10. Mateo 6.21.
11. Véase Hebreos 11.6.

## Capítulo 8

1. Erich Fromm, *The Art of Living* [El arte de vivir], según se cita en *Visions of Faith* [Visiones de fe], Marshall Pickering, Basingstoke, England, 1986, p. 315.
2. Irene Goldenberg y Herbert Goldenberg, *op. cit.*, pp. 28-54.
3. *Ibid.*, pp. 55-85.
4. Pam Smith, *The Food Trap* [La trampa de comer], Creation House, Altamonte Springs, FL, 1990, p. 23.
5. William F. Arndt y R. Wilbur Gingrich, eds., *A Greek-English Lexicon of the New Testament and Other Early Christian Literature* [Léxico griego-inglés del Nuevo Testamento y otras literatura de la iglesia primitiva], University of Chicago Press, Chicago, 1957, pp. 119-20.
6. Gary Smalley y John Trent, *The Gift of Honor* [El don de la honra], Thomas Nelson, Nashville, 1987.
7. Véase Mateo 6.21.
8. Howard Markman, Scott Stanley y Susan Blumberg, *op. cit.*, 1994.

## Capítulo 9

1. Paul Tournier, *The Meaning of Persons* [El designio de las personas], Harper, New York, 1957, p. 143.
2. Basado en una entrevista personal con el Dr. Gary Oliver, Southwest Counseling Associates, Littleton, Colorado. Véase David Mace, *Love and*

*Anger in Marriage* [Amor y odio en el matrimonio], Zondervan, Grand Rapids, 1982.

3. Para ejemplos adicionales de cómo puede parecer una constitución familiar, véase Gary Smalley y John Trent, *The Hidden Value of a Man* [El valor oculto de un hombre], «Enfoque a la familia», Colorado Springs, 1992, 1994, pp. 182-84.
4. Para los más de trescientos cuadros hablados, véase Gary Smalley y John Trent, *The Language of Love* [El lenguaje del amor], «Enfoque a la familia», Colorado Springs, 1988, 1991.

## *Capítulo 10*

1. Véase Tim LaHaye, *Understanding the Male Temperament* [Cómo entender la personalidad masculina], Zondervan, Grand Rapids, 1970; y Florence Littauer, *Personality Plus* [Personalidad positiva], revisado y ampliado, Fleming Revell, Grand Rapids, 1992.
2. Para más información acerca del seminario del Dr. Trent, contáctese con él en *Encouraging Words*, 12629 N. Tabum Blvd., Suite 208, Phoenix, AZ 85032, (602)953-7610.

## *Capítulo 11*

1. Deborah Tannen, *You Just Don't Understand* [Es que tú no entiendes], William Morrow, New York, 1990, p. 294.
2. John Gottman, *Why Marriages Succeed or Fail* [Por qué los matrimonios triunfan o fracasan], Simon & Schuster, New York, 1994, p. 29.
3. Kevin Leman, *The Birth Order Book* [Libro del orden en el nacimiento], Grand Rapids, Fleming Revell, 1985.
4. Tanne, *op. cit.*
5. Bernie Zilbergeld, *The New Male Sexuality* [La nueva sexualidad masculina], Bantam, New York, 1992.
6. John Gray, *Los hombres son de Marte, las mujeres son de Venus*, New York, HarperCollins, 1992.
7. Sharon Begley, «Gray Matters», *Newsweek*, 27 de marzo de 1995, p. 50.
8. Tannen, *op. cit.*, p. 43.
9. Zilbergeld, *op. cit.*
10. Tannen, *op. cit.*, pp. 43-47.
11. *Ibid.*, 236-37.
12. Kevin Leman, *El amor comienza en la cocina*. El video de este libro está disponible, 4585 E. Speedway, Suite 110, Tucson, AZ 85712.
13. Begley, «Gray Matters», p. 54.

## *Capítulo 12*

1. Margaret Mead, *Blackberry Winter*, según se cita en John Bartlett, *Familiar Quotations*, p. 853.
2. Howard Markman, Scott Stanley, y Susan Blumberg, *op. cit.*, p. 22.

3. Para más de 300 cuadros hablados, véase Gary Smalley y John Trent, *The Language of Love*, 1988, 1991.
4. Dr. Pierre Mornell, *Passive Men, Wild Women* [Hombres pasivos, mujeres impetuosas], Simon & Schuster, New York, 1979.
5. Contáctese con Today's Family en el 1483 Lakeshore Dr., Branson, MO 65616; 800-84-TODAY.
6. Véase Howard Markman, Scott Stanley y Susan Blumberg, *op. cit.*; Henry Cloud y John Townsend, *op. cit.*; Gary Smalley y John Trent, *The Language of Love*; y Gary Smalley, *If Only He Knew* [Si solo él supiera], Zondervan, Grand Rapids, 1982. Michele Weiner-Davis, *Fire Your Shrink*, Simon & Schuster, New York, 1995.
7. Judith Wallerstein y Sandra Blakeslee, *The Good Marriage* [El buen matrimonio], Houghton Mifflin, Boston, 1995.
8. Markman, Stanley y Blumberg, *op. cit.*, pp. 38ss.

## *Capítulo 13*

1. John Gottman, *op. cit.*, p. 173.
2. Howard Markman, Scott Stanley, y Susan Blumberg, *op. cit.*, pp. 38ss.
3. Véase Howard Markman, Scott Stanley y Susan Blumberg, *op. cit.*; Judith Wallerstein y Sandra Blakeslee *op. cit.*; Judith Wallerstein y Sandra Blakeslee, *Second Chances* [Segundas oportunidades], Ticknor y Fields, New York, 1990; John Gottman, *op. cit.*; Michele Weiner-Davis, *Divorce Busting*, New York, Summit, 1992; Diane Medved, *The Case against Divorce* [Juicio al divorcio], Donald Fine, New York, 1989. Si usted quiere recibir aliento respecto de su propio matrimonio, deje que estos autores abran sus ojos a las posibilidades maravillosas (aun cuando esté en su segundo o tercer matrimonio).
4. Véase Carol Rubin y Jeffrey Rubin, *When Families Fight: How to Handle Conflict with Those You Love* [Cuando pelea la familia: Cómo manejar los conflictos con los seres queridos], Ballantine, New York, 1989, pp. 39-60.
5. Stephen R. Covey, *op. cit.*, casete, Simon & Schuster Sound Ideas, New York, 1989.
6. Markman, Stanley y Blumberg, *op. cit.*
7. David y Vera Mace, *How to Have a Happy Marriage (Cómo tener un matrimonio feliz)* (Nashville: Abingdon, 1977), 112.
8. Harriet G. Lerner, *The Dance of Anger (La danza de la ira)* (New York: Harper & Row, 1985), 199-201.
9. Efesios 4.26
10. Salmos 4.4.
11. Sandra Felton, *When You Live with a Messie* [Cuando se vive con un desordenado], Fleming Revell, Grand Rapids, 1994.
12. C.S. Lewis, *La última batalla*, Editorial Caribe
13. *Ibid.*, 161.

## Capítulo 14

1. C.S. Lewis, *Cristianismo y nada más*, Editorial Caribe, Miami, FL (p. 108 del original en inglés).
2. F.B. Dresslar, «The Psychology of Touch», *American Journal of Psychology* 6, 1984, p. 316.
3. Helen Colton, *The Gift of Touch* [El don del toque], Seaview/Putman, New York, 1983, p. 102.
4. Véase Nick Stinnett y John DeFrain, *Secrets of Strong Families* [El secreto de familias sólidas], Berkley, New York, 1986.
5. «Talking to God», *Newsweek*, 6 de enero de 1992, p. 42.
6. Eclesiastés 4.12.
7. Carey Moore y Pamela Rosewell Moore, *If Two Shall Agree: Praying Together as a Couple* [Si dos estuvieren de acuerdo: Orando unidos como pareja], Grand Rapids, Chosen Books, 1992, p. 200.
8. *Ibid.*, p. 201.
9. Véase Ed y Gaye Wheat, *Intended for Pleasure* [Destinado al placer], Fleming Revell, Grand Rapids, 1981; Bernie Zilbergeld, *op. cit.*

## Capítulo 15

1. Algunos de mis escritores favoritos dan una perspectiva diferente a este concepto, incluyendo Stephen Covey, *op. cit.*; Michele Weiner-Davis, *op. cit.*; Willard F. Harley, Jr., *His Needs, Her Needs* [Las necesidades de él, las necesidades de ella], Fleming Revell, Grand Rapids, 1986; M. Scott Peck, *The Road Less Traveled* [El camino menos transitado], Simon & Schuster, Touchstone, New York, 1978; y Henry Cloud y John Townsend, *op. cit.*
2. Fui sometido a un examen en una clínica para desórdenes en el sueño en un hospital. Ha sido un milagro.
3. Eclesiastés 11.1.

## Capítulo 16

1. Charlie y Lucy Wedemeyer, *Charlie's Victory* [El triunfo de Charlie], Zondervan, Grand Rapids, 1993, p. 20.
2. *Ibid.*, p. 60.
3. Entrevista personal.

## Apéndice

1. Efesios 4.17-20.
2. Filipenses 2.3ss.